公安院校思想政治理论课教学改革文集

主　编　田全华
副主编　王　刚　刘　颖　姜永文

中国人民公安大学出版社
·北　京·

图书在版编目（CIP）数据

公安院校思想政治理论课教学改革文集/田全华主编. —北京：中国人民公安大学出版社，2014. 12

ISBN 978 - 7 - 5653 - 2097 - 2

Ⅰ. ①公… Ⅱ. ①田… Ⅲ. ①公安—高等学校—思想政治教育—教学改革—中国—文集 Ⅳ. ①D631. 19 - 53

中国版本图书馆 CIP 数据核字（2014）第 292386 号

公安院校思想政治理论课教学改革文集

田全华 主编

出版发行：中国人民公安大学出版社
地　　址：北京市西城区木樨地南里
邮政编码：100038
经　　销：新华书店
印　　刷：北京泰锐印刷有限责任公司

版　　次：2014 年 12 月第 1 版
印　　次：2014 年 12 月第 1 次
印　　张：8
开　　本：880 毫米 × 1230 毫米 1/32
字　　数：230 千字

书　　号：ISBN 978 - 7 - 5653 - 2097 - 2
定　　价：35. 00 元

网　　址：www. cppsup. com. cn　　www. porclub. com. cn
电子邮箱：zbs@ cppsup. com　　zbs@ cppsu. edu. cn

营销中心电话：010 - 83903254
读者服务部电话（门市）：010 - 83903257
警官读者俱乐部电话（网购、邮购）：010 - 83903253
公安图书分社电话：010 - 83905672

序

思想政治理论课是公安院校大学生的必修课，是帮助公安院校大学生树立正确的世界观、人生观、价值观的主要途径，是对公安院校大学生进行思想政治教育的主渠道。充分发挥思想政治理论课的作用，用马列主义、毛泽东思想、邓小平理论、“三个代表”重要思想、科学发展观以及习近平总书记系列重要讲话精神武装当代大学生，是党的教育方针的具体体现，更是公安院校培养党的未来忠诚卫士和保障人民利益坚强后盾的必要前提。

公安院校是公安机关人才培养的主阵地，为公安机关切实履行重大政治和社会责任提供人力资源。目前，在近200万人的公安队伍中，公安院校毕业生已占近三分之一，其中大部分已经成为公安事业的骨干和中坚力量。公安院校的人才培养目标就是培养具有高度的政治觉悟、强烈的警察意识、良好的业务素质，熟练掌握各种警察技能的、体魄强健的社会主义的忠诚卫士。公安院校思想政治理论课的教学必须服从和服务于公安工作和公安队伍建设，强化理想信念教育、爱国主义教育、素质教育，铸造忠诚警魂，把学生培养成为合格的预备警官。因此，加强和改进公安院校大学生的思想政治教育，对于把公安院校大学生培养成“忠诚、为民、公正、廉洁”的公安事业接班人，对于公安机关切实担负起巩固共产党执政地位、维护国家长治久安、保障人民安居乐业的重大政治和社会责任具有重要的战略意义。

近年来，各公安院校高度重视思想政治理论课教学，紧密结合公安院校实际情况进行教学改革和教研活动，进行了许多有益的探索，积累了丰富的经验，为提高公安院校思想政治理论课教育教学质量发挥了积极的作用。但不容忽视的是，在新时期新形势下，人们思想活动的独立性、选择性、多变性和差异性不断增强，社会思想空前活跃，各种社会思潮此起彼伏，各种观念交相杂陈，不同价值取向同时并存，形成社会共识的难度加大，树立主流价值观的难度加大。这也使得公安院校思想政治理论课教学面临着严峻的挑战。

为进一步贯彻落实党的十八届三中全会的精神，总结近年来公安院校思想政治理论课教育教学改革的基本经验，探索和创新教学方法、内容、手段，提高公安院校思想政治理论课教育教学质量，中国人民公安大学人文社科部于2014年5月进行了“推进公安院校思想政治理论课教学改革”征文活动。此次征文活动得到各兄弟院校的积极响应，其间有近二十所公安院校提交了50余篇论文。2014年7月14日至15日，由中国人民公安大学人文社科部主办，中国刑警学院、北京警察学院、江苏警官学院等全国12所公安院校骨干教师参加的“推进公安院校思想政治理论课教学改革研讨会”在中国人民公安大学召开。研讨会期间，参会代表从教学方式、教学效果和社会实践等方面分析了公安院校在思想政治理论课程建设、教育教学中面临的新情况，出现的新问题，交流了各高校在进行思想政治理论课教学改革中的主要做法和形成的新经验、新教学模式，并进一步明确了推进公安院校思想政治理论课教学改革的思路和办法。

本论文集收录的这30篇文章，是此次征文活动中评选出的优秀论文，集中体现了近年来各公安院校在思想政治理论课教育教学中教学理念的更新、教学内容的重构、教学方式的创新、教学效果评价机制的变化等。这也是各公安院校经过多年教学探索和实践凝练出的优秀成果，具有一定创新性、实用性和推广性，对于公安院校进一步加强和改进思想政治理论课教学具有一定的借鉴意义。我们也期待各公安院校结合思想政治理论课教学实践，形成更多的、更丰富的教研成果，不断推动公安院校思想政治理论课教育教学取得更大的进步。

田全华

2014年11月

目　录

公安院校思想政治理论课实践教学的困境与出路

江苏警官学院　王光森

思想政治理论课实践教学，是指在思想政治理论课教学过程中，相关教师利用课外时间和社会空间组织的由师生共同参与、变单一的理论知识传授为理论思维和实践感受体验（知识现实体验与能力提升）有机结合、促进学生知与行有机结合的一种教学活动，其基本形式有参观考察、社会调查、社会服务、救援活动等。与传统的课堂教学活动相比，它具有自主性、开放性、多样性、实践性等特点。思想政治理论课实践教学是理论联系实际的有效形式，也是深化公安院校思想政治理论课改革、提高教学效果的重要途径。因此，在公安院校思想政治理论课教学改革中，必须重视实践教学的研究和应用，充分发挥它在政治建警中的重要作用。

一、公安院校思想政治理论课实践教学的困境

公安院校思想政治理论课是对公安院校大学生进行马克思主义理论和思想政治教育的主渠道和主阵地，是公安院校坚持政治建警办学方向的重要依托，是培养公安机关满意人才的关键环节。2005 年思想政治理论课“改革方案”实施以来，特别是近年来，公安院校思想政治理论课教学改革不断深化，许多院校根据形势变化，在实施的过程中，高度重视调整、充实教学内容，采用现代教学手段，改进教学方法，努力提高课堂教学效果。但必须承认，公安院校思想政治理论课的实效性还不尽如人意，在大学生中的影响力还远远比不上一些

公安业务课。产生这种现象的重要原因之一就是一些学校不重视实践教学环节或者说实践教学环节薄弱甚至缺失，从而导致理论与实际脱节，思想政治理论课的说服力、感染力、吸引力下降，并在一些学校不同程度地出现了这样的“景观”：一是教师讲课很卖力，学生迟到、睡觉、玩手机；二是教师“嘴”动，学生“眼”动、“脑”不动；三是学生“心”不动，更没有实际行动。之所以出现这样的困境，原因是多方面的，既有认识上的误区，也有操作上遇到的梗阻。

（一）认识上存在误区：重课堂理论教学，轻社会实践教学

理论灌输历来是思想政治教育的基本原则，也是公安院校思想政治理论课的重要特点。由于思想政治理论课具有灌输的特点，一些人就误认为，只要搞好课堂理论教学，就能使学生接受马克思主义教育。他们习惯于“以课堂为中心、以教材为中心、以教师为中心”，采用“满堂灌”的教学方法，把大学生当作被动接受马克思主义理论知识的“容器”，忽视受教育者的主体能动性和思想、道德情感体验，以为通过课堂理论讲授就能使大学生接受并最终形成社会所要求的思想观念和行为习惯、公安机关所期盼的忠诚为民、公正无私、勇敢智慧的优秀警察。这种对理论灌输原则的曲解，极大地阻碍了思想政治理论课实践教学的开展。而实际上，实践教学有着理论教学无法取代的地位和作用，因为社会实践既是马克思主义理论产生发展的基础，也是达到理论灌输目的的必要途径。富有实效性的思想政治理论课教学应该是既有灌输，又有启发，既有严谨的课堂理论教学，又有生动活泼的实践教学。

（二）操作上存在困难：实践教学的课堂选择和组织实施不容易落实

由于思想政治理论课教学内容或者是自然界、人类社会和人的思维的普遍规律，或者是经济社会的一般进程和重大事件，或者是社会生活的基本规范，因此，其实践教学只能在社会这个广阔的大课堂里进行。但社会并不会自发地成为思想政治理论课实践教学的课堂。社会生活中有许多有益的教育资源，也有许多可能对大学生产生不良影响的因素。因此，社会成为思想政治理论课实践教学课堂的前提是任

课教师必须根据教学目的，对社会资源进行取舍，在此基础上，还要负责设计教学目标，确定教学内容，选择教学场所，而这一切工作的完成要比理工类课程的实验教学和生产实习困难得多。

还有，理工类课程在实验室和工厂进行的实践教学，已经有了一套较为完备的教学大纲或实验实习指导书。只要任课教师与实验、实习指导教师相互配合，就能顺利地组织实施。而以社会为课堂的思想政治理论课实践教学，涉及校内、校外两个方面，又没有现成的教学大纲和指导教师，单靠任课教师来组织安排是难以胜任的。当前，思想政治理论课实践教学怎样组织实施？靠哪些人来组织实施？这是困扰许多公安院校的突出问题。

（三）制度上缺乏保障：教师从事实践教学的积极性不高

1. 教学计划与教学实际相脱离。有的学校在制订教学计划时，对思想政治理论课的部分课程如“思想道德修养与法律基础”、“中国近现代史纲要”等采取了“2＋2”模式，即规定每周用两个小时来讲授理论，两个小时来开展实践活动。然而怎样才能保证两个小时的实践教学活动，却没有规定具体时间和提供必要的条件。结果造成在具体的操作过程中，两个小时的实践教学流于形式。

2. 实践教学的专项经费不到位。教育部文件明确规定，每位学生每年思想政治理论课建设经费必须达到15—20元。然而这一规定在一些学校并没有得到贯彻执行。甚至，有的学校领导还认为，与公安业务课相比，思想政治理论课能满足一般水平就可以了，没有必要投入太多的经费，即使投入了，也不会立竿见影。由于思想政治理论课实践教学不受重视，因此，实践教学需要的交通费、门票费、餐费、实战部门接待人员的讲解费等就难以落实。这必然影响思想政治理论课实践教学活动的正常进行。

3. 实践教学工作量计算不合理。一般来说，教师安排一次实践教学，前后需要花费1—2周时间，用以完成提前联络、实地考察、申请经费、组织参观、批改实践报告、报销实践经费等繁杂工作。但是，很多院校只给计2—4个课时工作量，教师的劳动与报酬不成比例，一定程度上挫伤了教师从事实践教学的积极性。

此外，因为经费缺乏，公安院校难以建立稳固的实践教学基地，思想政治理论课被不同程度地削减等，也制约了思想政治理论课实践教学的正常开展。

二、公安院校思想政治理论课实践教学的出路

（一）必须解决思想政治理论课实践教学的元问题

这是前提。所谓元问题就是指思想政治理论课实践教学所涉及的根本、基本问题。就公安院校思想政治理论课实践教学而言，元问题至少有互相关联的“三个问题”，即思想政治理论课实践教学“是什么”、“为了什么”以及“该做什么”。[①] 只有真正回答和解决了这三个问题，公安院校思想政治理论课实践教学才能实现课堂理论教学的辅助功能，最终达到提高课程教学实效性的目的，使公安院校思想政治理论课成为真正受学生欢迎、终身受益的课程。

关于公安院校思想政治理论课实践教学“是什么”的问题，争论很大，观点很多。但我们认为争论的焦点都集中在对“实践”含义的理解上。其实，在当代哲学的话语中，“实践”一词用法很多，解释各异。有人认为“实践”是人能动地改造客观世界的活动，有人认为“实践”仅仅指一种物质活动，而20世纪60年代德意志民主共和国的有些哲学家认为，把实践仅仅看作是物质的活动“过于狭隘”，主张把物质的活动连同理论的、观念的活动都看成是实践的一种形式。[②] 由此，我们得出的认识是：实践不是改造客观实践的活动，而是改造主观世界的活动。如果依据上述对实践内涵的理解来回答思想政治理论课“是什么”的问题，答案就可以表述为：公安院校思想政治理论课教学是在教师的指导下，依据课程的特点和特殊要

---

① 陈二祥、赖熊麟：《内涵、目标、原则：思想政治理论课实践教学理路探析》，载《江苏高教》2013年第5期。

② 金炳华：《马克思主义哲学大辞典》，上海辞书出版社2003年版，第200—201页。

求，组织和引导公安大学生主动接触民警的实际生活、主动参与公安工作和队伍建设的实践，以个体情感体验（如政治情感、思想情感、道德情感等）为特征，以提高公安大学生的思想政治素质、法律素质以及职业精神为目标的一种教学活动。它的关键点至少有两个：一是主动参与实践、以直接体验为主；二是必须有利于公安大学生思想政治素质、法律素质以及职业精神的养成和锻造。

关于公安院校思想政治理论课实践教学“为了什么”的问题（实践教学的目标问题），也始终存在争议。大致形成三种观点：第一种认为，是为了提高课程的实效性；第二种观点认为，是为了提高大学生的动手能力；第三种观点认为，是为了增强大学生的思想政治素质。应该说，上述观点都有一点道理，但对照“05 方案”和公安部领导关于加强公安院校大学生思想政治教育的讲话精神以及思想政治理论课实践教学价值的客观存在，我们认为上述观点又不太精准，而比较理想的设计和目标定位应该是知识体验、能力培养和“德性”培育。需要强调的是，与普通文科实践教学、理工科实践教学不同，思想政治理论课实践教学更注重公安大学生分析能力的培养和“德性”的培育，更强调对学生“三观”的培养，以达到“知行合一”。这是思想政治理论课实践教学最主要的任务、最突出的特色。

实践教学目标的独特性，决定了公安院校思想政治理论课实践教学应该遵循独特的教学原则（即“该做什么”）。一是重视课堂教学，夯实大学生的知识储备；二是在实践教学中，注重挖掘情感因素，引发情感共鸣，从而使大学生自觉完成“三观”内化；三是在实践教学中，引导大学生从“德性”向“德行”转变，努力实现大学生“德性”的外化，做“知善、向善、行善”的践行者。

（二）必须解决制约思想政治理论课实践教学实效性的相关问题

这是关键。根据学者刘文革的研究，思想政治理论教学实效性经过了从提出“实效”到提出“实效性”再到提出“思想政治理论课教学实效性”三个阶段，他建议依据三个阶段的考察来概括思想政治理论课教学实效性的内涵。他认为在国家文件中第一次明确提出和使用“实效”是在 1978 年 10 月 4 日教育部颁布的一个文件，即

《关于讨论和试行全国重点高等学校暂行工作条例（试行草案）的通知》，最早使用“实效性”是1999年9月《中共中央关于加强和改进思想政治工作的若干意见》，最早使用“思想政治理论课教学的实效性”是2005年2月《中共中央宣传部、教育部关于进一步加强和改进高等学校思想政治理论课的意见》。在他看来，“实效”当初是作为形式主义相对立而提出来的，形式主义只注重表面上的形式而不注重效果，实效却要求注重实际的效果。不过，“实效”强调的还仅仅是实际的效果，而对于达到这样一个实际的效果所应该具有的内在条件或属性没有论及，到“实效性”这个概念提出时才趋于完善。实效性是实效所具有的属性、性质，内在地包括了目的以及实现目的所具有的针对性的方法和最终的效果。由此可见，实效性包括并超越了实效，也包括了针对性。简言之，思想政治理论课教学的实效性是指根据社会和时代发展的要求，在思想政治理论课教学中以培养大学生运用马克思主义理论指导知与行的能力为核心促进其思想品德全面发展的实际效果。[①] 它的关键点在于：马克思主义理论教育是主要任务、运用马克思主义理论能力是检验和评价标准、课堂教学是主要形式、促进大学生思想品德全面发展是最终目的。目前，根据我们的观察和体会，制约思想政治理论课实践教学实效性的主要因素有：人、组织、制度等。需要解决的相关问题有：

一是课堂教学与实践教学的关系问题。从认识论的角度看，课堂教学所传达的是知识、是经验，而实践教学则是在大学生已经接受了课堂教学的系统知识训练之后展开的，它更注重通过现场观摩、实践操作等方式体验书本知识，以获得知识的现实体验、能力提高、品德提升。这就是说，课堂教学在先，实践教学在后；课堂教学注重解决“知”的问题，实践教学注重解决“行”的问题。两者不能颠倒，否则，会严重影响实效性。

二是政治性与科学性的关系问题。在教学活动中，容易出现两种

---

① 刘文革：《思想政治理论课教学实效性的涵义初探》，载《思想理论教育导刊》，2013年第2期。

极端现象：一种是过分强调思想政治理论课实践教学的政治性，放大意识形态功能，缺乏基本的学理支撑，导致大学生“厌学”；另一种是纯粹的知识的灌输，侧重于讲授知识要点，缺乏针对性的引导和启发，结果学生不“信”。理想的做法应该是先讲授理论、知识，在此基础上再进行有效引导，在实践教学中更加注重升华大学生的认知、提升大学生的思想境界。

三、加强和改进公安院校思想政治理论课实践教学的具体举措

（一）强化教育，提高认识，增强自觉性

这里的核心是让教师充分认识到实践教学在公安院校思想政治理论课教学中的重要地位和作用。可以从三个维度加以教育、引导：

一是实践教学是思想政治理论课的内在要求。实践性是马克思主义理论的最显著的特点。马克思主义理论的实践性要求思想政治理论课教育必须加强实践教学环节，把理论教学与实践教学结合起来，引导学生走出课堂、走进社会、贴近生活、贴近群众，在参与社会实践的过程中接受教育和锻炼，从而加深对所学原理的理解和把握，逐步树立起正确的世界观、人生观和价值观。

二是实践教学是大学生了解社会、正确认识社会的有效途径。由于种种原因，大学生基本是坐在社会的“旁听席”上，狭小的生活圈子造成了他们与社会的疏离，对改革开放缺乏直接了解，对社会变迁缺乏实际感受，而大学生很多认识产生后又无法去接受社会实践的检验，致使他们对整个社会的发展变化缺乏真正全面、深刻的认识，从而疑窦丛生，甚至出现观念偏差。而思想政治理论课实践教学则有利于弥补大学生的这一缺陷，拉近大学生与社会的距离，使大学生真正懂得乡情、民情、国情、世情，促进大学生政治上走向成熟。

三是实践教学有利于开阔大学生的视野，形成比较灵敏的社会嗅觉，练就观察问题、发现问题、分析和解决问题的能力，有利于

提高大学生独立解决复杂问题的能力，培养和提高他们的创新精神和创新能力，实现他们的人生价值和社会理想。而这一切都是理论教学所不能达到的。当然，这不是说理论教学不重要，而事实上，由于思想政治理论课的内容具有较强的理论性，学生要达到对理论的真正理解和掌握，离不开教师在课堂的系统讲授和点拨。因此，在强调思想政治理论课实践教学重要性的同时，还要给思想政治理论课实践教学以准确的定位，做到正确处理实践教学与理论教学的关系。

（二）着力解决突出问题，发挥教师主导作用

开展实践教学活动，离不开教师的积极参与和精心组织。而教师主导作用的发挥，又依赖于两个方面问题的解决：一方面是实践教学的客观环境有所改善，主要包括学校领导重视思想政治理论课实践教学，有关职能部门能为教师开展实践教学提供各类必要的条件，能经常开展师资培训、注重提高教师的实践教学水平和能力，主管部门能定期召开实践教学的研讨会，交流经验，表彰先进，激发教师投身于实践教学的积极性。另一方面是教师的综合素质有明显提高，主要指教师能形成有利于实践教学的科学理念，具备指导学生搞好实践教学的知识和能力，具有人格魅力，使学生能在接触中受到潜移默化的影响。

（三）整合校内外的教育资源，形成思想政治理论课实践教学的合力

加强思想政治理论课实践教学，必须调动、利用校内外的教育资源，努力做到把思想政治理论课教学与大学生素质拓展行动，如暑期社会调查活动、法律志愿者活动与“校局共建”活动、专题社会调查活动、参观考察活动结合起来，与学校所在地区可供利用的社会资源结合起来，通盘考虑与设计。在此基础上，编制统一的社会实践教学计划与教学方案，整合校内外的教育资源，逐步做到优势互补，资源共享，分工协作，形成合力。例如，“思想道德修养与法律基础”课的社会实践教学，可以与学校学生处、团委、学生会组织的青年志愿者活动以及校园文明卫士、校园科技文化月、“从警路——五月的

鲜花”、“我为党旗添光彩”、心理健康知识普及宣传、大学生诚信状况调查、警察职业倦怠状况调查等活动结合起来，以促进大学生自我反省、自我教育。这样做，既可以充分利用现有的教学资源，又可以缓解思想政治理论课实践教学在时间安排上的困难，还可以解决组织和指导实践教学的力量不足的问题。

（四）主动作为，促成公安部或公安院校制定并颁布实践教学指导意见

目前，公安部颁布的教学管理文件，对思想政治理论课实践教学的开展未作具体规定，各校自行安排，难以保证教学质量。建议公安部尽快出台《公安院校思想政治理论课实践教学指导意见》，以保证思想政治理论课实践教学的制度化、规范化。这个指导意见，至少应该包括以下内容：

一是按照“战、学、研”一体化模式的要求，鼓励打通学校与基层公安机关的联系，在推进毕业生实习基地建设的同时，加快构建“实战警官与学校教师定期换岗交流”机制，建立稳固的“教师能教能战、学生想学可学”的思想政治理论课实践教学基地。

二是重视思想政治理论课实践教学专项管理。像专业课那样，思想政治理论课实践教学也要列入教学计划，并计算相应的学分。与此同时，教务处还要会同思想政治理论课主管院系加强对实践教学组织实施情况的检查和考核，定期通报检查和考核情况。

三是按照节约、高效原则，建议从思想政治理论课专项建设经费中划拨出思想政治理论课实践教学经费，主要用于支付实践教学的交通费、门票费、讲解费、教师实践教学酬金等，做到专款专用。

四是每门思想政治理论课教学任务完成后，应按照一定的标准准确计算实践教学的工作量，并在此基础上，建立起实践教学的激励机制。

五是根据必要性和可能性原则，适当安排思想政治理论课教师到国内或国外考察，拓宽教师的视野，为搞好思想政治理论课实践教学打下坚实的基础。

六是建立思想政治理论课教学基金，由学校主管学生工作或主管

思想政治理论课教学的副书记或副校长掌握，用于支持思想政治理论课的教学研究、学术交流、教研成果奖励、表彰优秀教师、教师国内外社会实践考察等。

以“素质养成”为核心的公安院校思想政治理论课教学模式的创新与应用

中国人民公安大学　李　艳

所谓教学模式，是指在一定教学思想或教学理论指导下建立起来的较为稳定的教学活动结构框架和活动程序。从2008年至今的6年时间里，我们紧密结合公安院校人才培养要求，坚决贯彻“政治建警”的基本原则，以“忠诚”教育为主题，围绕学生“素质养成”这一核心任务，从教学理念、课程体系、教学方法、考核内容和形式、评价标准等各个层面，以本科生的必修课“毛泽东思想和中国特色社会主义理论体系概论”、研究生的必修课“中国特色社会主义理论与实践”和“中国近现代人物评介”、“中国通史”、“中华人民共和国史”等选修课为依托进行了全方位的创新实践，已经形成一套以“忠诚”教育为主题，以学生“素质养成”为核心任务的具有鲜明公安院校特点的思想政治理论课的教学模式，并在教师队伍建设、教学能力和水平、学生能力养成和发展等方面取得了一定的成绩。

一、紧密结合“七个特色”人才培养要求，坚决贯彻“政治建警”的基本原则，以“忠诚”教育为主题，围绕学生“素质养成”这一核心任务，明确定位具有鲜明公安院校特色的思想政治理论课的价值功能

究竟应该培养什么样的警察？公安院校大学生应具有什么样的素质？素质应该如何养成？一直是公安高等教育探讨的基本问题。

警察作为社会的一种特殊职业，对其职业素质有特殊的要求。从

性质上看，警察是国家机器的重要组成部分，是人民民主专政的重要工具，是一支武装性质的国家治安行政力量；从职责任务看，警察是公务员队伍中唯一兼具行政执法与刑事司法双重职责，是直接维护社会政治稳定和治安秩序以及人民生命财产安全的专门力量；从法律赋予的权力看，警察是公务员中唯一可以依法使用武器、警械，执行拘留、逮捕等强制措施的力量；从工作特点看，警察是具有高度危险性的职业，是和平年代时刻面临生死考验、牺牲负伤最多的队伍，同时警察工作具有涉密性，所接触的许多人和物常常涉及国家机密或公民隐私，不容许随意泄露，因此说警察职业与政治和社会的联系极为密切。新时期中国政治、经济、文化的价值取向发生了深刻的变化，在建设社会主义和谐社会和社会主义法治国家进程中，警察职能也发生了相应的转变，即由暴力专政工具向公平正义执法者的转变，由限制者、控制者向服务者、保护者的转变。社会发展对警察提出了新的要求，未来警察应具备的最基本的素质主要由政治素质、知识素质、能力素质三个方面构成：知识素质包括自然科学知识、文化知识、社会知识、科学技术知识和公安业务知识等；能力素质包括理解能力、表达能力、交际能力、应变能力、决策能力、自卫能力等；政治素质包括对党、对国家、对人民绝对忠诚，秉公执法，清正廉明，勇于献身等。

我校在 2010 年本科人才培养方案中明确了人才培养目标，即培养高素质应用型公安专门人才，使我校学生具有“忠诚可靠、业务扎实、敢于创新、精于实战、一专多能、作风优良、身心健康”的鲜明特色和优势。其中“忠诚可靠”作为思想政治素质列于第一位，“忠诚”是所有素质当中最具有核心价值的重要素质。胡锦涛总书记在第二十次全国公安会议上强调：“要坚持把政治建警放在公安队伍建设的首位，把忠诚作为警魂。”可以说，“忠诚教育”是我校思想政治理论课教育教学的主题。

教育学的基本原理表明，不同的课程有着不同的性质，而课程的性质又决定了该课程的教学指导思想、教学原则、教学方法和教学过程的设计。高校思想政治理论课在整个教学课程体系中处于先导地位，对大学生形成良好的思想、政治、法纪、道德和心理素质将起到促进作用，还可以帮助大学生树立正确的学习动机、学习态度和学习目标，这一切都是学好各类专业知识的前提条件。另外，思想政治理论课，一方面是对一定时期社会政治、法制与道德文化的保留和总结，另一方面是通过教育教学传播给广大公民，完成文化的传承，同时又具有文化传播功能。

鉴于上述两个方面的内容，围绕学生“素质养成”这一核心任务，我们明确设定了公安院校思想政治理论课应实现的价值功能及其教学原则：

1. 坚持思想政治理论课政治导向和政治警戒功能，促进学生的政治认知，强化学生的政治认同，激发学生的政治热情，逐步培养学生的政治素养，以完成“忠诚”素质的培养，达到“政治素质的养成”。

2. 坚持思想政治理论课文化继承功能和人文素质强化功能，在教学实践中，以理论知识为依托，并辅以大量的相关信息，帮助学生掌握哲学、历史、政治、经济、法律和伦理道德等方面的基本知识，以达到“知识素质的养成”。

3. 坚持思想政治理论课能力培养功能，通过系统的理论学习，引导学生学会运用马克思主义的立场、观点和方法观察问题、分析问题和处理问题，提高理论联系实际的学习能力、实践能力和创新能力，以达到“能力素质的养成”。

二、以思想政治理论必修课“毛泽东思想和中国特色社会主义理论体系概论”为核心课程，以“中国哲学史”、“中国通史”等人文素质选修课为延伸拓展课程，构建以“忠诚教育”为重点、以“知识素质的养成”为导向的课程体系

“忠诚教育”是我校思想政治理论课教育教学的主题，而“毛泽东思想和中国特色社会主义理论体系概论”是四门政治理论必修课

的核心课程，主要阐述党的创新成果，紧贴中国的国情，对培养学生政治理论素养、忠诚意识和政策理解力与执行力具有重大意义。同时，这门课更是马克思主义中国化理论成果的集中体现，我们将“中国哲学史”、“中国通史”、“中华人民共和国国史”、“中国近现代人物评介”等选修课作为该课程的延伸拓展课，从哲学、史学、政治学等角度拓展学生视野，更使学生能在宏大的历史场景中加深对核心课程内容的理解和认识，加深对中国社会发展规律的认识，增强教学实效性。通过这些课程的学习，学生们了解了我们党领导人民进行民主革命和社会主义革命与建设的历史，认识到中国共产党是我们各项事业的领导核心，离开了党的领导，就不可能顺利地进行改革开放和社会主义现代化建设。了解到祖国近代以来在摆脱外敌入侵、争取民族独立和解放的斗争中走过的艰难曲折的道路，认识到祖国的命运和个人命运息息相关。认识到只有人民才是历史的真正创造者，历史上真正伟大的英雄是人民。党的事业和我国现代化建设的伟大事业只有紧紧依靠千百万人民群众，才能取得最后的胜利。通过这些学习，不仅使广大学生增进了对党、祖国和人民的了解，而且增进了他们在情感上对党、祖国和人民的热爱。帮助学生了解国史、国情，深刻领会历史和人民是怎样选择了马克思主义，选择了中国共产党，选择了社会主义道路。同时，通过哲学知识、历史学知识和文化传统等方面信息的传递，有利于为思想政治理论课的教学作铺垫和进一步深化教学效果，完成对学生人文素养的熏陶，促进了其知识素质和人文精神的养成，提高了学生的人格境界，这对学生以后适应以民本警务模式为改革方向的公安实践工作、牢固树立执法为民的理念，打下了较为坚实的思想和理论基础。

三、以“双主体”教学理念为基础，探索教师引导、学生自主探究、师生双向交流的教学方法，精心设计学生参与的教学环节，创设学生探究式的学习模式，在参与中全方位提升学生的素质与能力，真正发挥育人功能，提升教学效果

“双主体”教学指师生共同参与、相互作用，创造性地实现教学目标的多边教学活动过程，使学生得到充分的全面的发展。在这一过程中，教师是设计者、组织者、指导者，是教学主体；学生是自我身心发展的自主参与者，积极学习的探索者和创造者，是学习主体。在政治理论课教学中创设“双主体”教学模式，改变以往简单的灌输式传统教学方式，有利于坚持学生学习的主体地位，在自主学习、自主探究和大胆质疑中，完成自我教育，从而增强政治理论课教学的吸引力、说服力和感染力，使政治理论课的教学内容真正内化为学生的自我认识和内驱力，内化为过硬的思想政治素质，促进学生全面和谐的发展，成为合格的应用型公安人才。

我们的主要做法是：

1. 教师创设问题，给出信息。任课伊始，教师采用问卷的形式调查了解学生的知识结构和他们关注的热点问题，以及他们所希望的理想的政治理论课教学模式，在此基础上，教师根据教学任务确定本学期主要的教学主题，在教学进程中根据教学主体，提出有价值和有启发性的问题，创设问题情景，并给出相关的文献信息，引导学生学习阅读和思考。

2. 学生自主学习探索，进行合作研习。根据老师所创设的问题和给出的阅读书目参考文献等，学生进行自主学习、自主探究，并将搜集到的信息进行归纳整理，得出相应的认识观点，在宿舍或小组范围内进行交流，并相互启发，共同完成撰写论文或制作课件。

3. 生生交流讨论，师生共同归纳。这里实现形式有多种：一是以小组或宿舍为单位推出代表或几位同学作主题报告，交流展示学习思考的成果；二是采用讨论式现场交流的方式，不固定人员，就同一

问题表达各自的看法；三是采用辩论式或质疑式，在思想和观点的碰撞中，在发散思维的交互中，对问题逐渐达成共识。在这些过程中，教师对学生的观点不干预，但掌控课堂进程，并适时指引问题交流的方向，以便由学生自己得出正确的结论。在所有课堂参与结束后，教师整合学生观点，进行点评，然后得出让学生信服的结论。

我们以“毛泽东思想和中国特色社会主义理论体系概论”和“科学社会主义的理论与实践”为主要平台，积极促进学生自主探究、自主学习。我们通过问卷的方式，了解学生最关注、最感兴趣的社会热点问题，结合教学进展的相关内容，选取那些容易让学生产生困惑的重大的现实问题加以解答，分期分批将课堂参与的题目公布，让学生以小组为单位（按寝室、班级、专业、方向等）认领自己的任务，然后从资料搜集、问题交流与讨论、内容确定、PPT 制作及演讲表述等各个环节进行分工合作，在与任课老师交流沟通之后，再在指定的时间内在课堂上将自主探究的学习成果进行宣讲和展示，实现共享和相互启发。整个过程中，学生自主学习的能力，团队合作的能力，认识问题、分析问题和解决问题的能力，思维能力和语言与文字的表达能力都得到了锻炼，知识和视野也得到了进一步拓宽；学生在合作交流、与人分享的氛围中，学会参与，学会倾听，学会尊重他人，从而体现“以学生为主体”的教育新理念，促进了学生综合素质的提升。这种教学活动深受学生的欢迎和好评，学生参与的热情也极为高涨，收到了非常好的教学效果。

“双主体”教学以培养学生学习的情趣和“素质养成”为中心，以优化课堂教学、提高教学效果为目标。通过教学实践，学生在教师的引领下，在自主探究的过程中，既接受了理论，又学会了解决问题，在自究中感知，在感知中自悟，在自悟中升华，最后达成知识、素质、能力的协调发展。

四、紧扣学生“最近发展区”，以提升学生公务员考试应试能力为主线，积极进行考试方式的改革，结合教学内容和课程特点，探索出以“公务员申论考试”为课程考试模式的新的考核方法和评价标准，将学生基本素质的养成、思想政治理论课价值功能的实现与学生就业竞争力的提升有机统一起来，以达到“三位一体”的发展目标

在影响学习效果的诸多变量中，学习动机往往起着关键的作用。它是学习活动的催化剂，并且具有一定的情感性因素。只有具备了良好的学习动机，学生才能认真思考，主动探索未知领域。

我校为人民警察行业性院校，自 2012 年起我校毕业生需要参加由国家统一组织的公务员考试，能否通过国家公务员考试关系到学生毕业后的就业出路，也关系到我校未来的发展以及公安教育的走向，更涉及学生自身发展的根本利益，这也是目前整个公安高等教育面临的共同问题。在公务员法中规定公务员的必备素质和能力主要有政治素质、专业知识、智力素质、表达能力、协调组织能力、学习能力、解决实际问题和应对突发事件的能力，尤其申论考试因其与公务员任职准入资格相联系，重视对考生思想政治素质和综合分析能力的考察，这与公安高等教育思想政治理论课的价值功能高度契合。

我们也普遍注意到这一客观事实，认为提升公务员考试的应考能力是公安院校学生最关注的“最近发展区”，从教学内容整合、教学方法改革和考核内容与评价标准创新等环节，来提升学生公务员考试应试能力，在思想政治理论课中着力完成学生人文社会科学素质的培养、重大时事政治的渗透、形势政策的解读，将思想政治理论课的教学内容与提升学生公务员考试的应试能力结合起来，关注学生的学习动机、自身利益，有效开展教学活动。

主要做法有：一是尝试将公务员申论考试中的素材作为教学案例，结合相关教学内容进行分析讲解，引导学生进行分析归纳，提高申论考试技巧和水平。二是在“毛泽东思想和中国特色社会主义理

论体系概论”、“中国特色社会主义理论与实践”以及其他选修课中进行大量的人文社会科学知识的渗透和熏陶，拓宽学生知识领域，优化知识结构，提高学生的人文社会科学素质，以满足完成行政职业能力测试的需要。三是大力进行考核内容和考核方式的改革。在期末考核环节，立足学生的实际需求，以国家公务员“申论”考试为基本参照对象，通过试题形式与内容的调整将学生平时自主学习的相关成果进行运用，使学生在结课考核时既能对教材的基本理论有一个宏观的把握，又能在形式和内容上得到“申论”考试的模拟训练。2007—2010年，我们在全校范围内进行了“概论”课程的考试改革，考核以综合运用基本理论分析社会热点问题为核心，受到全校学生的一致好评。2010—2013年，依据我校学生面临公务员考试的新形势，在以往改革的基础上，将期末考核同“申论”考试有机结合，采用申论考试所采用的归纳概括、综合分析、提出对策和文章写作四大基本题型，使学生在考核时既能充分发挥自身学习的主体性，又使学生很早地接触到“申论”考试的基本形式和内容，学生对于新的考核方式非常欢迎。同时从最后的考核成绩来看，学生基本上能够掌握教材的基本理论，能够掌握“申论”考试的基本思路。

这些做法着力满足了学生学习兴趣、自身发展的迫切需求，激发了学生学习热情，将学生基本素质的养成、思想政治理论课价值功能的实现与学生就业竞争力的提升有机统一起来，以达到“三位一体”的发展目标。

五、以学生社会实践为平台，以北京市教工委组织的学生思想政治理论课社会实践优秀论文征集活动为契机，精心设计组织我校学生暑期社会实践活动，以锤炼学生的实践能力、创新能力为主攻方向，有效促进“能力素质的养成”，成绩显著

社会实践环节是思想政治理论课教学的重要组成部分，其根本目的是引导学生理论联系实际，用马克思主义立场、观点、方法认识国

情、认识社会，科学分析各种社会现象与问题，加深对党的理论、路线、方针、政策的理解，树立和巩固科学的世界观、人生观、价值观。

从2010年开始，每年北京市教工委都组织北京高校大学生思想政治理论课社会实践优秀论文征集活动。我们抓住这一难得的契机，联合学工部、宣传部门和教务部门，精心组织，广泛动员。实施步骤：一是组织相关任课教师研究提出暑期学生参与的社会实践题目，明确具体要求和操作程序；二是明确参与对象、写作标准和实践过程要求；三是在学生实践过程中指定教师负责指导，以保证论文质量；四是进行认真评奖，将最优秀的论文推荐至北京市教工委，并联合其他部门，召开隆重的表彰大会，表彰在征文活动中获得一、二、三等奖的学生，树立典范，发挥示范和引领作用。

2010年我们以首届“大学生暑期社会实践调研活动”以及北京市教工委组织的“2010年北京市大学生暑期社会调研征文活动”为契机，成功组织我校2008级本科及2009级研究生进行了暑期社会实践调研，收到调研报告800余篇，其中获得校级奖励的调研报告50篇，获得一等奖的5篇学生调研报告被推荐至北京市教工委。最后，我校在“2010年北京高校大学生思想政治理论课社会实践优秀论文征集活动”中取得丰硕成果，共有3篇学生调研报告获得北京市三等奖。迄今为止，已经连续组织了5次征集评选活动，取得骄人的成绩。

在推进学生社会实践的过程中，我们强调要按照思想政治理论课社会实践主题、内容及具体要求，选取与思想政治理论课教学内容紧密相关的选题，并在思想政治理论课教师指导下，在社会实践的基础上完成；要求观点明确，调查科学，分析全面，逻辑严密，数据可靠，具有较强的创新性与实践性，具有一定的学术价值和现实意义；社会实践要有明确的调查对象，调查方法科学；论文要符合撰写规范。通过这些环节的实施，既加强了学生思想政治素质和理论素养，又使他们掌握了社会调查研究的基本方法，了解了社会和国情，思想更加贴近现实，同时也锤炼了学生的实践能力、创新能力，极大地激发了学生的学习理论和进行社会调查的热情，同时对思想政治理论课的认同度得到提高，认为学有所用。教师在指导学生的过程中激发了自己的科研灵感，教学相长。

总之，我们以“忠诚教育”为主题，从思想政治理论课价值功能的定位、核心课程与拓展延伸课程的构建、教师引领下的学生自主探究式的教学方法改革、以“公务员申论考试”为课程考试模式的创设、以学生暑期社会实践为平台的实践能力和创新能力养成途径的发掘等各个方面，形成了具有鲜明公安院校特色的思想政治理论课的教学模式。

略论公安高校思想政治理论课学科建设的特殊性与着力点

福建警察学院　游云福

2005年，国务院学位委员会、教育部决定新增设马克思主义理论一级学科，这对于加强高校马克思主义理论和思想政治教育课程的建设和提高教学水平，具有重要意义。[①] 几年来，许多高校开始重视马克思主义理论学科建设，在实践中进行了一些有益的探索，也取得了一些成果。但是，我们应该看到，高校的马克思主义理论学科建设本身就是一个非常艰巨的任务，需要人们付出长期的努力；不同高校的马克思主义理论学科建设既有共性的一面，又有个性的一面，必须经过不断地探索研究，找出各自的马克思主义理论学科建设的着力点。[②] 本文试图立足公安高校，在这一方面进行一些初步的简要分析，以期引起进一步的讨论。

一

我们首先需要正确地分析和认识公安高校马克思主义理论学科建设的特殊性。与一般高校（行业、部门高校）和综合性高校相比较，公安高校在马克思主义理论学科建设中既有自己的优势、长处，也有

① 《设立马克思主义一级学科意义重大》，载《光明日报》2005年4月26日。

② 靳辉明：《关于开设“马克思主义基本原理”课的几点思考》，载《思想理论教育导刊》2005年第8期。

自身的弱点、不足。

公安高校在马克思主义理论学科建设中的优势与长处主要表现在以下两个方面。

其一，公安高校历来高度重视马克思主义理论即思想政治理论课的教学与建设。公安高校遵从和奉行“政治建校”的原则，它的性质决定了马克思主义理论（主要体现为思想政治理论课）在学校中处于特别重要的地位。教育部关于高校思想政治理论课设置的“05方案”颁布后，公安高校立即遵照执行，很快开设齐四门课程：马克思主义基本原理概论、毛泽东思想和中国特色社会主义理论体系概论、中国近现代史纲要、大学生思想修养与法律基础。实事求是地说，公安高校为思想政治理论课教学与建设所创造、提供的条件，在一般高校（行业、部门高校）中是很难做到的。以福建警察学院为例，学院领导和相关部门时刻关注并支持思想政治理论课的教学与建设，是在全省高校中最早将思想政治理论课教学部门升格为二级教学部门的学校之一，并且在经费使用、教学条件、教学课时、师资配备、队伍建设、学术进修、科研立项、晋职晋级等各个方面采取倾斜政策，给予了充足保障。据笔者了解到的情况，在公安高校的校级领导和部门领导中，大都具有马克思主义理论学科背景，有不少人就是思想政治理论专业毕业或从事过思想政治教育工作。福建警察学院甚至有八个部门的现职主要领导是从思想政治理论课教学岗位上提拔的，并且现在还继续承担着思想政治理论课的教学任务。这一情况也反映出公安高校领导对思想政治理论课的重视，对公安高校的思想政治理论课教学与建设无疑是非常有利的。

其二，公安高校的大学生对马克思主义理论即思想政治理论课具有很高的接受度和很强的认同感。公安高校的大学生在入学时就要接受面试、体能测试、政治审查等特殊检验，加上入学后的警察职业意识的严格教育与训练，他们都能认识到自己作为准警察、未来警官所带来的身份的重大变化，这一变化意味着他们必须政治立场坚定，必须在政治上达到完全合格，在政治上、思想上、行动上同党中央保持高度的一致。因此，公安高校的大学生在政治上都比较成熟，政治敏锐性强，能比较自觉地接受以高校思想政治理论课为代表的马克思主义理论的灌输与教育，对思想政治理论课有一种天然的亲近感和认同感。这种情况非常有利于思想政治理论课的学科建设。公安高校的思想政治理论课教师不仅能够顺利地按照上级有关部门的要求开展一整套正常规范的教学活动，而且还可以围绕或结合思想政治理论课的主题，动员、组织学生开展一些具有公安特色、创造性的形式各异的活动，包括学生社会实践活动。

显然，这两方面的情况决定了公安高校的思想政治理论课的教学与建设可以有、也必须有自己的特色，亦即自己的着力点。

公安高校在马克思主义理论学科建设中的弱点与不足，其主要表现也有两个方面：师资力量相对缺乏和没有设置马克思主义理论相关专业。这一状况的存在是不难理解的。公安高校毕竟是专业性很强的高校，其设置的专业都与公安实际工作、现实需要直接相关。按照规定，马克思主义理论一级学科下设五个二级学科：马克思主义基本原理、马克思主义发展史、马克思主义中国化研究、国外马克思主义研究、思想政治教育。这些二级学科其实就是专业，可以招收硕士生和博士生。在中国，一般只有综合性大学才全部设置或部分设置这些二级学科（专业）或相关专业，并且依托它们开展全面的、理论性强的马克思主义理论学科建设。① 公安高校明显不具备全面开展马克思主义理论学科（即二级学科）建设的条件，根本原因就是缺乏专业依托。正是基于这一点，笔者提出，公安高校的马克思主义理论学科建设，实际上就是、也只能是高校四门思想政治理论课的学科建设。因此，就公安高校来说，马克思主义理论指的就是四门思想政治理论课，马克思主义理论学科指的就是思想政治理论课学科，在本文中二者被视为同义语（同一概念），可以自由地替换使用。这当然不是说公安高校的思想政治理论课教师不应或不能涉及这四门课程以外的其他马克思主义理论的研究，学有所成、行有余力者尽可以在马克思主

① 王顺生：《关于设立马克思主义一级学科的几点思考》，载《思想理论教育导刊》2005 年第 8 期。

义理论下的所有二级学科自由驰骋，以充分展示各自的才华与成果。但是，公安高校必须立足实际，自我量力，在整体上把马克思主义理论学科建设的对象与内容定位在四门思想政治理论课的教学与建设上面。而就师资力量而言，受体制、编制、经费等多种条件的限制，公安高校思想政治理论课教师的数量毕竟有限，一般情况下专任教师的人数都难以达到教育部规定的师生比例的要求，要依靠兼职教师来弥补数量上的不足。加上这些思想政治理论课专任教师一般都承担着繁重的教学任务，他们只能是“以教学为主，以科研（学术）为辅”。这种情况也影响和制约着公安高校的思想政治理论课学科建设，它不能是学院式的、纯理论地进行研究和建设，而必须注重于马克思主义理论在实际中的运用，把思想政治理论课的教学与研究同公安工作实际有机紧密地结合起来。

以上公安高校马克思主义理论教育与教学的特殊性，就是我们探讨当前公安高校马克思主义理论课学科建设，亦即思想政治理论课学科建设着力点的主要依据。

二

公安高校思想政治理论课学科建设的第一个主要着力点，是进一步研究思想政治理论课在实践中特别是公安工作实际中的运用，或者更直白地说，就是研究怎样更好地做到理论联系实际，特别是理论联系公安工作实际。

理论联系实际是马克思主义理论本身的必然要求，也是大学生学习、掌握思想政治理论课的必然要求。马克思主义理论只有在研究实际、指导并运用于实际的过程中，才能有生命力和活力，也才能得到发展、深化与升华；思想政治理论课只有在帮助大学生正确、科学地认识和解决各种实际困难和问题的过程中，才能得到他们的信服与认同，也才能使得他们理解和掌握马克思主义的世界观、人生观、价值观和科学方法论。[①] 也许有人会认为，这是老调重弹，这也是所有高校思想政治理论课的共同任务和相同追求。诚然如此。但是，我们必须清楚地看到，在高校思想政治理论课教学与研究中，理论联系实际是个永恒的话题和课题，也是难解之题，人们仍然处于艰苦的探索之中，而且可以说是永无止境。公安高校必须研究、摸索出自己特有的、行之有效的思想政治理论课联系实际、特别是联系公安工作实际的模式，其中包括联系的内容、形式、方式、途径、手段、效果等一系列问题。

在公安高校，思想政治理论课所联系的实际，不外乎社会实际、学生思想实际和公安工作实际这三者。在思想政治理论课联系实际的整个过程中，不可忘记的是四门课程是从不同的层次、角度、侧面来帮助学生形成、树立正确的世界观、人生观、价值观和警察职业意识，同时帮助学生掌握和运用马克思主义科学方法论。这也是四门思想政治理论课的共同任务和一致的价值目标。因此，四门课程联系的实际可以是同一个对象和内容，不必担心、害怕所谓的重复和撞车，相反，它还可以帮助学生从立场、角度、视野、方法等方面，更全面、深刻地分析、认识、解决同一个问题。

社会实际主要是指我们所生活的国家、社会中产生、存在的各种热点、难点、疑点等矛盾或问题，特别是重大事件，也包含了国际上的重大事件。公安高校的四门思想政治理论课都必须关心、关注这些矛盾或问题，并且立足于警察的视野和角度，经过不同课程任课教师之间的沟通协调与分工合作，有选择性地对其中一些对象（矛盾或问题）给予适度的、正确科学的解读。

学生思想实际指的是学生的所思所想。主要包含两个方面：一是上述的社会实际矛盾或问题。大学生作为社会中最活跃、最敏感的群体，社会上的各种重大矛盾或问题当然是他们关心与关注的主要对

---

① 郑永廷：《马克思主义理论学科建设的形势与对策——高等学校思想政治教育研究会学术委员会第二次会议综述》，载《思想理论教育导刊》2006年第4期。

象。二是涉及学生整体或个体利益的有关矛盾或问题。诸如学有所得和学有所成问题；学习、生活中的困难和问题；人际关系（同学之间、师生之间等）中的矛盾；个人权利能否得到公平保障问题；毕业后的就业出路问题等。公安高校的思想政治理论课教师必须与管理学生的老师保持经常性联系，并深入学生群体中，及时、全面地了解和掌握学生在想什么，做什么，以便紧密结合各自的教学内容进行释疑解惑，化解各种矛盾和问题。

公安高校思想政治理论课联系实际的重头戏是联系公安工作实际，这既是难点之所在，也是最容易出彩（特色、成果等）之处，需要多花费一些笔墨进行讨论。有人可能会以为要求思想政治理论课联系公安工作实际是一种苛求，有哗众取宠之嫌，因为“隔行如隔山”。这实在是一种误解。在公安高校，思想政治理论课教师和其他教师一样，要经过入警集中学习教育阶段；要到基层公安机关锻炼一年以上，参与办案的完整过程；要带毕业生到基层公安机关实习；还要经常到各级公安机关开展各种形式的调研活动；等等。因此，思想政治理论课教师紧密联系公安工作实际开展教学和研究活动，不仅是完全可以的，也是应该和必要的。福建警察学院的思想政治理论课教师在2006年通过竞争，编写出版了公安部主持制定的“三个必训”教材之一，即《党和国家关于公安工作的路线方针政策》（中级警官用），受到公安部领导的充分肯定，该书的主编还因此荣获个人二等功，这就是生动的证明。因此，可以不夸张地说，公安高校的许多思想政治理论课教师不仅教学经验、人生历练丰富，而且还是“公安通”，几乎人人“身怀绝技”、个个具备“独门秘籍”，在思想政治理论课教学与研究中联系公安工作实际对他们来说绝非难事。

公安高校思想政治理论课联系公安工作实际的内容和形式可以说是多种多样，无所不包的，只不过四门课程各自有所侧重而已。在笔者看来，公安高校思想政治理论课联系公安工作实际中所存在的问题，不是能不能的问题，而是想不想、愿意不愿意的问题，是怎样联系才能获取最佳效果、得到学生好评的问题。在实际教学中，公安高校的思想政治理论课教师多年来都在坚持不懈、持之以恒地努力做好联系公安工作实际的工作，并且已经取得了许许多多、实实在在的成果。今后的努力方向：进一步概括、总结思想政治理论课联系公安工作实际的经验与成果，并且把它们加以理论上的深化和升华，争取形成一整套规范化、程式化、可以在公安高校乃至其他高校推广和仿效的教学模式，以全面提高和优化理论联系实际的效果与水平。

值得一提的是笔者所获得的一个个人体会，这个个人体会还通过不同场合、不同形式的交流讨论得到了许多同行的认同。这就是思想政治理论课的内容只要能够与公安主要专业的业务知识紧密结合起来，就比较容易得到学生的理解、接受与认同，教学效果特别好。原因可能在于公安高校的学生对公安主要专业的业务知识有一种天然的亲近感和认同感，也对思想政治理论课教师跨行业的渊博学识有些敬佩感，认为思想政治理论课也并不是那么单调枯燥乏味的，于是爱屋及乌，他们就觉得比较容易理解、接受思想政治理论课了。这给了我们一个启示：公安高校的思想政治理论课教师应该多学习、钻研一些公安主要专业的业务知识，包括公安学概论、侦查学总论、治安学总论、预审学、法医学等，以搜集、积累能够与思想政治理论课紧密结合起来的资料，其得到的回报会是非常丰厚的。

三

公安高校思想政治理论课学科建设的第二个主要着力点，是进一步加大思想政治理论课教学中的学生社会实践活动的力度。其实广义地说，理论联系实际本身就包含着社会实践活动。

根据教育部的“05 方案”，高校思想政治理论课的四门课程都有规定的课时（学分），其中有一部分课时（学分）必须用于组织、开展学生社会实践活动。也就是说，学生社会实践活动是高校思想政治理论课的重要组成部分，也是高校思想政治理论课教学活动的自然延伸，属于广义的教学过程。① 其实，在理论联系实际的“实际”中，社会实践活动本来就是一个非常重要的内容。因此，高校思想政治理论课教学不能与学生社会实践活动相分离。一般地说，通过学生参与社会实践活动，有利于他们更好地理解和吸收高校思想政治理论课的内容，有助于树立、检验他们的世界观、人生观和价值观，也可以帮助他们掌握、应用马克思主义科学方法论。

就公安高校思想政治理论课的学生社会实践活动的内容和形式来看，主要有两种，即课堂教学过程中（或者说校园中）的学生社会实践活动与课堂教学过程外（或者说校园外）的学生社会实践活动。前者比较简单易行，如组织学生开展课堂讨论、读书会、兴趣小组、演讲比赛、知识竞赛等活动，这里不做详细讨论，我们重点分析后者。

公安高校思想政治理论课教学中的学生社会实践活动的本义，就是指组织学生开展校园外的社会实践活动。以福建警察学院为例，这些学生社会实践活动包括：各种爱民（月）活动、各种参观考察活动、各种社会调研活动、寒暑假的见习活动、毕业实习活动等。实事求是地说，思想政治理论课参与公安高校这些学生社会实践活动的广度和深度都不够，有待提高和强化。由于组织、开展这些学生社会实践活动复杂烦琐，大部分活动不是思想政治理论课教学部门和教师能够单独承担、完成的，因此，我们只从思想政治理论课是参与者的角度进行讨论。

首先，思想政治理论课教学部门和教师要以积极主动的姿态参与这些学生社会实践活动。他们也许不是组织者和主要参与者，但可以派出尽可能多的教师参加，从思想政治理论课的立场与需要，在组织、开展活动的过程中积极建言献策，提供一些思想政治理论课范围的题目供学生活动后撰写小论文使用，并认真及时对小论文进行批改。

---

① 刘景泉：《关于加强马克思主义理论学科体系建设研究的几点思考》，载《思想理论教育导刊》2005 年第 11 期。

其次，思想政治理论课教学部门和教师要主动协调、配合有关部门，选择并推荐部分学习态度端正、成绩优秀、课内外教学活动积极参与的学生，参加革命圣地等地的参观考察活动，以鼓励和鞭策同学们学好思想政治理论课各门课程。实践证明，这一做法效果良好。

再次，思想政治理论课教学部门和教师要进一步加强对学生以寒暑假为主的社会调研活动的组织和指导工作。公安高校有个传统做法，就是利用寒暑假时间，有计划、有组织地安排学生到基层公安机关或其他基层组织、单位进行见习锻炼，并要求学生提交见习鉴定和见习报告。这是公安高校组织学生开展以思想政治理论课与社会实际尤其是公安工作实际相结合为主题的社会实践活动的良机，多年来许多公安高校的思想政治理论课教学部门和教师也充分利用这个机会，做了大量的卓有成效的工作，取得了一定的成效。笔者认为，公安高校的思想政治理论课教学部门和教师不仅要长期坚持这一传统活动，还要把它发扬光大，进一步做好发动、组织、指导、督查、检验等各个环节的工作。一是增加参与假期调研活动的课程的数量，由过去一个学年中只有一、二门课程且是轮流组织学生开展假期调研活动，逐步变为所有课程同时参与，并加强不同课程间的统一、协调工作；二是扩大参与假期调研活动的年级，过去一般只是在大一、大二两个年级的学生中组织、开展假期调研活动，今后则要动员、组织高年级学生参加；三是增多参与活动的学生人数，由过去的一次二百人左右，增加到每次五百人左右；四是加大对活动的指导、督察力度，要组织教师分组到各地进行实地指导和检查；五是强化对调研报告的批阅，逐步减少和杜绝抄袭、剽窃现象，并争取把优秀的调研报告结集印刷，将特别优秀的推荐给本校学报发表。

最后，思想政治理论课教学部门和教师也要成为毕业生实习活动和毕业生论文工作的积极、主动参与者。在公安高校，传统上只有公安专业业务知识的教学部门和教师是毕业生实习活动和毕业生论文工作的组织者、参与者，这显然不利于思想政治理论课的学科建设，也使得思想政治理论课联系实际、特别是公安工作实际出现了缺失，变得不完整了。客观地看，公安高校思想政治理论课教学与毕业生实习活动相脱节，源于思想政治理论课教学部门和教师被游离于毕业生论文工作之外。按照传统和惯例，公安高校的毕业生在公安专业业务知识的领域、范围内来撰写毕业论文，这并没有什么可非议之处。问题在于毕业生的论文选题不必限制太死，因为学生的个人兴趣、偏好不能强求一致；并非只有讨论公安专业业务知识的毕业论文才能检验学生的学识和水平。其实，从公开的许多公安高校自学、函授本科毕业生的论文选题可以看到，与高校思想政治理论课相关的选题并不少。公安高校思想政治理论课教学部门和教师应该从大局、全局出发，争取得到领导的支持和有关部门的配合，积极参与到毕业生论文工作之中。其中要做的主要工作有：在整个思想政治理论课教学过程（含学生社会实践活动）中，要宣传、鼓励学生用在思想政治理论课上学习到的知识和方法，去观察、分析、解决公安工作实际中存在的矛盾和问题，如队伍建设、作风建设、廉政建设、和谐社会建设、警民矛盾、民事纠纷等；要及早将思想政治理论课范围的毕业论文选题向学生公布、宣传，以便他们能带着选题进行毕业实习；要选派得力教师充当毕业生论文导师，确保毕业论文规范合格，经得起检验。

公安院校思想政治理论课交互式网络教学模式探析

云南警官学院　陈明珍　李云昭

随着网络技术的迅速发展，公安院校学生也迅速融入社会，欣然成为信息网络的主要推手，他们的学习、生活和交友都离不开网络。网络运用的普及，拓宽了公安院校学生的视觉空间，增大了他们的知识量和信息量，同时，也满足了他们的求知欲。然而，网络也给公安院校思想政治教育带来了一定的负面影响，部分学生难以抵御网络游戏、不健康网站和一些负面小说、新闻的侵袭，成为了网络的俘虏，世界观、人生观和价值观发生了某些偏移。在互联网迅速发展的时代中，我们无法拒绝网络，但是我们可以以网络为载体，充分发挥网络在思想政治教育中的优势作用，通过交互式网络教学，创新思想政治理论课教学模式，推动公安院校思想政治理论课的教学改革与发展。

一、公安院校思想政治理论课交互式网络教学模式探索动因及优势分析

公安院校思想政治理论课交互式网络教学，是指以目前公安院校开设的思想政治理论课教学内容为基础，以培养学生的自主学习能力、探究能力和创新思维能力作为目标，借助校园网的思想政治理论课专题网站作为学习平台，在教师进行课程设计和情景创设的基础上，通过互动的方式，实现师生之间、生生之间信息交流、学习和研究的教学模式。这一教学模式以开放式教学为特征，改变了传统思想政治理论课教学中教师讲、学生听的单向灌输模式，突出了教师为主

导，学生是主体的双向交流。教师成为了教学任务的制定者、学习过程的引导者、问题探究的释疑者和教学效果的评价者，而学生则成为自主学习活动的实施者、问题的讨论者和探究者。

（一）公安院校思想政治理论课交互式网络教学模式探索动因

1. 公安院校思想政治理论课教师队伍人数普遍不足，与学生沟通交流不够是交互式网络教学模式改革的现实基础

目前，大多数公安院校思想政治理论课师生比在1∶300到1∶400之间，教师队伍人数不足，课业负担重的情况比较典型。不少教师忙于课堂教学和知识讲授，疏于与学生的思想交流，造成政治理论课教师不了解学生的思想状况，学管队长不了解学生的课堂表现，教管分离，学生思想和行为“两张皮”的现象。交互式网络教学，可弥补因师生比例扩大而带来的师生交流匮乏问题，实现教师与学生、学生与学生的网络互通，对及时化解学生思想情绪和缓解压力，促进身心健康发展和正确价值观的形成具有重要意义。

2. 网络技术的迅速发展和对知识获取渠道的多样化是交互式网络教学改革的客观需求

近年来，计算机网络技术发展较快，微博、微信和QQ成为大学生交友、交流和获取知识、信息的重要渠道。由于网络交流方便快捷，价格便宜，信息量大，更新快，受到了当代大学生的热捧。因此，借助网络技术，赋予思想政治理论课新的教学方式，满足当代大学生对知识求新、求变的渴求，是高校思想政治理论课发展的必然趋势。

3. 公安院校思想政治理论课面临的新形势和新任务是交互式网络教学改革的直接原因

目前，社会治安形势复杂多变，一是以民族分裂势力、宗教极端势力和国际恐怖势力制造的暴力袭击事件时有发生，威胁着人民群众生命财产的安全和社会的和谐稳定；二是因征地拆迁、诉求渠道不畅引发的群体性事件不断增多。这些问题的存在，对公安工作提出了新的要求，同时，也要求公安院校思想政治理论课要筑牢人民警察意识，培养学生树立“忠诚、为民、公正、廉洁”人民警察核心价值

观，立德树人，志行修谨。要达到这一目的，就必须丰富思想政治理论课教育形式，赋予时代特色，把公安院校思想政治理论课上成学生真心喜欢，终身受益的课程。

（二）公安院校思想政治理论课交互式网络教学模式的优势

1. 有利于学生学习主体地位的确立和教学效果的提高

长期以来，公安院校思想政治理论课以教师为教学主体，以言语和多媒体教学课件为手段，向学生单向传授知识，学生作为受众，被动地接受知识。传播效果的好坏取决于广播员——教师的教学功底、理论水平、学识修养和课堂掌控能力。而交互式网络教学模式是一种“以学生为中心”的教学模式。在这种模式里，教师是主导，学生是主体。教师通过建立思想政治理论课网络教学平台，把课堂讲授资料（包括课程描述、教学大纲、教学课件、教学进度、教学录像、课程资源、研究成果、音频、视频等）存储在网络服务器上，学生可通过浏览网页学习相关内容。当学生遇到疑难问题时，可以通过 BBS 或电子邮件向教师请教，同时，也可以通过 BBS 或电子邮件与其他学习者讨论交流。在这一学习过程中，学生真正成了学习的主体，网络也成为学生学习的工具。

2. 有利于学生学习兴趣的培养和创新思维的形成

在思想政治理论课交互式网络教学中，由于网络界面能够提供友好、形象直观、具有时代气息的交互式学习环境，学生在浏览课程网站时，能按照教师设计的教学导读问题进行自主学习，拓展背景知识，增加对理论问题的理解与把握，容易激发学习兴趣。同时，交互式网络学习倡导学生主动参与、乐于探究、勤于思考，积极调研的精神，注重培养学生提出问题、分析问题和解决问题的能力及交流合作的能力，有助于学生创新思维的形成。

3. 有利于增强学生的团队意识和集体荣誉感

在公安院校思想政治理论课交互式网络教学中，老师会把学生分为不同的学习小组，分别布置相应的阅读内容或调研课题，每个小组按照活动内容进行小组分工：查找资料、设计问卷、展开调查、统计数据，撰写调研报告，制作 PPT，并发布到课程网站以便相互交流等。在这个过程中，每个人都是团队的个体，每个人都有明确的分工，哪位同学做不好分内的工作，都会影响到团队的荣誉，影响到成果的形成，这有助于培养学生的团队意识和协作精神。同时，展示交流有助于学生奋争赶超意识和集体荣誉感的形成。

4. 有利于思想政治理论课教学考核形式的革新

交互式网络教学的实施，有利于公安院校思想政治理论课教学考核形式的创新：一是教师通过对学生查询资料、自主学习、合作探究情况的监测，对学生的学习态度、学习状况进行评价；二是对学生完成习题和集体调研成果、个人社会实践报告或科研论文进行测评；三是组织网络考试，对学生学习效果进行测评。各部分测评成绩在期末考评中均占有一定的比例，对学生的学业水平进行综合评价。

这一教学评价体系，实现了教师课堂教学和学生课外学习、教师讲授和学生自学、理论学习和社会实践、知识考察和能力培养、理论认知和行为养成几个方面的结合，有助于增强思想政治理论课教学的针对性和实效性，同时，还能实现各公安院校思想政治理论课教学资源共享，共同促进公安院校思想政治理论课课程建设。

二、公安院校思想政治理论课交互式网络教学模式的实施

交互式网络教学模式作为一种教学改革思路，在大学英语中应用较为广泛，云南警官学院也曾在“毛泽东思想和中国特色社会主义理论体系概论”课中尝试实施，但由于学习研究不足，至今尚未全面铺开，而网络考试这种形式，却在各门思想政治理论课中保留下来，成为学院思想政治理论课考核的主要形式。

这一模式的具体实施过程包括以下几个阶段：

（一）教师备课和网络资源构架阶段

1. 思想政治理论课教师根据教育部社会科学研究与思想政治工作司“马克思主义理论研究和建设工程”重点教材，编制每一门思想政治理论课的教学大纲、质量标准和进度计划。

2．建立网络课程资源。思想政治理论课教师遵循教学规律，认真备课，收集整理相关教学资源，按照课程建立网络资源信息平台。平台包括四大功能：知识学习、互动交流、学习评价和学生管理。知识学习区包括各章教师教学视频、教案、课件、相关教学资源（音频、视频、研究成果、案例等）。互动交流区包括各章教师预设问题、调研课题、交流学习、作品展示、教学反馈和留言等。学习评价区包括习题、教师布置的作业、在线网络检测、考试等。学生管理区包括学生信息管理、学习情况记录、作业完成情况和综合测评成绩等。

（二）交互式网络教学实施阶段

1．基本理论知识的学习和探究

（1）教师布置学习任务，师生、生生互动交流。每一次网络课程开始之前，教师通过 BBS 发布学习指令，如本次网络课程学习“毛泽东思想和中国特色社会主义理论体系概论”第二章“新民主主义革命理论”。教师首先要求学生阅读章节学习目标，重点、难点，章节电子文档，教案和课件，然后进入互动交流区对第一个问题“新民主主义革命理论形成的历史条件是什么”和第二个问题“我国为什么要走农村包围城市、武装夺取政权的道路”进行讨论、辩论，充分发表意见，甚至还可以举手向教师提问，通过师生之间、生生之间的思维碰撞，使学生的知识得以扩展和深化，认识得以提高。

（2）分工合作探究问题。在交互式网络教学中，为充分调动学生学习积极性，增加学生学习兴趣，提高学生的动手能力，教师可把一个区队同学分为若干个小组，结合教学内容设计学习心得体会、撰写小论文和开展专题调研。如结合第二章“新民主主义革命理论”，要求学生完成小论文“浅谈新民主主义革命道路的成功对中国特色社会主义道路的指导意义”，学生通过阅读网络资源、上网查询、文献检索等方式，合作完成小论文，或者通过小组调研，设计调查问卷，展开调查，完成对课题的学习性研究。

2．成果展示和教师指导

（1）成果展示。探究活动和社会实践活动结束后，学生按照教师要求提交小组心得体会、学术论文或调查报告，同时，制作 PPT

进行总结汇报，并把研究成果和 PPT 发布到课程网站的“交流讨论区”，以便同学学习、交流和分享。

（2）教师辅导。各门思想政治理论课教师要轮流值机，在线负责对学生学习进行启发和引导，对学生发言予以点评，特别是对学生中的一些错误观点和认识及时点拨，帮助他们澄清错误认识，明是非、知善恶、辨美丑，增强对马列主义、毛泽东思想和中国特色社会主义理论的认同，树立为实现中华民族伟大复兴的中国梦奋进的意识。

3. 布置作业和学习效果测评

（1）网上布置作业。学习探究活动结束后，学生进入学习检测区，完成教师在网上布置的作业并在线提交，教师在网上进行批改。

（2）自我评价。为检验学生学习效果，教师上传各章网络自测评价试卷 A、B、C，供学生在相关章节学习结束后自我测评。

（3）网上检测。建立网络题库，统一在线对学生进行期末检测，学生测试完毕后，教师进入阅卷系统，在后台登录批改试卷。

（三）学生综合成绩评定和教学效果总结提升阶段

1. 综合评定。教师根据对学生自主学习、讨论辩论、提出问题、合作探究、完成作业和网络考试的监测和跟踪记录，对学生期末成绩进行综合评定。

2. 教学质量分析。任课教师根据网络访问数据记录，对学生各阶段的学习情况和综合成绩进行数据分析，同时，调阅学生期末样卷作试卷评析，及时掌握学生学习效果和交互式网络教学效果。

3. 总结提高。教师以区队为单位，把学生综合评定成绩和教学分析结果上传至网络，设置访问权限。召开集体备课会和学生座谈会，总结教学效果，对交互式网络教学模式提出改进意见。

三、公安院校思想政治理论课交互式网络教学模式实施的环境条件

思想政治理论课交互式网络教学不是要取代传统课堂教学，而是

对课堂教学的补充。我们知道，课堂教学是网络教学的基础，没有师生之间面对面的课堂交流，仅靠观看教师网络授课视频，学习效果是不佳的。且思想政治理论课是育人的学科，不仅强调应知应会，更要体现在对思想和行为的引导中。教师对待教学的态度，亲和力，语言表达的严谨性，教师的言行举止都会对学生产生潜移默化的影响，这是视频教学达不到的。另外，教师通过课堂教学反馈，更容易找准学生思想和行为上的困惑和问题，从而有针对性地进行思想政治教育教学研究工作。

然而，随着网络技术的发展，交互式网络教学会成为一种必然趋势，为此，我们要积极创设交互式网络教学实施的环境条件。

（一）建设一支“高、精、尖”的思想政治理论课教师队伍

“高”是指思想素质高。搭建思想政治理论课网络教学平台，是一项辛苦而又具有创新性的工作，教师不仅要承担课堂教学任务，还要值机参与师生互动；不仅要充实课堂教学内容，还要预设问题，建设课程网络资源库；不仅要研究教材体系，还要拓展理论视野；不仅要引导学生学习探究，还要答疑辅导。不可否认，工作量是很大的。特别是在当前公安院校思想政治理论课师资队伍不足的情况下，矛盾会增加。然而，公安院校思想政治理论课的教学效果直接关系到人民忠诚卫士的培养，这就要求公安院校思想政治理论课教师要树立崇高的职业精神，积极投身到教学方法的改革和创新中。“精”是指业务技能精。要求思想政治理论课教师要具有较强的理论功底，熟悉教材内容，知识面广，要不断学习，随时为自己充电，丰富自己的精神世界，满足与学生对话交流的需要。“尖”是指具有网络操作技能。思想政治理论课教师要掌握一定的网络技术，通过网络介质的使用与学生互动交流，使学生受益，自己得益，实现教与学的双赢。

（二）建设一个功能齐备的校园网络平台

在校园网中建立思想政治理论课课程网站，由思想政治理论课教师担任管理员，管理员为每个教师设置登录权限并对教师进行操作界面培训。教师登录后，首先以区队为单位将学生信息导入电脑，建立学生信息管理库。学生凭借姓名和学号登录，经过身份确认后进入学

习界面。教师建立课程网络资源，以便学生点击学习。学生登录后，根据提示，自主学习，网站自动记录。思想政治理论课教学网络平台的建立，促进了教学过程的规范化和信息存储的长期化。

（三）建立一套高效便捷的教学管理系统

对网络教学平台的管理包括教务管理、课程管理和系统管理三个方面。教务管理包括老师与学生身份注册认证、学生档案管理、教师档案管理和学生评教管理等。课程管理包括对五门思想政治理论课（含“形势与政策”）网络资源、师生互动交流、合作探究内容和学生综合成绩的管理等。系统管理包括系统的设置与维护管理、权限控制、资料备份等。

公安院校思想政治理论课交互式网络教学是一种教学方法创新，实现了传统教育模式和现代教育手段的结合，满足了当代大学生求新、求真的精神追求，更重要的是，这一模式的实施，可以促进公安院校思想政治理论课教育资源共享，促进教学资源的节约，推动思想政治教育方法的改革与研究，增强理论的说服力和提升教学效果，我们相信，只要各所公安院校相互合作，共同开发，这种教育模式将会有广阔的发展前景，终将推动公安教育事业的发展。

参考文献：

［1］梁英平、曾晓燕、徐永周：《建设交互式学习型网络课程 提高思想政治理论课实效性的探索》，载《深圳信息职业技术学院学报》2010年第3期。

［2］李昌禄、刘琳：《交互式网络教学系统的建设与探索》，载《高校实验室工作研究》2012年第1期。

［3］顾佳滨：《微博互动式教学在高职思想政治理论课中的运用》，载《职业教育研究》2013年第9期。

加强公安院校思想政治理论课教学改革的思考

福建警察学院　高小平

公安院校是培养合格人民警察的摇篮。贯彻党的十八大精神，全面建成小康社会，公安院校的思想政治理论课教学是直接对学生进行思想政治理论教育的主阵地和主渠道，高举中国特色社会主义理论的伟大旗帜，以邓小平理论和“三个代表”重要思想、科学发展观为指导，引领大学生树立社会主义核心价值体系、坚信马克思主义指导思想、坚定走中国特色的社会主义道路的共同理想、弘扬以爱国主义为核心的民族精神和以改革创新为核心的时代精神、践行社会主义荣辱观、培养良好的道德品质、识别和抵制各种错误思潮以及大学生的健康成长成才具有特殊重要的意义。在教学中，如何贴近实际、贴近生活、贴近学生，把马克思主义的理论教育内化为培养社会主义接班人和劳动者的自觉行动，是直接关系到学生政治素质的提高乃至整体素质提高的大问题，是直接关系到公安院校能否为各级公安机关培养输送合格民警的大问题，是直接关系到公安队伍建设能否适应新形势下改革开放所面临的新的挑战而担负起时代赋予的重任的大问题。

一、要围绕主题、把握精髓、突出灵魂，把学生培养成为建设中国特色社会主义的模范践行者

在公安院校思想政治理论课教学中要全面贯彻党的十八大精神，最重要的就是引导学生紧紧围绕十八大主题，即高举中国特色社会主义伟大旗帜，以邓小平理论、“三个代表”重要思想、科学发展观为指导，解放思想，改革开放，凝聚力量，攻坚克难，坚定不移地沿着

中国特色社会主义道路前进，为全面建成小康社会而奋斗。在教学中，要把中国特色社会主义道路的长期性、艰巨性、复杂性讲深讲透。要充分认识，中国特色社会主义道路，是立足中国社会主义初级阶段，坚持“一个中心，两个基本点”，建设社会主义市场经济、社会主义民主政治、社会主义先进文化、社会主义和谐社会和社会主义生态文明的道路，是我们党经历坎坷、几经挫折，终于找到的一条适合中国国情、顺应时代潮流，符合党心民心的唯一正确道路。在我院举行“思政课”教改问卷调查中（以下简称“问卷调查”），有95%以上的学生都认为，“思政课”学习对青年大学生形成正确的世界观、人生观和价值观是有益、有帮助的，这就说明，在“思政课”教学中，只有引导学生紧紧围绕中国特色社会主义这个主题才能使他们深刻理解历史和时代赋予我们党的庄严使命，深刻理解党领导人民建设中国特色社会主义必须坚持的基本经验，深刻理解全面建成小康社会的奋斗目标，深刻理解和把握我们在任何时候、任何情况下都要维护这条道路，坚定不移地沿着这条道路走下去。

引导学生牢牢把握党的十八大精髓，抓住党的十八大灵魂。坚持解放思想、实事求是、与时俱进、求真务实，是我们党始终保持先进性和创造力的决定性因素，也是我们党一贯倡导的马克思主义的理论品质和理论创新的动力。党的十八大报告把科学发展观同马克思列宁主义、毛泽东思想、邓小平理论、“三个代表”重要思想一道确立为党必须长期坚持的指导思想。这是十八大的一个历史性决策和历史性贡献，实现了党的指导思想的又一次与时俱进。因此，我们在贯彻十八大精神、进行“思政课”教学中，要引导学生，深刻领会科学发展观同马列主义、毛泽东思想、邓小平理论和“三个代表”重要思想是一脉相承而又与时俱进的科学体系，是马克思主义在中国发展的最新成果。如今，在科学发展观指导下经济社会要实现协调、均衡的发展，党的十八大报告明确指出，中国特色社会主义道路，中国特色社会主义理论体系，中国特色社会主义制度，是党和人民九十多年奋斗、创造、积累的根本成就，必须倍加珍惜、始终坚持、不断发展。在教学过程中，我们应深入贯彻党的十八大精神，采用理论教学、社会实践、主题讨论等多种形式，使广大青年学生深刻体会中国特色社会主义是中国人民在长期实践中，历经风雨、艰难探索才开辟出来的一条现代化道路，需要倍加珍惜。我们要积极引导学生深刻领会科学发展观的内涵和精神实质，用科学发展的观点辩证观察社会发展及其存在的矛盾，进一步增强学习贯彻落实科学发展观的自觉性和坚定性，才能努力争做科学发展观的模范践行者。

二、要开辟“两个课堂”，抓住“两个环节”，坚持理论教学与公安实践相结合，把学生培养成为既懂理论又能实践、言行一致的人民卫士

建立课堂教学与社会实践相结合的教学方式。思想政治理论课教学（以下简称“思政课”）应打破单一的课堂教学模式，实行课堂教学（第一课堂）与社会实践（第二课堂）相结合的教学方式。开辟“两个课堂”，抓住“两个环节”。“两个课堂”包括：校园内的教室、学术报告厅、多媒体室等学校小课堂和工厂、农村、市场、商店、公安机关等这些社会大课堂；而“两个环节”则是指一课堂教学、二社会实践。如何将两者有机地结合起来，笔者认为：

第一，立足第一课堂必须坚持精品授课，这是为“思政课”教学打下良好基础的基本条件。在问卷调查中，学生认为“思政课”教学成败的关键，教师的素质水平占 29.4%，教学的内容占 26%，教学的方式占 40.7%。从这里可以看出，教学要取得成功，教师的水平和教学内容占了 55% 以上。教师是人类灵魂的工程师，他不仅要有渊博的知识、浑厚的涵养，而且还要具备灵活适用的教学方法。“思政课”教学理论性强，时代特征明显，备受关注的社会热点、难点问题多，学生不仅有求知的欲望，而且还有对现实问题的判断和想法，这就要求“思政课”教师不仅要坚持正面教育，准确地宣传党的理论、路线、方针、政策，而且还要针对学生在不断变化的社会实践中所产生的模糊认识和思想困惑进行教学，解决学生的信念问题和思维的基本方法。“思政课”教师的备课要做到：抓住主线，吃透教

材，面对社会，了解学生，有的放矢，更新观念。在讲授中观点有新意，语言要丰富，反应要互动，认识有提高，教师要把“思政课”的精品奉献给学生。

第二，拓展第二课堂，必须坚持面向社会实践，与当前的公安工作紧密结合起来，这是“思政课”教学取得成功的基本保证。当前公安机关正在贯彻党的十八大精神，为全面建成小康社会，为社会主义现代化建设保驾护航，明确规定了现阶段公安机关的三大职责和任务：一是巩固共产党的执政地位；二是维护国家的长治久安；三是保障人民的安居乐业。为了履行这三大职责，公安部要求全体民警必须牢固树立五个意识：一是必须牢固树立大局意识；二是必须牢固树立政治意识；三是必须牢固树立忧患意识；四是必须牢固树立群众意识；五是必须牢固树立法治意识。根据党的十八大提出的坚持以人为本、执政为民的本质要求，公安部提出了立警为公，执法为民，端正执法思想，保障服务职能。“思政课”教学在开拓第二课堂的领域上应更加广阔。首先，必须定期聘请有经验的基层公安领导、模范人物到学校作报告，开讲座，把当前社会治安的形势、公安工作的重点、队伍建设的状况向学生宣讲，以提高他们的政治素质和政治敏感力。其次，必须让学生深入工厂、农村、商店、市场等这些社会大课堂，直接接触社会，用课堂里学过的理论知识去分析、解剖现实生活中存在的许多问题，同时进一步了解公安工作所处的社会环境，特别是刚刚建立起来的社区组织，让学生体察民情、了解民意。最后，利用寒暑假见习的机会，让学生深入基层派出所，一边见习，一边进行社会调查，通过社会调查，一是让学生亲身体验基层公安民警的工作和生活。二是让学生收集基层民警在一线执法、服务、打击预防犯罪、维护社会治安的真实材料。三是从调查中有机会看到听到教科书上和老师讲课中所没有的东西，发现一些社会问题，甚至还会遇到一些社会阴暗面，使他们进行更深入的思考，从而感到需要从中国特色社会主义理论体系中去寻找答案。这样，学生从正、反两个方面进一步弄清基本理论在实践中的运用，以增强自身的理论修养和辨别能力。

三、要遵循“三大规律”，提高学生的综合素质，努力增强教学的针对性和有效性

在“思政课”教学中，以往只考虑传授知识和传递信息，而较少考虑学生的“接受”，即“思政课”教学中接受主体接受马克思主义、毛泽东思想和中国特色社会主义理论以及党的路线、方针、政策等客体信息并内化践行的一系列环节、要素的结构状态、运作过程和规律性变化。

“思政课”教学中的“接受”过程包括四个阶段，一是传接阶段，即传递者在一定的环境中，通过一定的途径、手段，将一定的理论、信念、立场、观点、思维方法、方针政策等传授给接受者，接受者影响式的接收。二是内化阶段，即接受者根据自己的理解和需要有选择的认同，接受各种信息，并把它内化为自己的理想、信念、品德。三是外化阶段，即接受者个体的思想信念和道德意识形成动机，支配自己的行动，外化为自己的行为和品格。四是反馈阶段，即个体或群体行为所产生的社会效果通过一定的形式和渠道反馈给传授者和接受者，进一步调节“思政课”教学过程的个体行为，也意味着新的教学过程的开始。

从以上这四个接受阶段来看，要使“两课”教学取得预期的效果。

首先，必须遵循“思政课”教学规律，“思政课”教学有其自身的特点，政治敏锐性强，社会问题突出，学生思想活跃，理论性强，实际可操作性弱，有的学生认为“思政课”教师讲的内容“易学、易懂、也易变”，“政策多变，老师却不变”，这些问题告诉我们，作为“思政课”教师必须建立理论联系实际的教学原则，采取启发式，双向交流，充分运用现代技术手段进行教学手段的改革，如通过多媒体教学，把声音、图表、动作有机结合起来，以形象的画面表现教材内容。同时，“思政课”教师还要密切关注社会现实，潜心研究学生所关心的现实问题，把握学生思想动态和对社会问题的看法，解决他

们思想中的种种困惑和疑虑，并培养他们正确分析和解释各种纷繁复杂社会现象的能力。

其次，要尊重道德教育的特点和规律，促进学生主体性道德素质的新发展。“思政课”理论教学要建立以教师为主导、学生为主体的互动的师生关系。把学生放在教学活动中的主体位置，这就要求教师善于发现、发展学生的个性，激发学生学习“思政课”的积极性、主动性、创造性。

反思“思政课”教学中学生主体性作用的发挥，笔者认为是很不够的。从问卷调查中可以看出，学生对加强实践性教学环节，减少课堂教学时间，有63%以上的人认为课堂教学时间应减少到1/3以上，这就告诉我们，学生对自己在教学活动中参与的空间太小，没有充分发挥他们的主体作用。我们往往过分强调知识的灌输以至于变成空洞的说教，内容和形式严重脱离当代大学生的实际生活。面对日趋复杂的社会生活的多元化带来的挑战，传统教学中呆板的说教不仅显得苍白无力，而且增加了师生双方的矛盾和不信任感。为此，我院近年来按照新课程改革的要求，在“毛泽东思想和中国特色社会主义理论体系概论”这门课中拿出2学分进行社会实践教学活动，建立了社会实践教学体系，实践教学内容以参观访问、社会调查和专题讲座为主，结合学生的社会服务、三下乡活动、校园文化建设和学生的专业实习和见习活动而展开。我们开展社会实践教学从第一课堂延伸到第二课堂、从校内走向校外，有计划，有方案，有指导，有考评；一般在“毛泽东思想和中国特色社会主义理论体系概论”理论教学完成后，任课老师按照教学计划的要求并根据当年的社会热点、难点问题，在期末进行社会实践教学的动员，布置学生在假期进行社会实践调查的调研课题方向（提纲），对如何进行社会调查进行专门辅导，学生利用假期见习时间，由学院开具介绍信在自己家乡所在地进行调查访问，写出调查提纲和初稿，到第二学期上课时交任课老师辅导批改，最终形成调查报告作业。第二学期，我们将组织学生参观访问、听取讲座、志愿者服务活动等内容，我们还专门印发了《思想政治理论课学生实践教学手册》作为考核评定成绩的依据。几年以来，我们开展实践教学，从课堂讨论到课外兴趣小组（经典著作选读、读书会），从参观爱国主义教育基地（马尾船政文化和马江海战纪念馆，林则徐纪念馆和福建省历史博物馆）到游览福州历史文化名城——“三坊七巷”，从学生的专业实习到结合专业实习所进行的社会调查；我们充分发挥教师的主导作用和学生的主体地位，通过开展社会实践活动，激励学生学习政治理论的热情和积极性，努力做到覆盖全体学生，积极参与，同时也选拔政治理论学习成绩名列前茅且品学兼优的学生与老师一起前往红色革命圣地考察调研，把学生的自主实践活动与学院有组织的实践教育活动结合起来，去年和今年暑期，我们还组织思政课的全体专兼职教师赴江西井冈山、南昌，湖南长沙、韶山等地开展调研活动，为今后学生社会实践活动提供新的平台、开拓新的发展空间和增添新的内容，我们将社会实践活动计划化、规范化、常态化，让学生走上讲台，走出校园主动去追逐、适应、认识、掌握发展这个丰富多彩的外部世界，教师在其中给予适当引导，使学生的言语、行为习惯等变成内心的感受、动机的一部分，内化为一种健康的人格和良好的品性，通过学生心灵的呼唤而表现出人的意识的自觉性和认识过程的选择性，与对社会规范的一致性，达到“思政课”教育的效果。

最后，要认识和应用心理活动规律，进一步培养学生良好的心理素质。公安职业的特殊性、复杂性要求民警在不同的情况下，在各种矛盾中担当不同的角色，要求民警除具备常人的心理素质外还必须同时具备特殊的职业心理素质。从问卷调查中可以看到，一是基层民警存在心理问题的占 80% 以上，二是认为公安院校有必要开设心理调试与诊治课程的占 80% 以上，三是认为警察遇到心理困惑需要向专门的心理机构求助的占 59. 7% 。这些统计数字表明在警察队伍中普遍存在心理问题，而且他们也要求通过一定的渠道和办法解决心理问题。公安院校培养出来的大学生不仅要体魄健壮、技能过硬，而且更要心理健康、毅力坚强。因此，学生在校期间有必要进行心理健康的教育，要把公安机关在工作中所要求的，保持冷静的头脑，稳定的情绪，顽强的意志，过人的胆略，处变不惊，临危不惧，沉着忍耐，独立果断等良好的品质，贯穿在“思政课”教学中，教师通过自己的模范行为，动之以情，晓之以理，去引导学生认知，对学生所产生的需要动机，可以通过分析、摸排，得出哪些是合理的，哪些是不合理的，然后加以调节、平衡，不要让学生产生逆反心理，多做劝导说服工作，关键的时候，可以实施情感渗透，对学生说心里话，做到情通理顺，顺情入理。更为重要的是，作为公安这一特殊的职业，更应注意意志品格的培养，在公安院校的学生，要加强意志品格锻炼。在“思政课”教学中，要多要求学生寻找矛盾、排查矛盾、化解矛盾、攻坚克难，通过系统而有效的教育和实践，帮助学生增强努力学习、刻苦锻炼、讲究道德、追求完善的自觉性，在危急关头挺身而出、乐于奉献的果敢性，在困难面前百折不挠、锐意进取的坚韧性和情感与理智发生冲突时的自制性，使其成为意志坚强的一代新人。同时，要通过先进的思想道德理论指导学生，用英雄模范和先进人物的事迹鼓舞学生，用教育者的自身人格力量感召学生，使其追求的方向明确，目标具体，不断塑造完美的个性。

四、改革创新“思政课”教学的方法和手段，努力实现教学的“四个转变”

1. 实现从被动适应到主动适应的转变。以往的“思政课”教学注重于灌输，教育的效果普遍不佳，其原因在于缺乏主动性，教师当传声筒，学生当接收器，“思政课”教学变成了“救护车”、“消防队”，要改变这种状态，必须强化主动适应意识，一是要主动适应形势发展的需要，如今随着世界政治格局多级化和经济全球化的发展，社会经济成分、组织形式、就业方式、利益关系和分配方式日益多样化，高校思想政治教育工作面临新的挑战，大环境发生了变化，要求“思政课”教师要主动应对，把握时机，潜心研究形势的发展变化，在理论上要先走一步。二是要主动适应学生思想变化的需要，随着改革开放的不断深入，公安院校的学生也将面临着人才竞争的压力，警察是国家公务员综合素质要求较高的特殊行业，地位重要，权力很大，但要如何端正从警动机，立志从警为民，“思政课”教师有义不容辞的责任，细心分析学生的思想状况，把学生的思想统一到立警为公，执法为民上来。三是要提高其预测性进而采取相应措施。要对社会主义市场经济条件下改革的难点、热点和焦点问题进行超前研究，使“思政课”教学与改革开放的实践相联系，要预测每次党的大政方针的出台对社会各界产生的影响，每次重大的改革措施对人们的心态所产生的变化，预测国际环境和世界局势的重大变化对国内产生的影响等，只有这样才能发挥“思政课”理论教育先行的优势。

2. 实现从远、空、浮向近、实、深的转变，把“思政课”教学的着眼点放在解决现实问题上。目前，“思政课”教学中不同程度地存在远、空、浮的问题。所谓远，即远离社会实际，抽象理论推导多；所谓空，即言之无物，缺乏现实针对性；所谓浮，即追求形式上的花样，不注重教育的实效性。因此，“思政课”教学要从根本上转变这种状况，教师必须从学生实际出发，必须从学生所学专业入手，在教材体系向教学体系的转变过程中，努力使教学内容向近、实、深转变，即理论课教学内容要贴近实际、贴近生活、贴近大学生；坚持开拓创新，不断改进教育教学内容、形式和方法；坚持教育与自我教育相结合、政治理论教育与社会实践相结合、解决思想问题与解决实际问题相结合、教育与管理相结合、继承优良传统和改进创新相结合等。作为公安院校，要深入公安基层实际进行调查研究，要研究公安改革的战略和策略，有的放矢，力求实效。

3. 实现传统的教学方法向现代的教学方法转变。新时期的“思政课”教学必须改变传统的“一支笔、一张嘴、一本书”的单一模式，克服那种只讲大道理的传声筒的教学方法。必须以科学的方法论为指导，一是要求真务实，二是要提高实效，三是要转变观念。通过综合运用政治学、教育学、心理学、伦理学、社会学、美学、人才学等人文社会学科的知识和方法，不断丰富和改进“思政课”教学的方式和方法，在具体方法上要进行创新，以多样化的教学手段，如演讲、报告、讨论、辩论、读书会，多种形式的课堂，如网络电教课堂、文化活动课堂、社会课堂，还有多种传媒的运用，增强思想政治教育的实际效果。

4. 努力实现师生互动、双向交流、提高实效。长期以来，理论课教学习惯于采取灌输式的方法，教师讲得多，学生动得少，如何检验教学效果，只凭一两次的课堂作业和考试，理论教育的功能难以发挥，而单靠课堂上的灌输和说教不仅难以发挥思想教育的作用，有时单向式的注入，忽视大学生个体差异，单纯利用和采取集体灌输式教育方法，忽视个别教育，势必达不到理想的教育效果。因此，在教学中，教师与学生的思想交流显得非常重要，进行换位思考，让学生充分发表自己的见解和看法，教师加以引导、评述，两者之间进行互动式交流，这不仅有利于受教育者进行自我教育，同时也有利于教育者的再教育。在课堂教学之外，要建立教师和学生联系和沟通的平台和渠道。例如，通过学校网络平台，实现师生联系和互动，或者通过电子信箱，进行师生的交流和沟通；还有教师参与学生管理、参加学生的课外活动；做学生日常的思想政治工作；在这样的交流过程中，老师和学生是平等的、一对一的，可以充分把握学生的思想脉搏，适时排解学生的思想困惑与迷惘，有针对性地进行思想政治教育，以达到预期的效果。

西方学者曾经说过“大学是依靠理想和希望生存下去的。”社会主义大学的性质决定了其以培养社会主义的接班人和合格的建设者为目标，每一个进入大学的学生都带着他们的理想、梦想和希望去实现他们的人生目标，如何实现理想、达到目标，不仅需要大学生掌握专业知识和技能，而且需要正确的理论导向和人生坐标，而思想政治理论课正是引导他们正确航向的灯塔。然而，理想和现实有距离，理论和实际相脱节，势必影响学生为理想而努力，为目标而奋斗。因此，要在公安院校“思政课”教学中贯彻理论联系实际的原则，就必须改革当前的“思政课”教学管理体制，让教师深入基层，让学生走出课堂，不断加深对公安院校“思政课”教学规律的认识，加强对公安工作理论和实践的研究，在教学主导思想、教学方法、教学手段、教育机制上进行创新，把学生培养成为政治合格、素质优良、技能过硬、体魄健壮的合格的人民警察。

十八大廉洁政治建设的新思路及对公安院校廉洁教育的启示[①]

中国人民公安大学　赵　颖

公安院校是公安机关人才培养的主阵地。对预备警官开展廉洁教育是培养出一支“政治坚定、业务精通、作风优良、执法公正”的公安队伍的重要保证。本文试图结合十八大关于廉洁政治建设的基本方略，谈谈公安院校学生开展廉洁教育的重要意义及现实路径。

一、十八大关于廉洁政治建设的基本方略

党的十八大提出了建设廉洁政治的重大战略任务。这表明，党不仅把反腐倡廉建设看作是党内事务，而且当作是关涉国家政治走向的战略任务，体现了党对反腐倡廉建设的认识更深、站位更高、视野更宽、要求更严。建设廉洁政治是中国政治文明建设的紧迫任务。

1. 廉洁政治是共产党人的政治建设追求与政治主张。反腐败、倡廉洁，是共产党人基本的政治主张。长期以来，作为党建和政权建设的一件大事，我们党始终坚持把建设廉洁政治放在重要位置，坚持

① 本文系 2014 年北京市教工委支持课题“廉洁政治建设背景下的公安院校大学生廉洁教育研究”（合同编号 BJSZ2014ZC107）的阶段性成果。本文系中央高校基本科研业务费专项资金资助 2014 年基本科研业务费重大项目“公安机关人民警察核心价值观培育研究”（项目编号 2014JKF03101）的子项目“公安思想政治工作与人民警察核心价值观培育研究”的阶段性成果之一。

不懈地反对腐败，惩治腐败，倡导廉洁，倡导廉政，从总体上保持了共产党人应有的政治追求，纯洁了党的队伍，保证了党和国家各项事业的顺利推进。这些主张指明了建设廉洁政治的战略目标，为党风廉政建设指明了前进的方向。

2. 建设廉洁政治是社会主义政治文明的内在要求。从政治文明的高度看待廉洁政治建设，首先就要对党和社会发展的文明程度加以认识。党是不是文明的党？我们中国特色社会主义是不是在文明发展的道路上建设？建设廉洁政治，就是要在中国共产党领导下，反对和铲除一切为了私利而滥用公共权力的腐败现象，确保权力沿着制度化和法制化的轨道运行，确保权为民所用，确保实现社会的文明和谐。从这一角度看，廉洁政治建设关系到党的生死存亡，也关系到小康社会的宏伟目标能否实现。

3. 廉洁政治建设是应对“四个危险、四个考验”的现实要求，必须把廉洁政治放到大局中谋划。“新形势下，党面临的执政考验、改革开放考验、市场经济考验、外部环境考验是长期的、复杂的、严峻的。精神懈怠危险、能力不足危险、脱离群众危险、消极腐败危险更加尖锐地摆在全党面前。”① 党的十八大把腐败问题上升到“亡党亡国”的高度加以重视。“反对腐败，建设廉洁政治，是党一贯坚持的鲜明政治立场，是人民关注的重大政治问题。这个问题解决不好，就会对党造成致命伤害，甚至亡党亡国。”② 直面这一问题，廉洁政治建设被放到社会主义政治建设的大局中去谋划，被提高到影响经济社会发展全局的高度加以重视，是中国共产党直面自身风险挑战的表现。

4. 廉洁政治建设要求做到“三清”。在党的建设方面，纯洁性建设是十八大的亮点之一。党的十八大报告中首次提到“纯洁性建设”，对每一个党员从思想理论、党性原则、道德建设等方面提出更

---

① 《坚定不移沿着中国特色社会主义道路前进　为全面建成小康社会而奋斗》，《人民日报》2012 年 11 月 18 日。

② 《十八大报告学习辅导百问》，学习出版社 2012 年版。

高标准。同时围绕“纯洁性”的基本要求，具体到廉洁政治建设的基本要求中，则对干部、政府和政治三个层次提出要求，即“干部清正、政府清廉、政治清明”。一是要求干部要清正廉洁，保证党员干部优良的工作作风；二是要求政府必须清廉，党政机关必须做到廉洁自律，公共权力必须规范运行；三是要求政治必须清明，促进政治文明充分发展，努力建成一个政通人和、安定有序、明礼诚信、公平公正的政治环境。

二、公安院校学生开展廉洁教育的重要意义

学校廉政教育是国家廉政建设的一个组成部分。中共中央纪委、教育部、监察部《关于加强高等学校反腐倡廉建设的意见》（教监〔2008〕15 号）强调要加强大学生廉洁教育。公安高等院校不同于一般的普通院校，是公安机关人才培养的主阵地，开展公安院校大学生廉洁教育具有直接的理论意义和现实意义。

1. 公安院校人才培养目标和培养模式为公安院校廉洁教育提供了现实条件和实现路径。开展廉洁教育是由公安院校的重要地位和作用决定的。公安院校为公安机关切实履行重大政治和社会责任提供人力资源。“目前，在近 200 万人公安队伍中，公安院校毕业生已占近三分之一。其中相当部分已经成为公安事业的骨干和中坚力量。”① 公安院校以培养“忠诚可靠、业务扎实、敢于创新、精于实战、一专多能、作风优良、身心健康”的高素质公安专门人才为目标，强调政治建警，实行严格的警务化管理。公安院校人才培养目标的设定，要求我们必须系统地开展公安院校的廉洁教育，以发挥其引领、导向警风的独特作用。

2. 开展廉洁教育有助于提高学生的警察意识，明确“廉洁”的内在要求。廉洁是人民警察最基本的职业操守，是新时期公安工作对

---

① 程文亮：《加强公安院校学生廉洁教育的理性思考》，载《四川警察学院学报》2010 年 12 月。

人民警察提出的基本要求。警察廉洁，就是清正廉明、无私奉献，是人民警察必备的政治品德，也是人民警察不可缺少的政治本色；是坚持“人民公安为人民”的根本宗旨，也是恪守廉洁从警，秉持克己奉公的基本操守，是新时期人民警察职业精神、职业道德的重要表现。廉洁是人民警察执法公正的前提和保证，是人民警察良好形象的展示。没有廉洁就没有公正的法律，没有廉洁就没有法律的公正。《中华人民共和国人民警察法》第四条指出：“人民警察必须以宪法和法律为活动准则，忠于职守，清正廉洁，纪律严明，服从命令，严格执法。”《中国警察入警誓词》中庄严的宣誓词：“我宣誓，我志愿成为一名中华人民共和国人民警察，我保证……秉公执法，清正廉洁……我愿献身于崇高的人民公安事业，为实现自己的誓言而努力奋斗！”《人民警察职业道德规范》第九条规定，人民警察要“清正廉洁，艰苦朴素，情趣健康，克己奉公。”《中国警察廉政宣言》（2006）向全国公安机关与人民警察发出倡议：“……中国警察，宁愿清贫，永不贪赃。以我廉洁，守护正义。从警一日，清廉终生”。

3. 开展公安院校学生的廉洁教育有助于培养学生的使命感与责任感，使学生树立正确的权力观，端正从警行为。廉洁有助于人民警察坚守党的宗旨，坚持以民为本，获取更广泛的群众支持，有助于公安机关与人民警察更好地履行其重要政治与社会责任。扎实推进公正廉洁执法工作，既是公安工作全面建设的需要，也是公安工作的迫切任务。《中国警察廉政宣言》明确提出“三个在上”即国旗在上、宪法在上、人民在上，把廉洁与公安机关与人民警察担负的重大政治和社会责任紧密相连。通过廉洁教育要帮助预备警官端正思想，加强修养，在思想深处真正解决好为谁掌权、为谁执法、为谁服务的问题。廉洁教育的实质就是通过引导预备警官形成廉洁光荣的价值认同，确立廉洁奉公的价值取向，使其自觉地端正自己的从警行为，树立立警为公、执法为民的思想，积极追求公正、廉洁、为公、爱民的价值目标和理想境界。

三、对加强公安院校廉洁教育的思考和建议

在公安院校大学生中开展廉洁教育必须立足于现有的思想政治工作体制，整体思考并部署，在“三全育人”的工作格局下，高质量、高水平、高标准地开展，在具体实施过程中必须强调以下几个方面：

1. 切实加强公安院校学生廉洁教育的责任感、使命感和紧迫感。公安院校所培养的学生毕业后进入公安机关，将担负起巩固共产党执政地位、维护国家长治久安、保障人民安居乐业、服务经济社会发展的重大政治责任和社会责任。大力加强廉洁教育，切实培养高素质公安后备人才，事关公安队伍建设大局，事关公安工作未来建设与发展。

2. 着力培养预备警官的廉洁意识、观念和习惯，以培养优良作风为抓手，锻造公安工作需要的优秀人才。人民警察肩负着“维护国家安全，维护社会治安秩序，保护公民的人身安全、人身自由和合法财产，保护公共财产，预防、制止和惩治违法犯罪活动”的神圣职责，其一言一行、一举一动均与国家安危，社会荣枯，经济兴衰戚戚相关，正因为如此，担任人民警察必须具有良好的政治、业务素质和良好的品行。具体表现在人民警察必须具备“立场坚定，爱憎分明；刚直不阿，威武不屈；执法如山，疾恶如仇；谦虚谨慎，不搞特权；廉洁奉公，遵纪守法；努力学习，精通业务”的特殊品格。这些优良作风的养成不是一朝一夕的事。公安院校通过正面教育与警示教育，使学生形成敬廉崇洁的思想作风、求真务实的学习作风、遵纪守法的组织作风、艰苦朴素的生活作风、诚实守信的处世作风；锤炼“特别能吃苦、特别能战斗、特别能忍耐、特别能团结、特别能奉献”的警察精神；使学生耐得住清贫、抗得住诱惑、守得住小节，堂堂正正做人、公公正正用权、扎扎实实干事。

3. 发挥教学、管理育人的多渠道作用，在全员育人、全方位育人、全过程育人的工作格局中深入推进公安院校的廉洁教育。第一，在思想政治理论课中融入廉洁教育，制订开展廉洁教育的教学计划、

编写教材和教学资料，保证廉洁教育的教学课时，推动廉洁教育进课堂、进学生头脑工作。深入开展“忠诚、为民、公正、廉洁”的人民警察核心价值观教育，确保预备警官思想上纯洁、信仰上坚定、行动上自觉，始终保持忠于党、忠于祖国、忠于人民、忠于法律的政治本色和职业操守。第二，结合公安院校的警务化管理，在常态化的思想政治教育工作模式中，抓住关键时间节点，在入学教育、日常教育管理和毕业生教育各环节梯次递进，将廉洁教育融入公安院校思想政治教育体系，贯穿于学生在校生活的全过程。第三，将廉洁教育纳入学生社会实践与实战训练的过程中，让学生在实战中磨砺、在重大任务中锻造、在实践中升华。预备警官经过各渠道的廉洁教育，并通过参加社会实践、到公安一线实习见习以及参与国家重大活动，增强学生的廉洁自律的历史使命感和社会责任感，培养学生的大局意识、政治意识和廉洁意识，提升学生的警察职业意识和职业能力。

4. 加强校园廉政文化建设，发挥大学生“第二课堂”活动的重要作用，着力营造特色鲜明、氛围浓厚的公安院校廉洁教育氛围。第一，加强校园文化宣传活动，开展廉洁主题教育活动，利用校报、校园广播站、宣传橱窗、校园网等宣传阵地，营造氛围，影响学生。第二，推进廉洁健康的区队文化、宿舍文化、社团文化和网络文化建设，为学生的廉洁品质和健全人格养成构建和谐的校园环境。第三，充分发挥公安院校党、团组织的政治优势和组织优势，发挥学生会、学生社团的主导作用，进行廉洁专题宣讲，深入开展廉政警示教育，充分发挥正面典型的示范引领作用。引导学生自我约束、自警自律的良好品质，努力使廉洁教育贴近实际、贴近生活、贴近学生。

通过全方位的廉洁教育，才能帮助学生树立正确的权力观，在思想上构起拒腐防变的坚固防线，增强自我约束力、防范力；才能使学生进一步明确公安机关与人民警察肩负的重大政治和社会责任，树立“忠诚、为民、公正、廉洁”的警察核心价值观。

参考文献：

[1] 中共中央《建立健全教育、制度、监督并重的惩治和预防腐败体系实施纲要》。

[2] 教育部《关于在大中小学全面开展廉洁教育的意见》教思政〔2007〕4号。

[3] 中共中央纪委、教育部、监察部《关于加强高等学校反腐倡廉建设的意见》教监〔2008〕15号。

[4] 中共中央国务院《关于进一步加强和改进大学生思想政治教育的意见》中发〔2004〕16号。

[5] 公安部政治部《关于进一步加强和改进公安思想政治工作的意见》公政治〔2005〕609号。

[6]《中国人民公安大学关于进一步加强和改进学生思想政治教育工作的意见》公大党发〔2010〕3号。

以习近平总书记讲话精神引领公安院校思想政治教育工作创新发展

铁道警察学院　陈国强

党的十八大以来，习近平总书记围绕我国内政外交国防、治党治国治军等方面发表了一系列重要讲话。这些讲话内涵丰富、思想深刻，具有很强的战略性、前瞻性和针对性，是做好新时期公安院校思想政治教育工作的纲领性文件。公安院校肩负着培养忠于党、忠于祖国、忠于人民、忠于法律的高素质公安后备人才的重任，必须始终把思想政治教育放在各项工作的首位。当前，公安院校思想政治教育工作面临着新的环境和新的挑战，做好新时期公安院校思想政治教育工作，必须深入学习贯彻习近平总书记系列讲话精神，以习近平总书记讲话精神为指导，实现公安院校思想政治教育工作创新发展，不断增强公安院校思想政治教育工作的实效性，为公安机关培养和输送更多优秀的人民警察后备军。

一、认真领会习近平总书记讲话精神实质，增强思想政治教育工作的紧迫感和使命感

长期以来，公安院校高度重视思想政治教育工作，始终坚持忠诚教育，积累了丰富的思想政治教育工作经验，为今后进一步加强思想政治教育工作奠定了坚实的基础，提供了重要借鉴。然而，随着我国改革开放的不断深入，国际国内形势的剧烈变动，公安院校思想政治教育工作面临着新环境和新挑战。

首先，意识形态领域的斗争复杂激烈。随着大国之间在经济、军事、科技、文化领域竞争日益加剧，西方敌对势力对我国进行“西化”和“分化”的图谋日益加强。他们把高校作为主攻方向，把大学生和青年教师作为重点对象，加大对我国文化输出、思想渗透，大力宣传西方的民主、自由、人权等所谓“普世价值观”，歪曲马克思主义理论，诋毁党的领导。现实生活中，人们思想的独立性、选择性、多变性、差异性明显增强，人们的价值观多元化、思想多样化的倾向越来越突出，各种社会思潮和理论观点频繁登台亮相，严重扰乱了人们的思想。意识形态领域的变化必然对公安院校学生的思想带来一定影响。

其次，“90后”大学生思想行为出现了新特点。“90后”大学生思想活跃，普遍关心国家大事，有强烈的爱国热情、有理想、有热情、有活力、有知识，他们有强烈的参与意识，有担当精神。整体上看，他们的思想政治状况是积极、健康、向上的，他们是可爱、可信、可为的一代。但是，由于他们是在发展市场经济和对外开放的条件下成长起来的，面对急剧变革的社会，各种思想文化互相激荡，在思想和行为方面还存在一些突出问题：如部分学生政治信仰迷茫、理想信念模糊，淡化理想，淡化政治，功利化倾向明显；少数学生价值取向倾斜，个人主义、实用主义、享乐主义倾向滋长，过于崇尚自我，团结协作意识较差，缺乏吃苦精神；部分大学生智商较高但对社会缺乏了解，对待学习、就业、情感、家庭等的认知过于单纯和自我，心理素质差，承受能力弱，比较容易出现心理问题等。

最后，网络新媒体的普及和广泛应用，信息传播的开放性、多元性、及时性，使得各种不健康的、错误的，甚至是反动的思想信息会乘虚而入进入大学生的视野，不少信息直接对大学生精神世界带来负面的影响，严重影响着思想政治教育的效果。

面对新的环境和新的形势，公安院校思想政治教育工作还没有完全跟上形势的发展，思想政治教育工作还存在一些不足：思想政治教育运行机制不够完善，教育的碎片化现象严重，思想政治教育的合力有待加强；思想政治教育的内容主题不够突出，特色不够鲜明，有些内容比较空洞、陈旧；思想政治教育的方式比较落后，方法过于单一，教育的质量和效果有待提高；思想政治教育工作队伍素质有待提高，等等。这些问题的存在，影响着思想政治教育的质量和效果，与新时期公安院校人才培养目标的要求不相适应。这就要求我们要增强思想政治教育工作的责任感和紧迫感，以习近平总书记系列讲话精神为指导，勇于创新，大胆改革，积极探索新形势下公安院校思想政治教育工作的新模式和新方法，提高思想政治教育的针对性和实效性。

二、全面把握习近平总书记系列讲话的思想内涵，突出公安院校思想政治教育的根本任务与核心内容

做好公安院校思想政治教育工作，必须全面把握习近平总书记讲话的基本内涵，紧紧抓住思想政治教育的核心内容，明确公安院校思想政治教育的价值目标。

（一）加强思想政治教育工作，要高度重视公安院校的意识形态工作

习近平总书记在全国宣传思想工作会议上指出："经济建设是党的中心工作，意识形态工作是党的一项极端重要的工作"；"宣传思想工作就是要巩固马克思主义在意识形态领域的指导地位，巩固全党全国人民团结奋斗的共同思想基础。"① 总书记的重要讲话既是对宣传思想工作提出的新要求，也是对公安院校意识形态工作提出的新要求。公安院校肩负着培养社会主义合格建设者和社会主义事业捍卫者的重任，必须高度重视意识形态工作。历史证明，敌对势力要搞乱一个社会、颠覆一个政权，往往是先从意识形态领域打开突破口，从搞乱人们的思想入手。面对激烈的思想交锋、观念碰撞和价值体系的较量，公安院校要牢牢把握意识形态工作的领导权和主动权，把理想信念教育放在首位，要始终坚持马克思主义的指导地位，大力推进中国

---

① 《习近平在全国宣传思想工作会议上的讲话》，载《人民日报》2013 年 8 月 21 日，第 1 版。

特色社会主义理论体系进教材、进课堂、进头脑，用马克思主义理论和中国特色社会主义理论武装师生头脑。公安院校各级干部、党员，特别是处在思想政治教育工作一线的教师、学管干部、思政工作干部都要加强自身学习，坚定马克思主义、共产主义信仰，脚踏实地地落实党的教育方针，引导、帮助广大学生学会运用马克思主义立场、观点、方法观察和解决问题，牢固树立中国特色社会主义理论自信、制度自信、道路自信，筑牢抵御各种错误思潮渗透的思想防线。

（二）加强思想政治教育工作，要不断优化教育内容，以党的理论创新成果武装学生头脑

一是要突出中国梦教育这个主题。习近平总书记关于中国梦的论述，为公安院校思想政治教育注入了新的时代精神和鲜活内容。公安院校思想政治教育，要把中国梦教育融入思想政治教育的内容中，为每位大学生播种梦想、点燃梦想，让所有的大学生敢于有梦、勇于追梦、勤于圆梦，让每位大学生都为实现中国梦增添青春能量，用中国梦激发当代大学生的历史责任感，以中国梦激励青春梦，把个人的梦想融入国家和民族的梦想之中，融入公安事业的发展之中。二是把培育和践行社会主义核心价值观贯穿于思想政治教育的全过程。核心价值观是凝聚社会共识、激励社会行为的精神力量，对社会发展具有强大的促进作用。党的十八大报告提出了倡导富强、民主、文明、和谐，倡导自由、平等、公正、法治，倡导爱国、敬业、诚信、友善，积极培育和践行社会主义核心价值观。公安院校要通过宣传教育、示范引领、实践养成等方式，让大学生正确领悟社会主义核心价值观的深刻内涵，使社会主义核心价值观融入大学生的精神世界，成为日常行为的基本遵循，把正确的道德认知、自觉的道德养成、积极的道德实践紧密结合起来，自觉养成勤学、修德、明辨、笃实的良好品质，努力把社会主义核心价值观内化为理想信念，外化为自觉行动。

（三）以培养合格人民警察为目标，大力加强忠诚教育

习近平总书记在全国政法工作会议上指出："坚定的理想信念是政法队伍的政治灵魂。必须把理想信念教育摆在政法队伍建设第一位，不断打牢高举旗帜、听党指挥、忠诚使命的思想基础，坚持党的

事业至上、人民利益至上、宪法法律至上，永葆忠于党、忠于国家、忠于人民、忠于法律的政治本色。”[①] 这是新时期党中央对公安队伍建设和队伍素质提出的要求，也是公安院校人才培养目标的价值追求。公安机关作为武装性质的国家治安行政力量和刑事司法力量，肩负着维护社会大局稳定、促进社会公平正义、保障人民安居乐业的神圣使命。公安机关的性质和所承担的政治社会责任，决定了公安院校培养的人才，必须在政治上忠诚可靠。因此，公安院校要坚持“政治建警、政治建校”的办学方针，以培养学生忠诚品质为根本，坚持理想信念教育，深入开展“为何从警、如何做警、为谁用警”大讨论活动，帮助学生解决好世界观、人生观、价值观这一“总开关”问题，打牢学生执法为民的思想基础，坚定学生的政治信念，提高学生的政治敏锐性和政治鉴别力，使学生自觉地在思想和行动上与党中央保持一致，永葆忠于党、忠于祖国、忠于人民、忠于法律的政治本色，解决好“为谁培养人，培养什么样的人”这一重大问题。

三、认真贯彻落实习近平总书记讲话精神，以改革创新精神推动公安院校思想政治教育工作不断发展

创新是公安院校思想政治教育工作不断发展的动力源泉。习近平总书记在全国宣传思想工作会议上指出：“‘明者因时而变，知者随事而制’。宣传思想工作创新，重点要抓好理念创新、手段创新、基层工作创新，努力以思想认识新飞跃打开工作新局面。”[②] 习近平总书记的讲话为创新公安院校思想政治教育工作提供了基本遵循。加强公安院校思想政治教育工作，要重点抓好理念创新、方法创新、机制创新和载体创新。

---

① 《习近平在中央政法工作会议上的讲话》，载《人民日报》2014 年 1 月 9 日，第 1 版。

② 《习近平在全国宣传思想工作会议上的讲话》，载《人民日报》2013 年 8 月 21 日，第 1 版。

（一）理念创新是公安院校思想政治教育工作创新的先导

实现公安院校思想政治教育工作创新发展，必须创新理念，以理念创新带动实践创新。一是树立立德树人的理念。党的十八大报告强调，要“把立德树人作为教育的根本任务，培养德智体美全面发展的社会主义建设者和接班人”。这为公安院校思想政治教育工作指明了方向。公安院校要全面贯彻党的教育方针，把培养学生良好的道德品质放在首位，全方位推进大学生思想政治教育，促进大学生全面发展。二是树立解决思想问题与解决实际问题相结合的理念。对大学生进行思想政治教育，既要摆事实、讲道理，以理服人；又要关心人、办实事，以情感人，帮助大学生解决好成长过程中的实际问题，为大学生办实事、做好事、解难事。通过既讲道理又办实事，既以理服人又以情感人，增强思想政治教育的实际效果。三是树立教育与管理相结合的理念。公安院校要坚持从严治校的方针，围绕培养警容严整、作风过硬、纪律严明、行为规范的公安专门人才的目标，严格执行公安院校警务化管理的各项规定，严格教育、严格训练、严格管理、严格纪律。把严格管理与教育引导紧密结合，把思想政治教育融于学校管理之中，建立自律与他律、激励与约束相结合的工作机制。

（二）机制创新是推动公安院校思想政治教育工作的保障

良好的机制是顺利开展思想政治教育工作的重要保障。一是创新管理机制。要建立健全党委统一领导、党政工团分工协作、党政群齐抓共管、专兼职队伍相结合、全校紧密配合的领导体系和工作机制，把思想政治教育融入教学、科研、管理、服务之中，形成思想政治教育的合力。二是创新日常工作机制。就是要通过建章立制，规范和改进思想政治教育工作的日常运作，建立思想政治教育预警机制，保证思想政治教育工作的信息收集和反馈渠道畅通，及时掌握学生的思想动态和心理状况，及时制定相应的对策，化解矛盾，把不稳定、不和谐因素解决在萌芽状态。三是创新考评机制。就是要坚持物质成果与精神成果、静态效益与动态效益、定性分析与定量分析的有机统一，日常考核与定期考核、过程考核与结果考核有机结合，注重考评的科学性、综合性。通过创新考评机制，使思想政治教育工作走上健康规范的发展道路。

（三）方法创新是推动公安院校思想政治教育工作的关键

方法创新是提高思想政治教育成效的关键。一是理论教育方法创新。理论教育是思想政治教育的主要方法。公安院校必须抓住政治理论课课堂教学这个主阵地，加强对学生进行马克思主义和中国特色社会主义理论教育，中国近现代史教育和道德与法律教育，加强形势与政策教育，以正确的理论武装学生头脑。同时，要根据“90后”大学生的新特点，不断改进教学方法，倡导启发式、参与式、研究式教学方法，强化实践教学，运用现代化教学手段，增强思想政治理论课的吸引力和感染力。二是善于利用典型示范。典型示范是思想政治教育行之有效的方法。公安院校要积极发挥英雄模范的影响和示范作用，经常性地组织开展向英雄模范学习的活动，潜移默化地塑造学生的理想信念、优秀品格和过硬作风。三是实践养成方法创新。参加社会实践活动是帮助大学生感知社会、培养社会责任感，磨炼意志的主要形式。公安院校要不断丰富实践育人的举措，组织大学生积极参加安保勤务、专业实习、社会调查、义务劳动、志愿者服务和勤工助学等社会实践活动，让学生在实践中接受锻炼，增长才干。

（四）载体创新是实现公安院校思想政治教育工作大发展的手段

思想政治教育载体是实现思想政治教育目的的中介和手段。在新时期，载体创新主要包括：一是创新活动载体。公安院校可以通过开展党团活动、社团活动、主题教育活动等第二课堂活动，使学生在丰富多彩的各种活动中受到启迪和教育，通过活动培养学生自我管理和自我教育的能力。二是文化载体创新。思想政治教育文化载体具有导向功能、熏陶功能、激励功能和娱乐功能。公安院校创新文化载体主要是加强校园文化建设，充分利用报刊、广播、橱窗等形式加强校园文化的宣传，加强正面引导和教育。通过校园文化建设培养学生人文素养和警察职业意识。三是网络载体创新。公安院校要顺应网络时代的新变化，占领网络思想政治教育新阵地，加强校园网络建设，创建各类主题网站，营造校园网络文化氛围。加强网络课程建设，引导学生利用网络积极开展自主学习。加强网络交互平台建设，利用 QQ 群、微博、微信等信息载体，营造师生沟通的良好氛围，及时了解掌握大学生思想动态，并适时开展网络评论和舆论引导，增强思想政治教育的实效性。

加强队伍建设，突出课程特色，努力打造优秀教学团队

——中国人民公安大学马克思主义原理教学团队建设总结

中国人民公安大学　卢东栋

中国人民公安大学马克思主义原理教学团队于2008年被评为校级优秀教学团队，2010年被评为北京市优秀教学团队，2014年通过北京市验收结项。现将该团队近年来情况总结如下：

一、师资队伍建设及其特色

（一）坚持政治建警，努力培育忠诚卫士

忠诚和能力是检验公安院校人才培养质量的两个基本标准。多年来，马克思主义原理教学团队紧紧围绕本科人才培养目标，不断探索，在锻造学生忠诚信念和强化学生实践能力上下功夫，逐步形成了鲜明的教学团队特色。政治建校、从严管理，是公安大学办学的优良传统，也是培养忠诚卫士的育人特色。在长期教学实践中，我们始终坚持“政治建校”、“政治建警”的方针，把“培养忠于党、忠于祖国、忠于人民、忠于法律的人民卫士”作为我们的根本任务，严守“忠诚、求实、勤奋、创新”的校训，不断强化忠诚教育，从意识领域砥砺学生的思想政治品质。忠诚教育是公安大学思想政治教育的核心内容，更是学生思想政治工作的灵魂。我们积极倡导“人人皆做教育者，处处营造教育环境，时时开展教育活动”的理念，坚持做

到加强思想政治工作队伍建设不动摇，打造思想政治教育阵地不放松，开展思想政治主题教育活动不间断，夯实了忠诚教育和学生思想政治工作的基础。我们建设了一支稳定的思想政治工作队伍，积极倡导和参与打造三个思想政治教育阵地（一是以思想政治理论课教学、专业课教学和“党课”学习为主渠道的课堂教育阵地，二是大学文化与警察文化相交融的校园文化教育阵地，三是与学生实践活动相结合的实践教育阵地）。积极倡导和参与系列化的思想政治主题教育活动，新生入校后的思想入警教育活动和毕业生离校前的“集体廉政谈话”教育活动都有我们的身影，利用校报、宣传栏、校园网、校史展、爱国主义教育基地等开展的有针对性的宣传教育活动也不乏我们的声音。我们以系列化的思想政治主题教育活动，营造了以忠诚教育为重点的浓厚的思想政治教育的氛围。

（二）师资队伍结构合理，整体发展趋势良好

按照中共中央宣传部、教育部文件精神，为加强“新四门”思想政治理论课的教改工作，我们重新整合了教研室和教师队伍，将原哲学逻辑学教研室和经济学教研室合并，组成马克思主义原理教学团队，大力加强师资队伍建设，造就了一支与课程建设相适应的，在职称、专业、学历、学缘和年龄等方面结构合理的师资队伍。由省部级优秀教师、学科带头人、中青年骨干教师等组成的学术梯队已经形成，青年教师迅速成长并在教学工作中发挥了重要作用，基础课、主干课、实践课师资满足教学需要，师资队伍整体发展趋势良好。马克思主义原理教学团队师资情况如下：（1）马克思主义原理教学团队现有教师14人，男女教师分别为8人和6人；本团队教师的职称结构是教授4人，副教授8人，助教2人；本团队教师年龄结构是：50岁以上5人，40—49岁7人，30—39岁2人；本团队教师学缘结构是教师均来自北京大学、北京师范大学、南开大学、中国人民大学、吉林大学、山东大学、四川大学和东北师范大学等国内知名学府；本团队教师学历学位情况是教师均为本科以上学历，其中博士5人，硕士8人，学士1人；本团队教师知识结构是哲学专业4人，逻辑学专业4人，经济学专业5人，历史学专业1人。（2）马克思主义原理教

学团队教师中，北京市优秀教师、北京高等学校马克思主义理论课优秀教师1人，北京市中青年学科带头人2人，北京市师德先进个人1人，北京市高等学校优秀青年骨干教师5人，中国人民公安大学中青年骨干教师2人，中国人民公安大学的课程首席主讲教师5人，硕士研究生导师10人。本团队带头人田全华教授是北京高校国际政治教学研究会副理事长、全国高校国际政治研究会常务理事、国家社科基金中央国家机关评议组专家、全国思想政治工作研究会特约研究员，主要成员张国星教授是中华人民共和国史学会常务理事，卢东栋教授是中国自然辩证法研究会科学方法论专业委员会常务理事和北京市高教学会马克思主义原理研究会常务理事，洪帆博士是国家公共安全领域科技发展规划专家组成员和中国自然辩证法研究会科学方法论专业委员会常务理事和秘书长。（3）马克思主义原理教学团队教师中，讲授“马克思主义基本原理概论”的教师11人，讲授“科学研究方法论”课程的教师4人，讲授“逻辑学”、“侦查逻辑”和“数理逻辑”课程的教师4人，讲授“马克思主义经典著作选读”课程的教师3人，讲授“自然辩证法”课程的教师3人，讲授“西方哲学史”、“现代西方哲学评介”和“当代社会思潮”课程的教师5人，现有教师基本上满足本教研室的基础课和主干课的教学需要。（4）马克思主义原理教学团队的主要成员（10名教师）均为中国人民公安大学“公安思想政治教育与公安文化”硕士点的研究生导师。

（三）教学理念比较先进

面对高等教育蓬勃发展的新形势和构建社会主义和谐社会对高素质公安人才的新需求，我们认真分析面临的机遇和挑战，更新教育思想观念，并围绕着素质教育、忠诚教育、人才培养模式改革等主题，组织教学团队成员进行认真讨论，教学理念不断更新。一是牢固树立了教学质量观念，建立健全教学质量监控体系；二是牢固树立了素质教育观念，坚持融传授知识、培养能力与提高素质为一体，相互协调发展，使学生的思想道德素质、文化素质和身心素质综合提高；三是牢固树立了理论联系实际、强化实践教学的观念，着力培养学生的实践能力；四是牢固树立了以学生为本的观念，坚持把学生作为教学活动的主体，特别重视对学生自主学习能力和创新精神的培养。

二、“马克思主义基本原理概论”课程建设及其特色

我们充分认识到“马克思主义基本原理概论”课程负有思想政治教育的重要职责。作为公安大学思想政治教育的主渠道、主阵地，在课程建设及教学中，“马克思主义基本原理概论”等课程的特色主要体现在以下几个方面：

（一）以政治建警和忠诚教育统领教学

政治建警的核心是强化忠诚教育。忠诚教育是我校思想政治教育的首要的核心的内容。“马克思主义基本原理概论课”教学在我校忠诚教育中具有其他学科和部门不可替代的重要作用。为此，在教学过程中，我们特别重视教书育人。我们不仅探讨“马克思主义基本原理概论”课程中所涉及的知识和原理，而且更注意对学生世界观、人生观和价值观的培养，更注重对学生的政治觉悟和社会责任感和职业道德的培养。首先，通过马克思主义基本原理的教学，传授了知识，增进了广大学生对党、祖国和人民的认知和情感，为学生牢固树立忠于党、忠于祖国、忠于人民、忠于法律的意识打下了坚实的思想基础。公安大学是一所有着优良的革命传统的院校。自建校以来，我们始终把培养既具有优秀的专业素养又具有坚定的政治素质的共和国预备警官作为自己的神圣职责和光荣使命。通过马克思主义基本原理的教学，使学生认识到只有人民才是历史的真正创造者，历史上真正伟大的英雄是人民。党的事业和我国现代化建设的伟大事业只有紧紧依靠千百万人民群众，才能够取得最后的胜利。通过马克思主义基本原理的教学，帮助学生形成科学的世界观和方法论，树立对共产主义的坚定信仰，提高广大学生的政治觉悟，培养学生的社会责任感和职业道德。通过马克思主义基本原理的教学，帮助学生从整体上把握马克思主义，正确认识人类社会发展的基本规律。通过讲授马克思主义基本原理与中国实际相结合的历史进程，充分展示马克思主义中国化的理论成果，帮助学生系统掌握毛泽东思想、中国特色社会主义理论

体系等基本内容，坚定在党的领导下走中国特色社会主义道路的理想信念。“马克思主义基本原理概论”课程教学在提高广大学生政治觉悟，增强他们的政治自觉性方面发挥了重要作用。通过马克思主义基本原理的教学，广大学生增强了热爱祖国、热爱人民、热爱党的自觉性，增强了积极投身社会实践、维护改革开放各项重大决策的自觉性。“政治建警、培育忠诚卫士”不仅是公安大学办学的鲜明特色，也是马克思主义原理教学团队的基本理念。通过学习马克思主义基本原理，学习毛泽东思想和中国特色社会主义理论，我校学生素质养成教育创造出骄人的业绩，赢得了全国公安机关和社会各界的广泛赞誉。在学校四年的教育培养过程中，绝大部分在校学生已经在平时操行中表现出一个合格人民警察应当具备的政治品质和专业知识技能。在校学生积极要求加入中国共产党，具有健康向上的精神风貌，勤奋学习，苦练技能，特别是在执行国家重大活动现场保卫任务、参加公安见习和毕业实习等工作中，表现出了良好的政治素质和很强的工作能力，为学校赢得了荣誉，展现了新时代公大学子的风采。

（二）以丰富的知识搭建平台

精神性的教育与知识性和技术性的教育不同，科学技术可以用数字和模型来表述并为实验所证明，而人的生活中超越现实的各种理想与追求、价值的选择等却无法如此。人们对马克思主义理论问题在认识上的争论和分歧，更是体现了马克思主义区别于科学技术的特质。我们不能用科学技术的观点看待马克思主义的性质，更不能以其为尺度去衡量和评价马克思主义。马克思主义是世界观的理论体系，是通过对具体知识的反思而形成的，是要引导人们在对现实的不断反思中走向新的真实。马克思主义教育要求教育者具有完善的知识结构和严谨的逻辑修养，我们在教好马克思主义理论的同时，不断拓展和完善自己的知识结构。在课程建设方面，我们不但紧紧抓住“马克思主义基本原理概论”这一主干课程，而且还积极开设“形式逻辑”、“科学研究方法论”、“西方文化概论”、“当代社会思潮”、“侦查逻辑”等必修课和选修课，努力为学生学好马克思主义理论，为培养和提高学生科学思维和辩证思维的能力打下坚实的基础。这些课程相互融合、相互促进，不仅拓宽了学生的视野，培养了学生的理论思维、科学思维能力，丰富和完善了学生的知识结构，同时也为思想政治理论课教学做了铺垫和深化，因而受到了学生的普遍欢迎和好评。

（三）以深刻的理论展开教学

思想的财富只能通过思想的方式去继承和享用。马克思主义关注的是世界观、人生观或价值观，它影响的对象是活生生的人。思想家的思想如果不与受教育者的思想产生共鸣，或者受教育者的思想如果不能达到思考理论问题的水平，理论教育就毫无意义。马克思主义理论的学习需要教育者与受教育者之间积极的交流，更需要受教育者沉下心来去仔细体会和觉悟其中博大精深的思想内涵和理论风采。正是在这一意义上，思想政治教育有着任何学科不可替代的地位。思想政治教育并非简单的知识传授，它更是一个思想交流，甚至交锋的过程。因此，我们不仅仅将其当作一门政治理论课，而且还将其当作一门培养学生人文修养、科学思维能力的人文学科。在教学过程中，我们不仅探讨马克思主义理论的知识和原理，而且更注意对人的本质、人的价值、人的社会理想、人类社会基本结构和发展规律的关注，更注意马克思主义理论体系的内在结构的建构。我们努力本着一种严肃认真的科学态度来理解和讲授马克思主义理论，也正因此，才有了学生对马克思主义理论及其教学的认同。

（四）以热烈的辩论促进教学

在教学方式上，我们始终注意探索行之有效的教学方法，不仅注意运用多媒体等现代教学手段直观感性地讲解理论，而且运用辩论方式促进马克思主义理论教学。我们不仅在课上组织学生观看国际大专辩论会的专题片，为学生系统讲授辩证思维方法，而且还积极参与学生辩论赛的活动，帮助辩手分析辩题、搜集材料，结合辩题对辩论技巧进行指导，有时还作为评委对辩论双方的得失进行实事求是的科学分析，通过这一既喜闻乐见又严肃活泼的形式，无论是辩手还是观众都从中获益匪浅，对辩论的理论和技巧有了比较深入的认识和体会，认为自己在思维能力和辩论能力两方面都得到了很好的训练，水平有了显著提高，而且也使学生加深了对所学知识的理解，极大地促进了课堂教学的开展。

（五）以朴实的人格魅力营造氛围

思想政治理论课程的主要功能是培养合格的“四有”新人。教育者以什么样的姿态出现，直接影响受教育者对教育者所授知识接受与否和接受的程度。因此，我们都有这样一个共识：马克思主义的出现体现了人类对智慧的热爱和对理性的追求。马克思主义理论教育固然需要严肃认真的宣讲，但它与神甫和牧师的传道有本质的区别，它是在培养学生科学的信仰和对科学理论的价值认同，这里不需要而且应该坚决摒弃死板的面孔和盛气凌人的气势，或激烈、或平和的思想交锋辅之以优雅的人格魅力才是马克思主义理论教育的精髓和良方。正所谓“信其人，学其道”。在教学过程中，我们始终注意以人格魅力为先导来营造融洽的教学氛围，以有一定影响力的人格感染作为提高课程信任度的重要手段。学生是我们公安事业的未来和希望，师生之间或娓娓道来，或火光四溢，只要以诚相待、真心交流。我们的风格或风趣幽默，或活泼开朗，或严肃周密，或慈爱祥和……虽然各具特色，但皆为“真我”风采的朴实外现，异彩纷呈的表象背后是我们对马克思主义理论教育的敬业态度和严谨学风，是我们对智慧的热爱和对理性的追求。

（六）建设完善的试卷（题）库，采取多种形式改革考核方式

按照学校的有关规定，“马克思主义基本原理概论”等主干课程都已经建设了相当规模、基本成熟的试题库或试卷库。试卷库不仅题型多种多样（包括单项选择题、多项选择题、填空题、判断说明题、简答题、论述题、综合分析题、材料分析题等），覆盖面广泛，基本涵盖了相关课程的主要内容，而且试题内容科学合理、难易程度适合学生的学习能力，从考试的实际情况来看，学生的成绩均呈正态分布，客观地反映了学生学习的实际状况。在考核方式上，无论是命题还是阅卷，无论是试题库还是试卷库，无论是课程组命题还是任课教师个人命题，无论是个人阅卷还是集体流水阅卷，我们都严格按照学校的有关规定去完成；近三年来，我们在研究生和部分本科生的考试方式上进行了大胆的改革和尝试，特别是部分本科生的“马克思主

义基本原理概论”，我们或紧密结合讲授课内外的内容命题开卷考试，或以暑假社会调查报告的形式作为考试的主要手段，促进学生学以致用的自觉性，使他们于考试中了解马克思主义哲学原理的博大精深，也在调查中亲身感受我国改革开放以来所取得的辉煌成就和存在的问题。

三、实践教学工作特色

“马克思主义基本原理概论”课程虽然是一门思想政治理论课，但又是一门实践性较强的课程。为了让学生更好地掌握马克思主义基本理论，并学会运用马克思主义的基本立场、观点和方法分析和解决实际问题，加强理论与实际的联系，我们制定了详细的实践教学方案，并采取了案例教学、课堂讨论、课外研讨、专题讲座、教学参观、社会调查等实践教学形式来促进课堂教学。教学参观主要是组织学生参观北京市公安局相关实战部门和警察博物馆大型展览；社会调查具体安排在学生寒暑假公安见习活动中，由教师布置调查的问题和具体要求，开学后由学习小组整理完成调查报告。通过这些社会实践活动，加深了学生对马克思主义基本理论的理解，提高了他们运用马克思主义基本观点和方法分析解决问题的能力，有助于他们树立马克思主义的世界观、人生观和价值观。我们的措施主要体现在以下几个方面：

（一）以教学方法的多样化，丰富实践教学的手段

1. 采取“请进来，走出去”的办法，开展校际学习，邀请校外专家学者和公安部英模配合课堂教学内容就相关问题进行专题讲座。近年来，结合公安工作的新形势，我们经常邀请公安部英模到我校为学生进行“做新时代的人民警察”讲座，学生反响强烈。2. 坚持从学生中来，再到学生中去的指导思想，开展参与式教学，让学生发挥主体作用。参与式教学能够充分地再现学生的多种认识，体现了学生的主体地位，发挥了学生的主体能力，充分调动了学生参与的积极性，使教学充满了活力。3. 增加多媒体教学的作用，全面利用多媒

体教学手段，主动设置课堂教学情境。马克思主义原理教学团队积极参加公安大学组织的多媒体网络课程建设，“马克思主义基本原理概论”课程已经被评为公安大学校级精品课程。4. 多样化、个性化的教学方法的运用和完善。我们积极探讨符合“马克思主义基本原理概论”课程教学规律和特点的方法，主要运用了“案例教学教育法”、“情感激励教育法”、“课堂讨论教育法”等，在教学中形成了多种教学方法。5. 积极拓展教学范围，把教学延伸到课下。由于大众传媒的高度发达，新锐媒体对学生思想的影响在某种程度上甚至超过了学校。在教学中，我们努力做好网上与网下相结合的工作，利用电子邮箱、手机短信等多种方式与学生沟通、全面渗透教学内容。

（二）充分利用学校资源，培养学生的实践能力

学校始终坚持为公安工作服务、为公安队伍建设服务的宗旨和“政治建校、从严治校”的方针，遵循高等教育规律，突出公安教育特色，发挥公安大学优势，形成了“忠诚、求实、勤奋、创新”的校风，强化实践教学，逐步探索和建立课堂教学与警务实践有机结合、突出实践能力培养的人才培养模式，着力培养“政治坚定、业务精通、作风优良、执法公正”的应用型公安高级专门人才。我们在教学过程中，注意挖掘学校资源，一是利用校史，开展了对学生“爱母校，爱公安事业”的教育；二是依托“三学期制”的人才培养模式和丰富多彩的第二课堂活动，把学生参与公安见习（实习）、社会调查、志愿服务、公益活动等社会实践活动作为思想政治理论课课堂教学的有效延伸，在课内课外开展讨论与分享，让学生谈自己对公安工作以及公安民警素质的认识，进一步使学生树立正确的职业价值观；三是结合我校学生参与的重大保卫任务，在保卫任务的准备、实施以及结束后，与学管干部一道帮助学生进一步对自己所承担的工作进行总结，充分认识公安工作的重要性和艰巨性，明确自身角色，确定努力方向。在重大安保工作和实习见习活动结束后，我们结合学校开展的总结表彰活动，及时地开展了对学生的引导工作，同时收集典型事例，充实教学内容。

（三）强化爱国主义基地的实践教学作用

开展爱国主义基地实践教学是本教学团队的优良传统，我们的主要做法为“学习研讨—实践体悟—反思总结”（弘扬爱国主义主旋律的系列教学）。首先是学习研讨。通过课堂讲授和礼堂讲座，了解爱国主义的基本内涵。其次是实践体悟。我们采用的主要基地有警察博物馆、圆明园和卢沟桥抗战遗址等。在弘扬爱国主义的教育活动中，我们分步骤进行，首先参观遗址、缅怀先烈，然后听专家讲解当年事迹，了解历史，最后是反思总结。爱国主义必须转化为学生对自己的要求才能起到作用。在此我们将由教师主导下进行的爱国主义教育，转化为以学生自身为主体的自我教育。通过布置作业，要求学生写出一篇随感，抒发其爱国主义情感，进而表达其爱国之志，激发学生为振兴中华而学习的责任感。我们采取学生演讲的方式，对心得进行交流。爱国主义系列教学的开展是为了将正面的价值观宣传教育与学生的思维特点相结合而进行的创新教学。

（四）充分运用北京丰富的教育资源，初步探索形成切实可行的、具有公安大学特点的实践教学模式

为提高实践教学效果，我们充分利用北京市现有的教学资源，结合学生的兴趣点，把学生共青团活动与课堂教学内容相结合。例如，为提高学生的文化素养、加强学生的自然科学知识、促进学生全面素质的提高，在组织学生参观抗日战争纪念馆时布置思考题目“新时期我们应该如何爱国”，让学生参观后写出心得，并进行课堂讨论，由此让学生去见证民族历史，拥抱智慧之光，感受首都底蕴，思考青春与人生；在组织参观警察博物馆时布置的思考题目是“公安机关与人民警察承担的政治与社会责任是什么”、“从公安英烈身上我们学到了什么”，让学生体认警察角色，感悟警察道德的内涵。

四、资源建设和网络教学工作

我们结合近年来的世情、国情和党情，结合党和国家的文件，为学生推荐相关的促进学生主动学习的资料，编制了“马克思主义基

本原理概论”课程的多媒体课件等。目前，马克思主义基本原理教学团队的图书资料约2500余册，主要包括马克思主义经典作家的有关论著、马克思主义思想史的有关论著及期刊，内容丰富完备，适应教学需要。这些扩充性资料和图书资料在教学过程中都得到了比较充分的利用，调动了学生的学习兴趣，激活了学生运用马克思主义基本原理分析和解决实际问题的能力，学生的思想政治素质和综合素质得到了有效提升。经过精心建设，校级精品课程“马克思主义基本原理概论”课程的相关信息基本全部上网，包括“马克思主义基本原理概论”的教师的基本信息、教学大纲、教案、网络课件、习题集等，网络运行情况良好，学生通过校园网极大地提高了学习效率。

五、教学改革成果应用推广工作

近年来，马克思主义原理教学团队教改成果的推广体现在以下几个方面：

（一）以教学改革成果促进教学工作，不断提高教学水平

马克思主义原理教学团队成员将主持或参与的教学改革成果直接服务于教学，促进教师进行教学研究，改变传统教学内容，使得马克思主义理论教学的水平得到了极大的提高。马克思主义原理教学团队的教师在参加北京市教工委组织的教学基本功比赛中多次获奖，如“人生的价值”获得2010年第四届北京高校思想政治理论课教学基本功比赛二等奖、“中国特色社会主义文化”获得2011年第五届北京高校思想政治理论课教学基本功比赛二等奖、“我国的收入分配制度”获得2013年第六届北京高校思想政治理论课教学基本功比赛二等奖、“从民工潮看产业结构转型”获得2013年第七届北京高校思想政治理论课教学基本功比赛一等奖。汪海燕、卢东栋、吴艳的“以警察职业能力为导向的形式逻辑案例教学模式研究”获得公安大学2013年优秀教学成果三等奖。

（二）将教学改革成果直接应用于教学，改变课堂教学模式，调动学生学习积极性

马克思主义原理教学团队成员将主持、参与或撰写的《北京市基督教发展现状及其对社区稳定的影响》、《“马克思主义基本原理概论”教学案例》、《“公安思政与文化研究”方向课程设置研究》、《公安大学政治理论课实践教学研究》、《“公安政策研究”方向人才培养创新机制探索》、《“公安思政与文化”研究方向人才培养模式探究》、《关于公安人才创新思维训练的目标与方法研究》、《中国科技人力资源流动研究》、《深化马克思主义理论教学改革，积极探索思想政治理论课“双动式”教学的新经验》、《以素质养成为核心的公安院校思想政治理论课教学模式创新研究》、《关于变被动接受为主动思考的教学活动模式的思考》、《以警察职业能力为导向的形式逻辑案例教学模式研究》等教学改革成果应用于“马克思主义基本原理概论”课程的教学过程，探索出一整套“课程内师生互动、课程间教师联动”的“双动式”思想政治理论课教学新思路和新方法，改变了传统的师生关系，师生共同活动、民主相处，教学相长，学生在学习的过程中自主自觉的学习能力、思想政治素质得到同步锻炼，学习积极性明显提高。

（三）将教学改革成果在全国公安高等院校政治理论课的教学中予以推广

马克思主义原理教学团队成员将撰写的《公安院校思想政治理论课实践教学初探》、《刍议公安院校思想政治理论课教学改革》、《公安院校高层次政工人才培养模式的构建》、《高层次公安政工人才培养模式探究》等教改论文中以及所主持、参与的《北京市基督教发展现状及其对社区稳定的影响》、《“马克思主义基本原理概论”教学案例》、《“公安思政与文化研究”方向课程设置研究》、《公安大学政治理论课实践教学研究》、《“公安政策研究”方向人才培养创新机制探索》、《“公安思政与文化”研究方向人才培养模式探究》、《关于公安人才创新思维训练的目标与方法研究》、《中国科技人力资源流动研究》、《深化马克思主义理论教学改革，积极探索思想政治

理论课“双动式”教学的新经验》、《以素质养成为核心的公安院校思想政治理论课教学模式创新研究》、《关于变被动接受为主动思考的教学活动模式的思考》、《以警察职业能力为导向的形式逻辑案例教学模式研究》等教学改革成果体现的先进教学理念和教改方法在全国公安高等院校政治理论课的教学中予以推广，把我们的一些成功做法和公安系统的兄弟院校共享，积极发挥我校的模范带头作用，为提高我校学生的研究型学习能力、科研能力，为提高全国公安院校政治理论课的教学水平做出了应有的贡献，并受到了我校及公安系统高等院校思想政治理论课教师和学生的普遍好评。

（四）将教学改革成果应用到在职培训上，及时转化为现实的公安战斗力

马克思主义原理教学团队成员将主持、参与和撰写的《从创新思维的需要、特点看公安创新人才创新思维训练的目标与原则》、《公安院校高层次政工人才培养模式的构建》、《高层次公安政工人才培养模式探究》、《以警察职业能力为导向的形式逻辑案例教学模式研究》等教学改革成果及教改论文中体现的教改思想直接贯穿于在职公安民警的教育培训工作，如在警衔晋升班、军保系和全国公安县（市）局长班中，收到了良好的教学效果，受到了各级公安机关的好评。

六、今后工作的方向和安排

针对马克思主义原理团队建设中存在的主要问题，我们将从以下几个方面开展工作。

（一）继续加强师资队伍建设力度

我们要提高团队师资队伍建设的水平，需要在培养更高水平的学科带头人，培养更高水平的教学名师方面加大工作力度和争取各方面的支持。一要加强青年教师培养力度，力争使青年教师成为骨干教师或学科带头人。引进高水平人才，扩充队伍，使师资队伍在数量上和质量上有所提高。二要积极参加中共中央宣传部、教育部组织的中央

部委直属高等学校思想政治理论课骨干教师的培训、北京市教工委组织的师资培训，掌握最新的思想政治理论课教学要求。三要采取“走出去、请进来”的方式，通过到公安机关参加实践锻炼、教师进修、做访问学者、请专家讲学和参加社会考察等方式，着力提高教师的思想政治素质、专业水平和教学能力。四要完善团队运行机制和监督约束机制的建设，努力打造一支思想坚定、作风硬朗、教学和科研能力较强、有凝聚力的师资队伍。

为适应公安队伍政治建警和学校思想政治教育的需要，我们将努力建立一支思想坚定、作风硬朗、教学和科研能力较强、有更强的凝聚力、数量更为充足、年龄结构更为合理、学术背景更为齐全、理论和实践融会贯通、在国内具有一定影响力的高水平的师资队伍。

（二）继续加强课程建设和教学改革

由于包括“马克思主义基本原理概论”在内的“新四门”思想政治理论课是中宣部和教育部“马克思主义理论研究和建设工程”的重要内容，今后，北京市教工委、中国人民公安大学人文社会科学教研部以及我们马克思主义原理教学团队等方面要重点加强对各门课程的教学目的、主要内容以及理论体系和教学体系的研究，加强各门课程之间以及与中学相关课程之间相互关系的研究，加强教学方法和教学手段的研究，组织制作“精彩一课”、多媒体课件，实现立体化教学。具体采取以下举措：一要根据中共中央宣传部、教育部的上述课程设置，认真学习马克思主义、毛泽东思想、中国特色社会主义理论的重要思想，学习实践科学发展观，学习中共中央宣传部、教育部和公安部的有关文件，在保持教材体系不变的前提下，不断调整和增添新的教学内容，努力将教材体系转变成适合我校特点的、适合公安队伍建设和公安工作需要的教学体系。同时联系公安工作实际、结合公安大学马克思主义基本原理的教学情况，深入研究课程的内容和特点，注意大学中的马克思主义基本原理教学与中学政治理论课教学在理论的深度上、在内容的丰富性上的区别，注意并抓住“新四门”等课程的不同点，加强不同教研室教师之间的交流沟通，避免马列主义理论教研部门在“新四门”教学上的重复。在讲授过程中将马克思主义基本原理与我国的社会问题、公安工作和法律工作中的实际问题联系起来，与国外相关理论联系起来，做好“理论联系实际”和“理论联系理论”两方面的工作，以避免和解决学生觉得大学时期与中学时期的政治理论课程在内容上重复、没有新鲜感和理论与社会现实脱节的问题。二要注意马克思主义基本原理教学内在体系的建设。除按规定开设“马克思主义基本原理概论”课程外，继续开设并积极筹备新的选修课，为丰富和完善马克思主义基本原理教学体系做好基础工作。

（三）继续加强马克思主义理论研究

我们要同心协力，统筹兼顾北京市教工委、中国人民公安大学人文社会科学教研部以及我们马克思主义原理团队等方面要群策群力，集思广益，互相支持，加强对马克思主义基本原理的理论研究工作，加强“公安思想政治教育与公安文化”硕士点的建设。一要坚持马克思主义、毛泽东思想、中国特色社会主义理论，学习落实科学发展观，学习习总书记系列讲话重要精神，立足于全面建设小康社会的发展目标，积极开展马克思主义理论体系研究，开展马克思主义发展史、马克思主义中国化研究。二要开展思想政治教育研究，分析思想政治教育的发生发展规律，研究中外思想政治教育发展史，为我校思想政治理论课建设和公安领域思想政治教育工作队伍建设提供有力的智力支持，为公安队伍建设和公安工作服务。

公安院校思想政治理论课知识体系构建中的人文关怀研究

广东警官学院 毛克明

公安教育的根本任务是将学生培养成有别于理论研究型，具有良好职业道德和较强的实践能力、自我发展能力和创新能力的高素质应用型人才。公安教育人才培养中的应用性、职业性、实践性和能力型特点给思想政治理论课打上了具体的烙印，是思想政治理论课知识体系构建的总目标，公安院校思想政治理论课知识体系的构建和实践必须与公安教育人才培养的目标相对接。

然而长期以来，公安院校的思想政治理论课的教学模式普遍照搬普通本科院校，与公安院校特殊的育人目标相背离。党的十八大报告指出："加强和改进思想政治工作，注重人文关怀和心理疏导，培育自尊自信、理性平和、积极向上的社会心态。"因此，公安院校思想政治理论课知识体系的构建必须找准定位，紧紧围绕公安教育对人才培养的目标任务，注重人文关怀。在新的历史时期，公安院校在思想政治理论课知识体系的构建中重视和强调人文关怀，是社会历史发展的必然要求，也是公安院校思想政治教育自身发展的内在需要。

一、当前公安院校思想政治理论课知识体系建设中存在的问题

（一）教学内容针对性不强

"以学科为本位"的课程体系，过分注重思想政治理论课体系的

完整性、系统性。各类思想政治理论教材普遍存在内容针对性不强、脱离学生实际、硬性政治灌输色彩明显等弊端。忽视公安院校大学生作为“学习主体”自身权利和需求的视野，加上使用全国高校统编教材，许多公安院校的课程内容变成对普通高校课程内容的简化和压缩，教学的针对性、实效性不尽如人意。而教学内容对于思想政治理论课教学的吸引力的发挥具有很大的影响，思想政治理论课知识体系只有贴近学生生活实际，进行有针对性的讲授，才能够增强其吸引力。

（二）教学内容脱离学生实际

思想政治理论课教学内容的现实性、时代性不强，过于理想化，主要表现在：思想政治理论课目标设置过高，脱离社会生活，讲很多空洞的理想和道理；课程实施模式与学生的专业能力培养联系不够密切，对学生的社会能力、方法能力等职业核心能力的培养也有待加强；思想政治理论课的教学内容很多都是笼统地告诉学生应该怎么做，不应该怎么做，应该树立什么样的思想道德观念等。而对公安院校大学生普遍关心和关注的问题，教材表现出缺乏针对性的特点。

（三）教学方法过于简单

公安院校思想政治理论课教学，普遍采用“以教师为中心，以课堂为中心，以书本为中心”的传统灌输式教学方法，致使学生学习的积极性、主动性不高。

（四）大学生自身问题较多

现在公安院校的大学生绝大多数出生于社会急剧变化的90年代，而今又处于快速发展的社会转型期，他们有崇尚自我、张扬个性、强调自我的心理特征。再加上思想政治理论课教学中一定程度存在重理论、轻实践，理论教学与实践教学的融合度不高，以及公安院校的大学生素质参差不齐等因素，其思想观念、政治倾向、价值取向、行为方式、精神生活方式等对思想政治理论课教学起着重要的影响和制约作用。

针对存在的这些问题，必须进一步加强公安院校思想政治理论课知识体系的构建，尤其是应该按照十八大的精神，加强公安院校思想政治理论课知识体系构建中的人文关怀，主动适应公安教育人才培养的目标要求，更新教学理念，优化课程内容教学，尊重学生的主体性，彻底打破以课堂为中心的传统教学方式，加强实践教学，提高教学实效性、针对性。

二、公安院校思想政治理论课知识体系构建的原则

公安院校思想政治理论课知识体系的构建应从公安人才的培养目标和公安院校大学生的特点出发，遵循以下原则：

（一）“少而精”、“要管用”原则

公安院校思想政治理论课知识体系的构建要在尊重教育部统编教材的前提下，按照“要精、要管用”的原则和公安教育服务于“公安政法工作和社会经济发展”的宗旨，灵活运用教材，把思想政治理论课的知识体系和专业特色结合起来，和社会热点结合起来，和学生关心的焦点、难点结合起来，体现出针对性和专业性的特点，通过思想政治理论课知识体系优化整合，弱化理论体系，以专题化教学的方式实现教材体系向教学体系转化。

（二）以学生为本原则

公安院校思想政治理论课知识体系的构建要做到以学生为本，尊重学生的学习主体地位，围绕学生的可持续发展。知识体系的内容要始终坚持贴近学生、贴近生活、贴近实际，教学方式要改变传统的单向灌输式，建立师生民主、平等、合作、互动的教学模式。

（三）理论与实践一体化原则

在公安应用型人才培养目标的要求下，公安院校的思想政治理论课不仅是一门理论课，更应该是一门实践课；不仅是知识的传授，更应该提高学生自身的能力、素养和觉悟。因此，公安院校的思想政治理论课的知识体系构建要从知行分离转向知行统一，学以致用，构建理论教学、实践教学、课外教学相结合的知识体系，实现“学、思、用、行”一体化。

（四）全面全员全程育人原则

公安院校的思想政治理论课知识体系的构建必须融合到学校教育教学的各个环节。要充分挖掘德育资源，把思政课程与专业课程，与丰富的校园文化活动相结合，实现全面育人；要将学管队长等学生工作管理人员和学工、团委、宣传部等职能部门都纳入思政课育人体系，形成各部门齐抓共管的育人格局，做到全员和全程育人。

（五）加强和注重人文关怀

思想政治教育注重人文关怀，是指以马克思主义的人文精神为思想内核，“以充分地尊重人、理解人、肯定人、丰富人、发展人、完善人和促进人的全面发展为内在尺度的一种价值取向。”在新的历史时期，公安院校思想政治理论课知识体系的构建重视和强调人文关怀，是社会历史发展的必然要求，也是思想政治教育自身发展的内在需要。

三、公安院校思想政治理论课知识体系构建中的人文关怀

（一）思想政治理论课的知识体系构建中的人文关怀要解决立场问题

教育是促进人类新生代实现社会化的手段，因此一般是指与学校教育相关的内容和形式，其主要传授客观的知识体系，构建人的知识结构，使人掌握谋生技能和认识理解社会生活的基本方法。任何教育都是思想教育和政治教育，完全摆脱思想性和政治倾向的、纯粹意义上知识技能的传授是不现实的。思想政治教育与教育具有内在联系，它们都必须以一定的理论知识和经验智慧作为载体，所传播的都是国家与民族的文化精神和智慧遗产，都要在社会成员，特别是人类新生代的观念和心灵中留下特定的印记和回声。

思想政治教育并不直接向人们传授某些客观的、固定的知识体系和经验技能，更不能为人们提供谋生的途径手段，它是以传播和弘扬人文精神为载体手段，把自然科学成果和社会科学遗产中所蕴含的人

文精神挖掘和阐释出来，用人文精神和人文智慧去营造适合人生存，有利于人的自由和发展的人文环境，它为人的生存发展提供智慧资源和精神动力。因此，思想政治教育一般没有学校教育那样的固定模式和完整体系，而是注重环境对人品人格的改造和塑造，注重社会实践主体对自身行为的内省和反思，在渗透、内化和养成的过程中把社会群体对个体的种种要求和规范转变为人的日常行为习惯，达到人的自觉自律，使人成为合格的乃至优秀的社会成员。思想政治教育也影响和决定人的生存发展，但主要的是引导人们如何超越具体的生存层面，在更高的境界、更广阔的范围领域去理解和领悟生命、生存和生活的意义，理解人生的价值真谛。因此，公安院校思想政治理论课的知识体系构建要解决立场问题。

（二）思想政治理论课的知识体系构建的人文关怀要注入社会主义核心价值观

党的十八大报告对社会主义核心价值体系建设提出了新部署新要求，强调“要深入开展社会主义核心价值体系学习教育，用社会主义核心价值体系引领社会思潮、凝聚社会共识”，“倡导富强、民主、文明、和谐，倡导自由、平等、公正、法治，倡导爱国、敬业、诚信、友善，积极培育社会主义核心价值观”。这一重要论述是我们党立足社会主义核心价值体系建设实践作出的重大理论创新，反映了我们党对社会主义核心价值观问题的最新认识，体现了我们党高度的理论自觉和文化自觉，必将极大地推动社会主义核心价值体系建设。

因此，公安院校思想政治理论课知识体系构建中的人文关怀，必须坚持用社会主义核心价值体系这一马克思主义中国化的最新理论成果武装大学生，教育和引导大学生高举中国特色社会主义伟大旗帜，坚定不移地走中国特色社会主义道路，扎实推进中国特色社会主义伟大事业和党的建设新的伟大工程。

（三）思想政治理论课的知识体系构建的人文关怀要注重教与学的和谐

思想政治理论课教学作为广义的教育，其前提是肯定和维护人与人之间的平等地位、平等人格、平等的权利和义务，更强调的是人与人之间的互相尊重和信任，追求人与人之间的和谐，进而实现人与社会之间的和谐，为和谐社会创造思想和观念上的氛围。其突出的特点是没有明确的主客体关系及其界限。在思想政治理论课教育中，每个人都可以充当教育者，每个人又都是被教育者；每个人都在以自己的言语、行为、信念、追求等影响社会，进而影响周围的每一个人，同时每一个人也时刻都被社会和周围的人所影响和改变。由此，思想政治理论课教学过程中所形成的主客体关系不是师生关系，而是教与学的关系，因此，思想政治理论课的知识体系构建的人文关怀要注重教与学的和谐。

（四）思想政治理论课的知识体系构建中的人文关怀要关心学生的个人问题

思想政治教育本质是一种培养人、塑造人、转化人、发展人、完善人的教育活动，应具有广泛而深厚的人文关怀的内涵。当今我国社会正处在转型期，人们的生活方式、思维方式、政治观念等各个方面都受到前所未有的冲击，作为思想政治教育的主阵地的高校，思想政治理论课的知识体系构建中的人文关怀要关心学生的个人问题。

大学阶段是大学生的世界观、人生观和价值观基本形成的关键时期，建立什么样的价值取向，对大学生今后的发展将产生重要影响。结合公安院校思想政治理论课教学的实际，凸显人文关怀，就必须关心学生的个人问题。

首先，应该在个人与自然的关系中融入人文关怀。人与自然是一个相互促进的共生体，人作用于自然，自然也反作用于人。思想政治理论课知识体系构建中的人文关怀应把正确认识和处理人与自然的关系纳入主要内容，引导受教育者正确认识和对待自然，这需要重视和加强生态教育、生存教育、生命教育，引导受教育者学会处理生态、生存、生命所引发的种种关系和问题。总的来说，就是要教育和引导受教育者学会生存，学会生活，学会做人，学会做事。其次，应该在个人与社会的关系中融入人文关怀。人不可能脱离社会独立地生存，总是在社会中活动。这就需要正确认识和处理个人与社会的关系，思想政治理论课知识体系构建中的人文关怀要引导青年学生辩证地、客观地、全面地看待和认识我们所生活的现实世界，要让受教育者懂得个人不可脱离社会生存，要适应社会，更要改造社会。要让他们明白，关心社会也就是关心自己，增强社会责任感，自觉地把个人需要融入社会发展之中，个人才能获得充分自由的发展。最后，应该在个人与个人的关系中融入人文关怀。长期以来，思想政治教育没有真正重视个人与个人关系的处理，这严重影响了思想政治教育在受教育者心中的地位，导致他们误解思想政治教育的效用，不再信任思想政治教育。因此，在思想政治理论课知识体系构建中的人文关怀，应注重受教育者身心发展的规律，重视受教育者个体的情感体验和道德认知，注重通过诱导和激励他们的主动性和积极性，并重视理论与实践相结合，进行实际锻炼，磨炼他们的意志和毅力。

总之，在公安院校思想政治理论课知识体系的构建中渗透人文关怀理念，应在思想政治教育中拓宽人文关怀教育途径，创新教育方式。在思想政治理论课的教学中，一定要坚持以人为本，加强对大学生的人文关怀，从人文关怀的视角解决大学生的实际需要和困难，营造和谐的校园环境，为大学生的成长成才创造宽松有利的条件。只有这样，才能真正做好公安院校大学生思想政治教育工作。

参考文献：

[1] 胡锦涛：《坚定不移沿着中国特色社会主义道路前进　为全面建成小康社会而奋斗》，载《人民日报》2012 年 11 月 8 日。

[2] 郑永廷：《论思想政治教育的发展及其特点》，载《学校党建与思想教育》2001 年第 1 期。

[3] 袁本新、王丽荣：《人本德育论：大学生思想政治教育的人文关怀与人才资源开发研究》，人民出版社 2008 年版。

创新公安院校思政课德育教学新模式初探

湖北警官学院　周贵卯

公安院校担负着为公安机关培养高素质应用型人才的重要使命，其人才质量直接关系着公安队伍的整体素质，关系到国家安危、社会稳定与人民幸福。思政课是公安院校培养学生思想道德素质的主战场，在思政课中德育是塑造学生灵魂的主渠道。因此，创新公安院校德育教学新模式，努力构建具有鲜明警务化特色的“教育、管理、实践、考评”四位一体育人模式，是政治建警的需要，也是培养合格公安人才的根本保证。

一、在公安院校思政课德育教学中，实现教管一体化是创新德育教学改革的前提，是改革德育教学管理的重要手段

德育教学管理是完成德育任务，实现德育目标的保证，是一门政策性、实践性、系统性很强的科学，采用扁平化、情感化、现代化管理模式，构建一个科学、实用、高效的德育教学管理体系，才能真正把德育教学的效果落到实处。

1. 在公安院校思政课德育教学中，实现课堂教育与日常行政管理相结合，采用扁平化管理以保证德育教学的有效性

扁平化是一种通过减少管理层次，压缩管理机构，裁减管理人员，有利于组织最大可能将决策权延伸至最远的底层，从而提高管理效率，建立起紧凑而富有实效的新型组织结构。公安院校实行军事化管理，德育老师凭自己的能力可以既教学又管理，使学校行政管理与教学管理齐头并进，减少中间环节，以利于了解学生，有针对性地开

展德育教学。随着我国“90后”大学生人数的增多，现有的公安院校行政管理模式和学生思想政治教育方法已经不能满足这些学生的需求，给现代大学生德育教学提出了新的问题，公安院校的德育教学必须积极探索新思路，以保证合格公安保卫人才的培养。“90后”大学生总体上个性张扬、理想模糊、乐于表现，现实自私等，似乎有些“另类”、“自我”、“叛逆”……德育教学应该与行政管理结合起来，才能更好地让德育观念深入学生内心。日常行政管理是公安院校学生养成教育的重要内容，是培养优秀公安人才的重要环节。基于这一点，公安院校应该把对“90后”学生们的日常教育管理与德育教学结合起来，引导学生成长、成人与成才。

2. 在公安院校思政课德育教学中，实现行为指导与心理疏导相结合，采用情感化管理以培养学生成人成才为重点

德育的真正目标是引导学生成为一个健全人格的人。“90后”大学生的思想问题往往是与心理问题交织在一起的。这在客观上要求德育老师把解决思想问题和解决心理问题有机统一起来。改革开放以来，随着社会的全面进步，人民生活水平不断提高，人民的精神生活和精神世界逐渐丰富多彩。但与此同时，社会结构的急剧变动，价值观念的多元取向，利益格局的深刻调整，加上学生就业压力的增大，人际关系的复杂多变……种种因素都在冲击着大学生的学习生活和精神世界，导致他们心理障碍、精神迷茫等问题日益突出。另外公安院校学生还涉及学习公安专业单调、学了专业能不能就业等一系列问题。因此，公安院校思政课德育教学要以情感人、以情动人、以情育人，走近学生的内心深处，把心理疏导作为重要形式，一方面从认识上对大学生的思想观念进行提升，另一方面从心理、情感、意志、行为等进行升华与塑造，调适学生的心理状态，缓解学生的心理压力，化解学生的心理矛盾，促进学生的心理健康，帮助学生形成健康心理和健全人格。

3. 在公安院校思政课德育教学中，实现网上引导与网下督导相结合，采用现代化管理塑造学生良好的网络道德人格

随着互联网的迅速普及，网络为公安院校学生提供了学习生活的

现代化工具，拓展了他们的空间，开阔了他们的眼界。对于在网络伴随下成长、心理严重依赖网络的“90后”而言，网络必然成为德育教学的重要工具。公安院校思政课德育教学应占领网络这块阵地，建立一套健全的校园网系统，完善网络规则，加强网络管理，促进德育教学的信息化、网络化建设，把现代网络技术充分应用到学生日常管理工作与思想政治教育中，以网络充当信息载体和传递通道，加强与学生的沟通交流，及时了解学生的思想动态，全方面掌握学生的思想实际，把网上引导与网下督导结合起来，形成网上网下共管的合力，努力塑造公安院校学生良好的网络道德人格。

二、在公安院校思政课德育教学中，实现教训系统化是创新德育教学改革的重点，是德育教学内容改革的重要方面

德育教学内容是为实现德育目标而确定和安排的特定内容，其性质和构成由德育目标所决定，其深度和广度为受教育者年龄特征和思想品德发展水平所制约。公安院校思政课德育教学内容要从学生成长的需要和公安工作的专业要求出发，实现教学与实践、与实训、与实习相结合，组成一个系统化的教育体系。

1. 在公安院校思政课德育教学中实现理论教学与实践教学相结合，避免德育教学“二张皮”的现象

思政课是大学生思想政治教育的主渠道，既是理论教育课，又是社会实践课，德育课在思政课中是培养学生良好品德的骨干课程，是引导学生成人成才的课程。能否做好公安院校思政课德育教育教学，直接关系到培养什么样的警察的大问题，关系到公安事业是否后继有人的大问题。近年来，公安院校大学生对思想政治理论课缺乏兴趣、冷淡、漠视，甚至抵触、排斥似乎已经成为他们的一种心理定式，以至于有部分大学生对思想政治理论课不愿意学，认为只要学好专业课就可以了，德育教学也形成了“二张皮”的现象，老师讲的是一方面，学生学的又是另一方面，没有理论联系实际，学生也感觉德育没有任何作用。如何充分发挥思想政治理论课尤其是德育教学的优势，

公安院校思政课德育教学应加强理论性与实践性的统一，只有做到理论教学与实践教学相结合，充分发挥二者的功能优势，使其优势互补，才能真正提高思想政治教育的针对性、实效性、吸引力和感染力。

2. 在公安院校思政课德育教学中实现理论教学与实训教学相结合，让德育内容渗透到学生的专业学习中

实训是培养公安院校学生在完成其主要课程的理论学习和技能专项训练后，综合性地运用本专业基础知识和技能在校内外进行集中、系统性的综合实践活动，是提高公安院校学生思想素质的重要途径，是把学生的综合素质训练为一项特殊技能的活动，是提高公安院校学生综合能力的活动，也是深化课堂教学的重要环节。公安院校德育教学改革，要紧密结合实训内容有针对性地开展，通过综合性实训，让学生自己在实践中加深对思政课及德育理论知识的把握，深化对专业知识的掌握，从而进一步认识现实问题，提高自身能力。公安院校德育教学改革要充分挖掘校内外德育教育资源，把实训教学与学校第二课堂活动有机结合起来，与当地的德育教育资源结合起来，把现实生活中的道德模范作为典型案例，引导学生进行分析和思考。努力把传授知识与思想教育紧密结合起来，把理论武装与实践育人结合起来，让大学生在社会实践中领悟理论魅力，提升自身素质。

3. 在公安院校思政课德育教学中实现理论教学与公安专业实习相结合，促使德育内容转化为学生的工作能力

实习是公安院校教学环节的重要组成部分，是公安院校校内教学的延伸，是德育教学成果在实践中的检验。实习对于公安院校学生掌握公安业务知识，提高警务技能和专业技能，提高学生的综合素质尤其是检验其道德素质，具有十分重要的意义。实习也成为德育教育教学的重要手段，实习的过程实际就是学生将理论知识内化为实际能力的过程。公安院校学生实习是在校内理论学习与实训的基础上，在公安实战部门进行的综合性的社会实践教学活动。实习首先检验公安院校的培养目标和人才培养规格是否适应公安工作对公安人才的需要，进一步明白公安机关需要什么样的人才，德育教学应该注意加强哪个

内容，从而促使德育教师更好地修正德育教学方案，完善德育课程体系及教学环节。

三、在公安院校思政课德育教学中，实现考评整体化是创新德育教学改革的重要环节，也是德育教学方法改革的重要措施

德育教学方法是完成德育任务、实施德育内容的手段。进行德育考核是学校德育教学的重要环节，是保证学校德育目标实现的必要措施，也是用人单位挑选学生的重要依据。德育的优劣，决定学校的教育质量，决定人才的质量，决定国家的前途未来。公安院校学生的质量决定着公安事业的发展，决定着国家的长治久安与百姓的安居乐业。

1. 在公安院校思政课德育教学中实现课内考试与课外表现相结合、老师评价与学生评价相结合，建立纵向评价体系，把静态评价与动态评价结合起来

课堂教学是德育的主阵地，对学生的德育理论知识的考试是必要的。教会学生认识并接纳自己，教会学生自我修养的方式方法，教会学生学习工作交往的技艺，教会学生养成良好的道德品行的途径，是德育教学及课堂考试的主要内容。德育老师按照课程体系对学生进行考试，给予学生成绩也是必要的。但绝不能停留在这一步，还应当结合学生的课外表现，结合学生自己的测评，纵向考察学生的思想状况与行为习惯，还需要对学生过去的德育状况、近期的德育表现以及将来的变化发展趋势，从纵向的比较中全面、客观地作出评价。

2. 在公安院校思政课德育教学中实现校内评价与网上测评相结合、学生自评与他评相结合，建立横向评价体系，把自我评价与民主评价结合起来

德育评价的意义在于促进学生综合素质的提高。电脑已成为学生生活的必需品，信息科技的革命浪潮汹涌澎湃，实现校内评价与网上测评相结合，能全面分析学生的思想状况。自评是学生的自我测评，

是一个自我认识、自我反省的过程。他评是外部评价，包括教师对学生的总体性评价，学生之间的认可性评价，外界对学生的鉴定性评价。通过评价促使学生对照德育评价标准，对自己的日常行为表现进行行为引导，达到自我总结、自我提高、自我完善的目的。同时又要接受家长、老师、同学的评价与鉴定，达到实现德育评价的育人效果。评价有利于发现学生的缺点与不足，从而有针对性地进行改正，实现自我道德品质的提升。

3. 在公安院校思政课德育教学中实现分次考评与年度总评相结合，德育标准细化与量化相结合，建立立体评价体系，把定量评价与细化评价紧密结合

大学生进行德育评价，给出一个明确的分数是必要的，但不能停留在这一步，对每个大学生的德育表现应当把分次考评与年度总评结合起来，把定量评价和定性评价结合起来，才能够给予学生可靠、准确的量化数值与明确的定性描述。不能使用“一次结论定终生”的方法，要把现在的德育表现以及将来的变化发展趋势，全面、客观地作出评价，要以发展的眼光看待大学生的思想道德水平与行为表现，多发现学生的优点，运用更细化、量化的评价表，经常化地进行评价，适时恰当地反映学生德育变化状况。定量评价，是指通过一定数学模型和科学计算方法对大学生的德育思想与德育行为表现进行全面、综合的数值量化评价，这样的评价结果较为可靠、准确，但也不能明确表述大学生的具体优缺点。而定性评价恰好能够弥补定量评价这一不足，因为它是对大学生德育言行表现的抽象概括和定性描述。

公安院校以培养合格的忠诚卫士为目标，必须不断创新公安院校德育教学模式，构建起“教育、管理、实践、考评”四位一体的全方位全过程育人格局，是贯彻“政治建校、政治建警”方针的需要，也是培养合格公安人才的根本保证。

用社会主义核心价值观
教育和引导大学生牢固树立正确的价值观

吉林警察学院　潘国臣

在我国改革开放已进入攻坚期和深水区的今天，高校大学生作为参与国家经济社会发展、实现中华民族伟大复兴的传承者和后备力量，他们的价值取向如何，不仅关系到其自身的前途和命运，而且更关系到国家、民族的前途、命运和未来。党的十八大明确提出全社会要积极培育和践行社会主义核心价值观。这是我们党结合新形势、新任务、新变化，为凝聚全党全社会价值共识作出的重要论断和提出的新要求。因此，用社会主义核心价值观教育和引导大学生牢固树立正确的价值观，是当前各高校在深入贯彻落实党的十八大、十八届三中全会精神、顺利实现学校培养目标过程中，必须审慎对待而且要下大力气解决好的重大课题。笔者认为，要解决好这一问题，很关键一点就是各高校要把教育和引导大学生培育和践行社会主义核心价值观，进而牢固树立自身正确的价值观，作为加强和深化大学生思想政治工作的一个重点，为促进大学生的健康成长提供强有力的思想政治支撑。

一、倡导培育和践行社会主义核心价值观的重要意义

党的十八大报告指出："倡导富强、民主、文明、和谐，倡导自由、平等、公正、法治，倡导爱国、敬业、诚信、友善，积极培育和践行社会主义核心价值观。"这一论述明确了社会主义核心价值观的

具体内容，从国家层面、社会层面、个人层面阐述了全社会成员应该遵循的价值取向标准。在全面推进中国特色社会主义伟大事业的过程中，倡导培育和践行社会主义核心价值观具有重大而深远的意义。

第一，倡导培育和践行社会主义核心价值观，是我党顺应新时期社会发展规律，维护社会稳定、保障国家长治久安的迫切需要。综观人类社会的发展历程，我们会了解到，任何一个国家、社会都存在各种价值观念和价值取向，要想把全社会的意志和力量凝聚起来，就必须确立一个与经济基础和政治制度相适应、并能形成广泛社会共识的核心价值观。如果没有这个最核心的东西，就会失去社会前进的方向，就会失去共同的思想道德基础，导致人心涣散、社会动荡混乱。历史和现实已经表明，核心价值观是一个国家和社会的方向标，是一个国家和社会的稳定器。能否确立一个具有强大感召力的核心价值观，关系到人心向背，关系到国家的长治久安。

第二，倡导培育和践行社会主义核心价值观，是我党进一步坚持和发展中国特色社会主义的必然要求。进入社会主义初级阶段以来，我党围绕如何建设社会主义进行了长期艰苦曲折的探索，不断地完善社会主义基本经济制度、政治制度和社会制度，也不断深化着对社会主义意识形态和价值取向的认识。无论形势如何变化，我们党都始终把马克思主义作为根本指导思想，都始终毫不动摇地坚持马克思主义在意识形态领域的核心指导地位。进入21世纪以来，我们党面对综合国力的激烈竞争和世界范围内思想文化的相互碰撞，着眼于进一步坚持和发展中国特色社会主义的大局，在深刻总结新中国成立以来特别是改革开放以来意识形态建设的历史经验，首次鲜明地提出了培育和践行社会主义核心价值观这个重大命题，明确了核心价值观的基本内容。可以说，倡导培育和践行社会主义核心价值观，进一步揭示了社会主义制度的内在精神之魂，同时也反映了我们党对社会主义本质属性的认识上升到一个新高度。

第三，倡导培育和践行社会主义核心价值观，是新形势下有效应对西方敌对势力对我国实施意识形态渗透的现实需要。进入21世纪以来，国际国内意识形态的形势日益严峻，使我们面临着前所未有的挑战。从国际上看，各种思想文化相互激荡，不同文明的交流、交融、交锋更加频繁，文化软实力在综合国力竞争中的战略地位越来越凸显，核心价值观在社会发展和国家安全中的“生命线”作用越来越突出。我们要有效应对激烈的国际文化竞争，抵御西方意识形态的渗透，不断加强思想文化建设，就必须把培育和践行社会主义核心价值观作为提高国家文化软实力的战略举措，更好地凝魄聚气、固本强基；从国内来看，随着我国进入改革开放的关键期，经济社会发展呈现出许多新的阶段性特征，特别是由于利益格局的不断调整，使得社会生活日趋多样化，社会意识更加多样、多元、多变。这既为我国社会发展进步注入了活力，同时也不可避免地带来了社会思潮的纷繁变幻。各种价值观念相互交织、相互影响、相互冲击，以致某些人思想困惑、信仰淡漠，某些领域诚信缺失、道德失范。在这样的情况下，如何进一步扩大主流意识形态的影响，提升正能量，弘扬积极健康的道德风尚，就成为我们无法回避而且必须解决好的重大课题。倡导培育和践行社会主义核心价值观，为我们进一步巩固社会主义意识形态提供了重要遵循，这不仅有利于党和政府掌握意识形态领域的主动权、主导权、话语权，而且也有利于党和政府团结凝聚不同阶层、不同认知水平的人们共同前进。

二、当代大学生价值观现状

正确理解社会主义核心价值观的内涵，深刻把握积极培育和践行社会主义核心价值观的重要性，对于教育和引导大学生牢固树立正确的价值观，凝聚大学生价值取向共识，意义非同寻常。客观地讲，在新世纪新阶段，我国大学生个人价值取向的主流是好的。多数大学生能认识到个人价值不仅包括社会对个人的尊重和满足，也包括个人对社会的责任和贡献，主要体现在：多数大学生的政治态度是积极的。他们关心国家的前途和命运，善于发现和接受新生事物，对党和政府的重大决策以及对重大事件的处理，能够表示理解、赞同和支持；多数大学生的思想是务实的。许多大学生对人生价值的看法和选择都有自己的见解，他们已不满足于课堂上所学的专业知识，而是把努力拓宽知识面、开阔视野、了解社会、树立自强自立意识、提高驾驭生活的能力放在第一位，多学些本领、多掌握几种技能，以适应社会、应对竞争和挑战，已得到当代大学生的普遍认同；多数大学生的人生追求是积极向上的。他们富有同情心、责任感和正义感，对追求“健康向上、对社会有所作为”的价值取向持认可态度，越来越多的大学生在努力追寻有益于国家、民族和社会的人生目标。

然而，不可否认的是，由于我国正处在经济社会发展的转型期，市场运作的法律法规及秩序还不够健全，加之意识形态领域各种不良思潮的巨大冲击，使某些大学生的人生价值观被“金钱、权力、地位”扭曲，出现了“重视个人价值忽视社会价值”的不良倾向，导致他们的人生价值取向严重失衡。主要表现在：一是重金钱、实惠，轻理想、追求。在实现人生目标追求的过程中，某些大学生缺乏远大的理想抱负，重物质利益轻无私奉献，重金钱、实惠轻理想、追求，重等价交换而不愿付出爱心。二是重个人利益，轻国家、集体利益。某些大学生认为人的本质是自私的，进而他们把个人主义作为自己立身行事的准则，将个人利益置于国家、集体利益之上。这些大学生时时从“利己”出发，对同学麻木不仁，对集体毫无热情，不关心国家大事，缺少应有的社会责任感。三是重知识才能，轻道德品质。某些大学生偏执地认为，个人价值的实现，主要取决于自身的学识、才能、机遇和人际关系，而与个人的道德品质没有必然的联系。他们往往把精力全部放在专业知识的学习和技能的提高上，而忽视自身道德品质的养成，不讲诚信、不讲社会公德、行为粗野、谈吐庸俗的现象时有发生，甚至个别大学生堕入违法犯罪的深渊。

某些大学生在价值取向上之所以出现上述问题，笔者认为，这既有某些大学生自身的因素，但更主要的是与社会转型不可避免带来的诸多消极影响、全球化背景下西方价值观念的渗透和冲击、学校价值观教育机制的不健全、网络传媒的负面作用以及家庭教育的缺失有着密切的关系。因此，用社会主义核心价值观教育和引导大学生牢固树立正确的价值观，在全社会营造一个健康积极向上的价值取向氛围，就显得尤为必要。

三、用社会主义核心价值观教育和引导大学生牢固树立正确价值观的基本途径

积极培育和践行社会主义核心价值观，是进入 21 世纪以来，中国共产党在思想文化建设上的重大理论创新，也是党的十八大明确的一项重大战略任务，它鲜明地回答了在新的历史发展阶段，我们党高举什么样的精神旗帜团结带领亿万人民奋力开拓前进、中华民族以什么样的精神风貌屹立于世界民族之林的重大问题。当前，我国正处在经济体制发生深刻变革、社会结构发生深刻变动、利益格局发生深刻调整、思想观念发生深刻变化的特殊时期，如何使大学生理性认识和度过这一敏感期，解决好他们的价值取向问题是关键所在，从这个角度讲，用社会主义核心价值观教育和引导大学生牢固树立正确的价值观，影响重大而深远。那么，如何坚持用社会主义核心价值观教育和引导大学生牢固树立正确的价值观呢？具体来讲：

一是要不断加强大学生思想理论武装工作，充分发挥马克思主义指导思想在大学生思想政治教育中的核心引领作用，坚持用马克思主义中国化的最新理论成果进一步武装当代大学生。马克思主义是我们立党立国的根本指导思想，是社会主义核心价值观的灵魂所在。在教育引导大学生成长成才的过程中，马克思主义为我们提供了科学的世界观和方法论，是大学生深入认识社会发展规律、把握未来努力方向的强大思想武器。大学生只有学会用马克思主义的立场、观点、方法来正确认识国家经济社会发展的大势，正确认识社会意识形态领域中的主流和支流，才能在错综复杂的社会现实中看清本质，明确前进的方向。因此，各高校应不断加强大学生思想理论武装工作，用中国特色社会主义理论体系的基本思想武装大学生的头脑，使他们在学习和教育中进一步提高政治鉴别力，客观、全面认识社会发展的趋势和规律，科学定位各自的人生目标。

二是要不断强化对大学生的理想信念教育，教育和引导大学生进

一步牢固树立中国特色社会主义共同理想，坚定中国特色社会主义理想信念。中国特色社会主义共同理想是社会主义核心价值观的主题。它集中反映了现阶段我国各族人民群众的根本利益、美好愿望和共同追求，是动员、激励各个阶层、各个群体团结奋斗的旗帜。它向全世界昭示了到21世纪中叶把我国建设成为富强、民主、文明、和谐的社会主义现代化国家的宏伟蓝图，因而它具有强大的感召力和凝聚力。所以，各高校应不断强化对大学生的理想信念教育，使他们能够深入理解高举中国特色社会主义伟大旗帜，对于当代中国发展与进步的深远意义，从而自觉认同中国特色社会主义的共同理想，并把这一共同理想化为自己的价值追求、价值取向和价值目标，坚定地为之努力奋斗。

三是要大力开展爱国主义教育，进一步培育和弘扬以爱国主义为核心的民族精神和以改革开放为核心的时代精神，使大学生时刻保持昂扬向上的精神风貌。培育和弘扬以爱国主义为核心的民族精神和以改革开放为核心的时代精神，是社会主义核心价值观的精髓。以爱国主义为核心的民族精神，是我们中华民族获得独立、赢得尊严的精神支柱；以改革开放为核心的时代精神，是社会主义中国走向富强、民主、文明、和谐的力量源泉。因此，各高校要大力开展爱国主义教育，使大学生能够从中华民族优秀的传统文化中汲取营养，激发出他们的爱国热情，进而增强民族自尊心、自信心和自豪感，自觉维护国家利益和民族尊严；同时，采取形式多样的有效载体，构建有利于创新精神迸发和创新人才涌现的培养模式，激发大学生的创新意识，挖掘大学生的创新潜力，使大学生能够紧跟时代的脚步，勇于开拓，善于创造。

四是要开展经常性的社会主义核心价值观教育，把社会主义核心价值观的基本内容作为当代大学生道德实践的评判标准，进一步教育和引导他们明是非、知荣辱、辨善恶、分美丑，端正价值取向。只有知荣明耻，明辨善恶美丑，一个人才能形成正确的价值判断，一个社会才能形成良好的道德风尚。为此，各高校要在大学生中开展经常性的社会主义核心价值观教育，引导大学生自觉遵守“爱国守法、明礼诚信、团结友善、勤俭自强、敬业奉献”的基本道德规范，积极主动地把社会主义道德实践融入自身的日常生活、衣食住行之中，从自身做起，从小事做起，认真践行社会主义核心价值观，完善自己的品行，陶冶自己的情操，争做一个有益于国家、有益于民族、有益于社会、有益于人民的人。

五是要充分发挥思想政治理论课教学和校园文化建设的主渠道作用，进一步增强社会主义核心价值观对大学生的吸引力和感染力。思想政治理论课教学课堂和校园文化历来是高校传播精神文明、开展思想政治工作的重要载体，更是教育和培养大学生树立正确价值观的主阵地。所以，各高校要采取形式多样、喜闻乐见的方式和手段，将社会主义核心价值观的内容融入日常的课堂教学和校园文化建设之中，注重用正确的思想和舆论引导大学生树立正确的人生价值取向。同时，通过科学化、人性化的管理，完善的制度，健康活泼的集体活动，来营造一种清新、温馨、积极、有序的教育和文化氛围，达到感染人、鼓舞人、激励人、塑造人的目的。

当然，大学生正确价值观的培育和塑造是一项长期的系统工程，绝非一日之功。因此，各高校要立足于长远，把用社会主义核心价值观教育和引导大学生牢固树立正确的价值观作为一项重要的战略任务来抓，做好长期作战的准备，科学筹划，精心安排，将远期目标与阶段性要求有机结合起来，建立起常态化、长效化的工作机制，保持工作的连续性、稳定性，脚踏实地地加以推进，切实发挥社会主义核心价值观在教育和引导学生牢固树立正确的价值观过程中的主体作用。

参考文献：

[1]《中共中央关于构建社会主义和谐社会若干重大问题的决定》中国共产党第十六届中央委员会第六次全体会议，2006 年 10 月 11 日。

[2] 胡锦涛：《坚定不移沿着中国特色社会主义道路前进　为全面建成小康社会而奋斗——在中国共产党第十八次全国代表大会上的

报告》，载《人民日报》2012 年 11 月 8 日。

[3]《关于培育和践行社会主义核心价值观的意见》中共中央办公厅 2013 年 12 月 23 日。

[4] 齐卫东、韩亚丽：《社会主义核心价值体系建设背景下的大学生思想政治教育》，中国戏剧出版社 2008 年版。

[5] 郭勇：《努力在高校中建设社会主义核心价值体系》，载《辽宁行政学院学报》2009 年第 11 期。

[6] 吴潜涛：《深刻理解社会主义核心价值观的内涵和意义》，载《人民日报》2013 年 5 月 22 日。

[7] 顾华详：《 培育大学生社会主义核心价值观的路径探讨》，载《江苏教育学院学报（社会科学）》2013 年第 2 期。

[8] 陈钦华：《论大学生社会主义核心价值观的培育》，载《黑龙江省高教研究》2013 年第 7 期。

高校思想政治理论课教学改革创新的思考
——以江西警察学院为例

江西警察学院　张旭霞　吴　娜

思想政治理论课是高校对大学生进行系统的以马克思主义世界观、人生观和价值观为核心的思想政治教育的主渠道，担负着培养具有较高政治觉悟和道德情操的合格人才的历史重任。江西警察学院思政部按照中央有关大学生思想政治理论课程改革的指示精神及我院“三段制”人才培养模式改革的需要，于2012年下半年对2012级本专科学生的“思想道德修养与法律基础”（以下简称“基础”）和2011级本科的“毛泽东思想和中国特色社会主义理论体系概论”（以下简称“概论”）两门课程进行了全面教学改革。

一、高校思想政治理论课教学的现状

多年来，我国高校思想政治理论课面临着十分尴尬的处境，学生对思想政治理论课的学习兴趣普遍比较低，缺乏学习热情，“学生不愿听，老师没兴趣”成为普遍现象，这些问题导致思想政治理论课的教学效果不理想。

从教学内容上看，思想政治理论课体系庞杂，理论性强，教学内容与中学有重复。在教学过程中，教师过度重视理论知识的传授，强调马克思主义理论的系统性和完整性，脱离社会实际和学生实际，时代感不强，对学生所关心的社会热点、难点问题的针对性也不强，让学生感觉到思想政治教育就是空洞的说教，从而产生逆反心理。

从教学方法上看，教学方法单一保守。目前，绝大多数思想政治理论课采取的是“大班教学”的模式，由于学生数量众多，难以实施师生互动的教学环节，导致教师只能采取单向灌输的授课形式，课堂上缺乏师生互动与交流，无法有效调动学生学习热情，学生积极性不高。

从实践环节上看，思想政治理论课实践环节往往形式大于内容，不能体现课程特色。“大班教学”的模式，加之教学时间和教学经费的限制，使得组织学生开展社会实践的难度加大。绝大多数社会实践，仅仅是教师在课堂上组织观看教学视频、课堂讨论等，真正意义上的社会实践活动并不多，重理论教学、轻实践教学的现象仍然存在。

从考核方式上看，绝大多数高校思想政治理论课的考核方式还是以卷面考试为主的传统考核方式，忽视了对学生学完思政课后的相关素质和行为规范的养成，重视对智力的考核而轻视对道德的考核，重视对记忆的考核而轻视对能力的考核，考核目标与教学目标难以达成一致，考核结果难以当作评价学生学习思政课的参考数据，考核无法发挥“指挥棒”的导向作用。

二、创新思想政治理论课教学改革的实践

针对目前高校思想政治理论课面临的严峻困境及存在的问题，我们确定了以“培养研究型人才”为指导思想，以“精讲与实践”为主线，以教学生“学做人，树理想”为目标的基本改革思路，形成了具有公安特色的思想政治理论课教学改革模式，取得了较大的成效。

（一）对教学内容进行优化和整合

我们秉承倡导“研究型”教学宗旨，采取专题讲授的教学模式，在教学过程中，基于现有教材的逻辑结构、基本内容和教学基本要求对教学内容进行了一系列优化。将“基础”课的教学内容整合为三大模块七个专题，三大模块为人生观教育、道德观教育和法制观教育。“概论”课设计成三大模块九个专题，三大模块为总论、毛泽东思想和中国特色社会主义理论体系。在模块设计时，我们充分考虑

到，既要顾及到面，又要突出教材内容的重点和难点；既要密切联系当今社会的热点难点，又要突出公安学院的特色，达到“精讲”的效果。例如，在“基础”课专题二“当代大学生如何践行爱国主义”中，针对群众尤其是青少年在钓鱼岛事件中表现出的不理智、游行示威、甚至打砸抢等行为，老师通过对钓鱼岛问题的解读，分析几种错误的爱国主义表现形式，让学生真正理解爱国主义的深刻内涵。在专题三“人生观价值观”中，导入“幸福观”的概念，引导学生树立正确的世界观、人生观和价值观。在绪论、专题三和专题六中适当增加人民警察核心价值观教育和人民警察职业道德教育等。在对学生进行的问卷调查中，68.8%的同学认为专题教学模式整合了教学内容，更贴近学生的思想实际，有利于提高教学效果。71.2%的同学认为在“基础”课中增加人民警察核心价值观以及人民警察职业道德教育的内容十分有必要。

（二）创新多样化的教学方法

根据教材内容优化的总方向，结合思想政治理论课的特点，我们确定了教法改革的价值取向——既要利于学生“内化”思想政治理论原理，又要利于沟通实践环节。

第一，以案例分析教学法为主导。案例分析法既是理论联系实际的一种方法，又是贯彻启发式教学的一种形式。在专题讲授过程中，每一个专题都是以案例导入的方式开展教学的。我们根据教学内容和教学目的的需要，精选出当前最具典型、最贴近学生实际的案例展开讨论，导入教学内容。

第二，积极实行“互动讨论式”教学方法，以培养学生独立思考和创新的能力。主要采取以下几种形式：一是针对学生关注的社会热点问题，提出选题，在学生做了充分准备的条件下展开讨论，这种方式既能让学生掌握基本的理论知识，又能使学生对国家的方针政策及社会生活中的问题做出思考，提高其解决实际问题的能力。二是让学生提出问题，师生在平等的基础上共同分析问题、解决问题，充分调动学生的积极性，使学生的个性思维得以张扬，潜能得以发掘，创造力得以培养。

第三，开发生动形象的多媒体课件，使教学更加直观、形象、生动。多媒体教学集文字、图片、声音、动画于一体，既增加课堂教学的信息量，又增强了知识的科学性、直观性和趣味性，寓教于乐，它能极大地吸引学生学习的注意力，调动学生的学习积极性，实现良好的教学效果。调查显示，教师通过采用自身开发的多媒体课件教学，学生对思想政治理论课的兴趣度高达81.5%，满意度达90%。

（三）增强实践教学的力度

思想政治理论课是一门与社会实际联系比较密切的课程。在教学中如何开好实践教学课，对学生更加关注社会、走向社会，了解国情，开阔眼界，学会思考、学会解决问题的方法，激发创新潜能等是大有裨益的。

实践教学改革是这次教改的重点。我们根据课程的教学内容和计划要求，设计实践教学大纲，制定实践教学方案，包括实践教学对象、教学目的、教学内容、教学重点和难点、教学地点、实践内容和实施步骤、实践拟交成果、成绩评定标准等。每门课程在实践教学环节的设计上各有侧重，有所取舍。共分为五个部分：（1）参观红色教育基地；（2）小论文，老师给出参考题目，要求按照正规的本科论文的格式撰写，每人一份；（3）社会调查报告，学生分小组完成，要求撰写调查报告；（4）读书会活动（含读原著），学生分小组完成，要求撰写读书笔记；（5）观看红色电影。五个环节的实践成果，老师按照区队装订成册，给学生打出成绩，作为学生本学期的最后成绩。实践课程的开出比率占课堂教学的33%。调查显示，认为这些实践教学项目的开出有益于大学生提高自身修养占86%，有助于了解社会现实占55%，对实践教学满意率高达90%。

（四）改革考试（核）方式，即采取过程考核与平时成绩相结合的方式

思政部从学生思想实际出发，积极改进和完善考试（核）方法，变知识考试为素质考核，将结果考试变为过程考核。考核的侧重点实现从单纯的书面考试、理论知识考查向理论知识应用能力和思想教育融为一体的综合性考查的转变。

期末总成绩的评定由平时成绩和实践环节考核成绩构成，其中平时成绩由平时作业、课堂发言、课堂讨论、课堂笔记、出勤情况等组成，占总成绩的30%。实践环节考核成绩由参观红色教育基地、小论文、社会调查报告、读书会活动（含读原著）和观看红色电影五部分组成，占总成绩的70%。从学生完成作业的情况和课堂表现来看，学生都能很认真地完成五个环节的考核，综合成绩通过率高达95%。调查显示，77.5%的同学对思政课取消期末单纯的卷面考试，采取过程考核的方式表示赞同。

三、进一步深化思想政治理论课教学改革的几点建议

（一）整合精选专题教学内容

思政课教学必须突出培养学生理论联系实际能力和实践创造能力、突出发展学生的个性特长以激发学习兴趣，促进大学生科学世界观的形成。究竟选择或采用何种教学模式对学生实现有效的灌输，是一个值得我们长期研究和不断探索的问题。根据上学期改革的效果看，我们将进一步整合精选教学内容，继续采用专题研究教学模式。一是要加快形成与其他课程教学联合机制，进一步完善或调整与其他课程在教学内容和实践教学内容相互重复的部分，做到与时俱进、不断更新，更加贴近实际、贴近生活、贴近大学生；二是要把专题教学和专题研讨结合起来，把教师的专题讲授与学生的专题自学相结合，避免“走过场”。要求教师运用所学的原著及基本原理，把研讨的内容与教材的内容融为一体去组织引导学生研究、分析他们最关心的问题，达到相互交流、相互启发，深入研究的目的。因此，在教学过程中必须充分考虑到理论学习与专题研讨的具体实施安排。既要注重学生运用所掌握的理论知识，提高分析问题、研究问题的能力，并就某些有争论的社会现实问题提出自己的观点、见解和结论的研讨效果，又要考虑把学生研讨所取得的成果，择优向报刊予以推荐的社会效益，达到两者相统一的目的。

（二）改进创新教学方法

在思想政治理论课的教学中，既要肯定传统讲授法的教学作用，又要不断探索寻求适合教学内容需要、符合学生特点的多种教学方法和手段，构建出全方位、多角度的立体教学方法体系，并在教学中合理运用各种有利于增强教学效果的教学方法。

在实践中，我们确实感受到案例教学法、互动讨论式教学法以及多媒体教学法的运用，对提高教学实效性的作用。然而，由于思想政治理论课采用的是大班教学，课堂教学组织起来难度较大，师生互动效果并不十分理想。下一步我们将进一步完善案例教学法、课堂讨论法和多媒体教学法，同时增加情景体验法、演讲、辩论等多种教学方式，力求生动活泼，以理服人，提高学生的思辨能力，激发学生探究未知的欲望。正如前教育部长周济所说："教学有法，教无定法，贵在得法，有利于教学和学生思想的就是好方法。"在现有的条件下，尽可能让更多的学生积极参与到课堂教学中来，提高学生自主学习的兴趣。

（三）研究探索实践教学

思想政治理论课实践教学既是思政理论课不可或缺的重要教学环节，也是理论和实践相结合的中介，对增强高校思政理论课教学效果，提高大学生思想政治素质发挥着不可或缺的作用。目前，我们的实践教学仍然以课内实践教学为主，学生走出去的机会很少，存在形式单一，流于形式等问题。调查显示，72.5%的学生认为"走出课堂，到革命纪念馆和革命圣地进行社会实践是实践教学的最佳方式"，21.25%的学生认为"学校应举办相关文体活动、技能大赛等，鼓励学生积极参加"。

有鉴于此，我们将总结半年来的实践教学经验，进一步完善实践教学大纲，设计出更加系统合理的实践教学活动和可操作性强的实践教学方案，加大社会实践的力度。具体包括鼓励学生参加各种公益活动，积极参加校园文化活动，充分利用地方资源进行爱国主义教育等，以实现教学目的要求和满足学生的心理需要。

（四）完善考核方式

考试是一种严格的知识水平鉴定方法。高校思政课的考试就是要检验大学生对某些知识和理论的掌握程度和学习水平，以便更好地制定随后的教学或学习策略。因此用好考试这个“指挥棒”对于教学任务的完成与发展具有不可替代的作用。然而由于传统的考试评价模式过于注重知识导向而不是能力导向，过于注重知识点的考核而忽略对能力的考核，考核的形式单一、陈旧，因此，很难达到这样的目标。有鉴于此，我们着重对考核评价模式进行改革和探索，采取了过程考核的方式。调查显示，这次考试改革无疑是成功的，也深得学生们的认可和喜爱。但我们也发现依然存在不少细节上的问题，如本科和专科不同层次的学生在完成五大环节的过程考核时，水平参差不齐，加之课时紧张，学生普遍反映五次过程考核次数过多，任务较重，无法保证作业的高质量完成，容易出现“走过场、走形式”的现象。为此，下一步我们将秉着“宁缺毋滥”的原则，减少过程考核环节，针对不同层次的学生尽可能设计出符合学生实际水平的实践教学项目。同时，我们还将积极探索多元的考核方式和成绩的综合评定标准，尤其是要突破“知”、“行”分离的局限，在考核中要把认知考核和思想行为考核，即与学生的日常行为表现有机结合起来，对学生的成绩评价力求做到科学、客观、全面、公正，使考试真正成为提高教学质量，实现教学目的，激励学生自主学习的“指挥棒”。

参考文献：

［1］中共中央、国务院《关于进一步加强和改进大学生思想政治教育意见的通知》。

［2］教育部《关于普通高校思想政治理论课课程设置的规定及其实施工作的意见》。

［3］王建军：《论思想政治理论课教学改革的观念创新》，载《毛泽东思想研究》2002 年第 15 期。

［4］郭跃：《刍议高校思政理论课实践教学之重要性》，载《当代经济》2010 年第 14 期。

公安院校思想政治理论课教学改革研究

——以广东警官学院为例

广东警官学院　殷梅霞

公安院校是培养人民警察的摇篮。人民警察是我国国家政权的重要组成部分，是维护中国共产党的领导、保卫社会主义制度的柱石，是人民民主专政的工具，其职业具有鲜明的政治性。它必然要求人民警察首先要“政治过硬”，具有较高的思想政治素质。因此，政治建警、政治建校是公安院校长期坚持的办学方针，培养具有忠诚、责任、服务意识的党和人民的忠诚卫士是公安院校职责所在。公安院校思想政治理论课教学作为培养大学生思想政治素质的主渠道、主阵地一向被高度重视。但是，思想政治理论课教育的实效性却不尽如人意。问题的存在倒逼着我们思考，公安院校思想政治理论课教学改革之路应该怎么走？

一、公安院校思想政治理论课教学改革必须把握的几个原则

公安院校思想政治理论课的教学改革必须把握几个基本原则：一是富有时代特征；二是体现公安特色；三是把握教育规律；四是服务育人根本。

“富有时代特征”，就是要与时代同步，从时代的高度去确立公安院校思想政治理论课教育的理念、体系、内容、形式、方法、手段，使思想政治理论课能够展现时代特征、时代精神，符合时代发展

趋势。

"体现公安特色"。公安院校作为一种职业院校，思想政治理论课教育教学必须体现其职业特性。因此它的教育教学目标与一般院校相比，有更高的起点。公安机关承担的是保卫人民、惩治犯罪的历史使命，要履行这个历史使命，必须有过硬的思想政治素质。公安院校的"思想政治理论课的教育教学目标：一是教育帮助学生掌握马克思主义、中国特色社会主义的基本理论，逐步树立辩证唯物主义和历史唯物主义的世界观、方法论。二是教育帮助学生用正确的立场、观点、方法，明辨是非真假，分清善恶美丑。三是教育培养学生树立远大的革命理想，具有忠诚、责任、服务的精神与能力，这不仅是教育目标，也是对学生的道德要求、职业要求。公安院校思想政治理论课教学目标的高起点是由公安工作的性质所决定的。

"把握教育规律"，就是要遵循高等教育的规律、思想政治教育的规律和大学生成长成才和认知的规律。只有认识、把握了这些规律，我们的思想政治教育才具有科学性。

"服务育人根本"，中央16号文件明确要求：学校教育要坚持育人为本、德育为先，把人才培养作为根本任务，把思想政治教育摆在首要位置。因此，我们要充分发挥思想政治理论课程的育人功能和育人职责，准确把握思想政治理论课的目标定位，实现育人的根本。

二、当代教学改革理论对公安院校思想政治理论课教学改革的启示

当代世界教学正在由传递型文化向探究型文化转型。改革的理论基础有三：后现代主义哲学、建构主义心理学及其多元智能理论。

后现代主义思潮在20世纪60年代在西方发达国家滋生并迅速向外传播。90年代进入中国视野。后现代主义以大众传媒为平台，以大众文化为载体，逐渐地影响着国民的意识观念和生活方式。后现代主义作为一种新兴的社会思潮，对人文、社会科学诸多领域产生了深刻的影响，教育领域亦不例外。其影响主要表现在人才培养目标、教

学内容、教学过程中的师生关系、教学手段等方面。世纪之交，我国基础教育体系所面临的一次史无前例的变革，强调三级课程体系，开发综合性课程和社会实践课程，培养创新意识和实践能力，这些深刻变革的理论基础就是后现代主义理论思潮。

建构主义理论出现于西方20世纪80年代，90年代中期开始在我国教育界传播。该理论是学习理论从行为主义到认知主义之后的进一步发展，更加关注如何以原有的经验、心理结构和信念为主来建构知识，认为学习是获取知识的过程，知识不是通过教师传授得到的，而是学习者在一定的情境即社会文化背景下，借助他人（包括教师和学习伙伴）的帮助，利用必要的学习资料，通过意义建构的方式而获得的。该理论倡导的教学策略主要有支架式、抛锚式和随机进入式，旨在培养学生“自主探索、自主发现”的能力。建构主义认为：(1）学习不是由教师把知识简单地传递给学生，而是由学生自己建构知识的过程。(2）学习不是被动接收信息刺激，而是主动地建构意义，是根据自己的经验背景，对外部信息进行主动地选择、加工和处理，从而获得自己的意义的过程。(3）学习意义的获得，是每个学习者以自己原有的知识经验为基础，对新信息重新认识和编码，建构自己的理解。(4）学习不是简单的信息积累，不是简单的信息输入、存储和提取，而是新旧知识经验之间的双向的相互作用过程，也就是学习者与学习环境之间互动的过程。师生角色的定位及其作用：(1）教师的角色是学生建构知识的忠实支持者。教师的作用从传统的传递知识的权威转变为学生学习的辅导者，成为学生学习的高级伙伴或合作者；教学是逐步减少外部控制、增加学生自我控制学习的过程。(2）教师要成为学生建构知识的积极帮助者和引导者，应当激发学生的学习兴趣，引发和保持学生的学习动机；尽可能组织协作学习，展开讨论和交流，并对协作学习过程进行引导，使之朝有利于意义建构的方向发展。(3）学生的角色是教学活动的积极参与者和知识的积极建构者。建构主义教学比传统教学要求学生承担更多的管理自己学习的机会。

多元智能理论是20世纪80年代，美国著名发展心理学家、哈佛大学教授霍华德·加德纳博士提出，二十多年来该理论已经成为许多西方国家90年代以来教育改革的重要指导思想。加德纳认为，智力不再是传统意义上的逻辑——数理智力或以逻辑——数理智力为核心的智力，而是我们今天所强调的实践能力和创造能力；智力不再是传统意义上同一个标准来衡量的某种特质，而是随着社会文化背景的不同而有所不同的为特定文化所珍视的能力；智力不是一种能力，而是“独立自主、和平共处”的多种智力。基于加德纳的多元智力理论，我们的教师应该充分认识到，每个学生都有自己的智力特点如优势智力领域和弱势智力领域，有自己的学习类型和方法。因此，我们的课堂里再也不应该有“笨学生”的存在，只有各智力特点、学习类型和发展方向的学生的聚集。这就要求教师应该根据不同的教育内容、不同的学生而采取不同的教育方法和手段。多元智力理论倡导尊重个体差异、尊重个体发展，因材施教，通过多样化的教学手段，提高课堂教学的实际效果。

不论是后现代主义、建构主义还是多元智能理论，都对我们公安院校思想政治理论教育改革具有借鉴意义。过去，在我们的教学中，因为一味强调政治性，学生仅被视为接受知识的容器。于是，在人—教学—社会之间形成了单向度关系，教学中的人成为“单向度”的人。所以，简单地追求教学的工具性，忽略了人之存在的丰富性，这样会迷失人的价值与尊严，人性被工具性所扼杀。教学的核心是“人”，教学活动本身就是人所建构的文化之物，是人的意义生成之所，这种认识论转变的意义在于把教学不再简单地视为传递知识的工具，而是具有丰富可能性的人之存在的文化形式。尊重、引导、帮助学生自己去建构意义，去进行自我教育。

三、我院思想政治理论课教学存在的几个问题

1. 思想政治理论课教育在教学内容上与普通院校一样，按照教育部的规定，开设了四门思想政治理论课及一门形势与政策课程，没有形成突出公安特色，与公安院校实际、学生思想实际相联系相配套

的，符合培养公安专门人才目的的思想政治理论课课程体系。

2. 在教学方式上更多地强调理性认知，忽视情感培育；情感教育只是在认知结构中居于从属地位，难以使学生形成稳固而正确的态度和行为方式。

3. 在教学过程中，教师注重的是教学任务的完成，忽视学生内在的发展需要；注重的是教师对学生的教育，忽视教师与学生的互动、分享、共生。

4. 在教学效果上，学生了解并认识了理论，但并不一定能够彻底贯彻落实到行动中。在大学生的现实生活中，就存在这样的现象：一是说的和做的不一致，知行脱节。理论上什么都懂，但却没有付诸行动，知而不行，言行不一。二是要求别人做的与要求自己做的不一致。大学生们大都认为，我们理所当然应该坚守社会主义的基本准则，爱国、敬业、诚信、友善是做人的基本准则，当别人做不到或做得不好的时候，会指责与批判，但自己碰到实际问题、突破底线时，却给自己寻求许多合理化的借口。还有相当一部分学生认为，现在存在的问题是社会造成的，改变也只有从社会做起，而非从自己做起。

四、我院思想政治理论课教学改革的基本路径

1. 立足公安实际，突出公安特色，进一步完善与丰富教学内容。根据公安院校实际、学生思想实际，在2014年人才培养方案中适当开设选修课，拓展思想政治理论课的教育教学领域，充实教学内容，形成结构合理、功能互补、相对稳定的课程体系，如开设“警察伦理学”、“司法伦理学”、“生命教育”等选修课程。伦理学相关课程的开设与“思想道德修养与法律基础”这门课程的不同之处在于，“思想道德修养与法律基础”着重于帮助学生掌握思想道德和法律基础知识，它对学生更多的是进行理想信念、爱国主义、人生价值、道德修养与法律基础的教育。而“警察伦理学”侧重于教育帮助学生了解警察权力与伦理，从而树立正确的道德观，具备健全合理的道德知识和明辨是非的道德判断能力，能够对人类道德现象进行正确的观

察和剖析。我们作为一所公安院校，许多学生今后从事公安司法工作，让学生通过学习，不仅知道如何塑造自己，更懂得通过自己的工作去影响工作对象的道德人格。“生命教育”课程的开设在于帮助学生真正地认识生命、欣赏生命、尊重生命、爱护生命，共享生命和谐之美。我们面对的是富有情感与想象力、充满灵性与生命力的人，唤醒学生的生命意识，深化他们对生命的体验，帮助他们学习在挫折和困惑中调整心态的有效方法和路径，是大学教育的责任。现在大学毕业的时候学生流行说“感谢室友四年的不杀之恩”，有的学生为了自己的一点点利益不择手段，甚至杀害自己的同窗好友，还有的人为了一些情感上的问题选择自杀。我们很难想象，一个连自己的生命都不爱惜的人怎么去爱社会、爱群众？一个充分把握了生命真谛的警察，他才会在国家利益、群众利益与个人利益之间、大爱与小爱之间作出正确的选择。

2. 教育方式、手段的改革。教师的任务在于教给学生以获取真理的方法，而不是代替学生完成思想转变。实际上，政治思想并不是一经学校或教师提出来就轻而易举地转化为学生个体的思想品德，而是经过学生思想内部的矛盾斗争，经过主体的加工改造，才能“内化”为学生的思想观点。因此，思想政治教育要着力于促进学生思想上的矛盾运动，帮助他们巩固和提高正确的认识，扶持和发扬积极因素，抵制和克服错误的认识和消极因素，使学生思想内部矛盾运动向着教育者所期望的方向发展。

灌输教育作为思想政治教育的基本方式之一，不是形式主义和教条主义的“硬灌”，而必须与学生的思想实际结合起来，教师要充分发掘学生意识观念中的深层次问题，变表层的理论说教为深层次的理性思考和引导，切实解决学生的思想困惑，让学生通过老师的引导去感到政治理论是鲜活的、可亲的、管用的，才会由过去的“要我学”变成“我要学”。同时，把教育的主体和客体有机地结合起来。不论是启发式、案例式或是辩论式，其目的只有一个，就是真正确立学生的学习主体地位，变以教师、教材为中心的理论讲解，到以学生为“中心”的教学互动，“课堂上的收获”不仅包括认知方面的，概念、定义、原理、基本事实等的掌握以及认知策略的完善，也应包括态度和价值观的改变、丰富与提升，精神的陶冶和心灵的净化等。而这些“收获”却恰恰需要通过教师与学生的情感交流，思想碰撞，促进学生自主学习、合作学习、探究学习的形成得以实现。所以教师需要深入学生中去，给学生以最大的关注，关注他们的所思所想、所作所为，真正找对、找准学生的“穴位”下针，让学生自己成为知识和能力的主动建构者，教学活动要由传承式教学向探究式教学转变，由教师单纯教的过程向学生自主学习过程的转变，教师要努力营造一种积极、宽容的学习探讨气氛，着力选择学生所关心的热点、难点问题，鼓励学生踊跃发言，增强学生的课堂参与意识，调动学生学习的积极性、主动性。这样，外在的思想政治理论才会内化为学生的信念，才能从根本上解决学生“知行不一”的问题。

3. 教学平台的建设。这些年来我院思想政治理论课的教学是围绕课堂展开的，在今天这样一个新媒体时代，课堂教学的局限性是显而易见的。要突破传统课堂的限制，实现对思想政治理论课课堂教学的拓展、延伸、深化，数字化教学平台的使用是一个非常好的抓手。这个平台使用得好，将为老师提供有效的教学助手和工具，将给学生提供探究平台，让老师具有“三头六臂”，从而实现思想政治理论课“贴近实际，贴近生活，贴近学生”的要求，增强大学生思想政治教育的实效性。

实践教学平台的改革。思想政治理论课实践教学是一项系统工程，以往思想政治理论课实践教学存在零散性、偶然性、随意性的问题，实践教学平台的建设力求以整体性、制度性的安排，逐步实现思想政治理论课实践教学的意义。我院思想政治理论课实践教学平台包含几种实践教学形式：第一，感知性实践教学形式。充分利用各种仪式庆典培养师生的荣誉感、责任感。例如，组织升旗、授装、入团、入党宣誓等仪式，开展重大节日和纪念日庆典活动。利用广州市的爱国主义教育基地，如参观大元帅总统府、黄埔军校、黄花岗七十二烈士墓、广州起义烈士陵园、广州农民运动讲习所、广州中共三大会址纪念馆等活动，对学生进行革命传统教育、爱国主义教育。第二，审问式实践教学形式。结合课堂教学的内容，选择一些有价值的影视资料，组织学生观看并开展深入的小组讨论、学习交流；就社会的热点问题、校园内同学们共同关心的问题开展调研、讨论、辩论等，促进学生深入探索与分享，并做有意义的自我探索。第三，探究性实践教学形式。利用寒暑假组织学生开展社会调查、主题研究等活动，使学生经受生活实践的锤炼，矛盾冲突的洗礼，确立社会主义核心价值观。第四，体验式实践教学形式。为学生搭建参与学校民主管理、民主决策的平台，帮助学生学习运用自己的权利，通过规定的程序、恰当的渠道去追求民主、公正、法治，而不是一味地抱怨、愤怒，或是忍让、退缩。既锻炼学生在生活中处理复杂情境下的现实道德问题的能力，又培养学生在平衡自我利益和集体利益时，关心公共利益，适当抑制自我利益的意识，从而提高学生的思想政治素质。同时充分利用每年两届广交会我院学生实习之机，思政课老师确定好思想政治理论课实践教学主题，让学生带着问题去观察思考。一方面，让学生亲身体会我国改革开放所取得的重大成就，另一方面有意识地体会如何以良好的道德品行、优质高效的服务去完成工作。第五，协作性实践教学形式。以思想政治理论课教师为主，同时充分发挥学工、团委等各方力量，共同实施思想政治理论课的实践教学。例如，由思想政治理论课教师把实践课题分解后，有针对性地、有组织地、有计划地融入团委、学工等部门组织的社会调查、义工服务、假期社会实践、各专业课实习等活动之中，以各方通力合作的形式达到实践教学的目的。

同时，要规范每门课的实践教学，制定思想政治理论课实践教学制度，合理安排实践教学计划、认真撰写教学大纲、严格按教学计划组织教学、采取灵活多样的教学方式方法确保教学效果，同时，确定考核方式、严格考核制度、明确考核成绩进入课程总分等，形成严密、完整的实践教学制度。

4. 评价方式的改革。长期以来，我国强调的是行为目标的评价。在评价形式上强调的是总结性评价，基本上每门课程都是期末考试，一张试卷决定了学生一门课程的成绩。从这个成绩中，我们看不到学生态度的转变、看不到他在学习中所获得的体验，也看不到他实践能力的发展。因此，我们要在完善总结性的评价的同时，更重视形成性评价，如有效利用档案袋评价法、苏格拉底研讨式评价法等评价形式，使评价的内容更丰富和灵活，学生的活动态度、在学习过程所获得的体验、方法和技能的掌握情况以及学生创新和实践能力的发展等都将列入评价领域。

参考文献：

[1] 李合亮：《解析与建构——当代中国思想政治教育的哲学反思》，人民出版社 2010 年版。

[2] 戴焰军：《增强思想政治工作实效性的对策研究》，中国民主法制出版社 2008 年版。

[3] 刘明君、郑来春、陈少岚：《多元文化冲突与主流意识形态建构》，中国社会科学出版社 2008 年版。

[4] 王凌霞：《基于文化变迁的教学变革》，载《当代教育科学》2012 年第 8 期。

[5] 田娟：《谈思想政治教育与警察职业特点的有机结合》，载《辽宁警专学报》2007 年第 11 期。

[6] 黄建军：《高校思想政治理论课教学方法研究的路径探析》，载《学校党建与思想教育》2012 年第 3 期。

理想信念教育：贯彻落实十八大精神的重点

陕西省人民警察培训学校基础理论教研室

党的十八大非常重视理想信念问题，提出要“广泛开展理想信念教育，把广大人民团结凝聚在中国特色社会主义伟大旗帜之下。”

一、加强理想信念教育的现实要求和重要意义

理想信念是人生目的的体现，是人生发展的内在动力。2009 年 10 月，中共公安部委员会发出《关于加强和改进公安教育训练工作的意见》的文件，明确了“招录培养体制改革稳步推进，学历教育与在职培训协调发展”的改革目标，陕西省人民警察培训学校依靠西北政法大学，从 2009 年开始进行公安民警招录培养体制改革试点班学生（以下简称“体改生”）的教育教学，同时承担全省公安机关初任民警的教育训练工作。体改生和初任公安民警是公安事业的希望，是公安发展的关键力量，他们的理想信念如何，政治思想观念如何，直接关系着党的公安事业和中国特色社会主义民主政治建设的兴衰成败。当前，我国已进入“黄金发展期”，同时也进入了“矛盾凸显期”。我们应当清楚地看到，体改生和初任民警受到各种思想文化思潮的影响，某些腐朽思想的生活方式在侵蚀着他们的心灵。特别是西方敌对势力加大了对当代青年和青年学员的思想渗透，有些学员不同程度地存在政治信仰迷茫、理想信念模糊、社会责任感淡化等问题。这些问题如不加以正确引导，会影响到将来公安队伍的政治思想素质和战斗力。因此，对体改生和初任民警进行理想信念教育势在必行，应积极探索公安院校体改生和初任民警进行理想信念教育的有效

方法。

公安部党委提出加强新形势下政治工作的战略部署，坚持把思想政治建设置于首位的要求，强化理想信念教育。组织广大民警（包括作为预备警官的体改生和初任民警）深入学习中国特色社会主义理论体系，深入学习党的十八大、十八届三中全会和习近平总书记系列重要讲话精神，进一步坚定对党的领导的思想自觉、政治自觉、行动自觉，增强对中国特色社会主义的道路自信、理论自信、制度自信，筑牢高举旗帜、听党指挥、忠诚使命的思想基础。深入开展党性教育和形势政策教育，引导广大民警强化政治意识，站稳政治立场，严守政治纪律，始终在思想上、行动上与以习近平同志为总书记的党中央保持高度一致，永葆忠诚本色。

中华人民共和国人民公安发展史和新时期公安实践经验告诉我们，树立坚定的共产主义理想信念特别是中国特色社会主义理想信念，不仅是确保公安队伍政治本色和立警为公、执法为民的关键，也是抓好公安机关党风廉政建设和反腐败斗争的重要保证。理想信念是一个人世界观、人生观、价值观的根本反映，是政治方向的集中体现。当前形势下，必须突出加强理想信念教育，积极引导广大体改生和初任民警树立中国特色社会主义理想信念，确立社会主义核心价值体系和社会主义核心价值观的主导地位，才能保证预备警官和民警在思想上永不变质，在行动上做到绝对忠诚、绝对可靠、绝对纯洁。

二、加强体改生和初任民警理想信念教育的基本方法

1. 进一步深化思想政治理论课的教学改革，打好理想信念教育的基础。体改生和初任民警理想信念教育必须坚持以马列主义、毛泽东思想和中国特色社会主义理论体系为指导，立足学校思想政治理论课这一主要阵地进行教育。在加强体改生和初任民警理想信念教育过程中，学校思想政治理论课教育工作着重从以下几个方面入手：一是切实改革教学内容。要坚持和贯彻理论联系实际的原则，紧密结合国际局势和时代发展要求，紧密结合我国改革开放和社会主义现代化建

设实际，坚持不懈地用党的创新理论武装体改生和初任民警。将教学重点放在社会急剧变革进程中体改生和初任民警所普遍关心的热点、难点和深层次问题上，教会学员运用马克思主义特别是中国化马克思主义的经典理论来分析、解释种种现实问题，既不丢“老祖宗”，又能不断推陈出新。二是逐步完善课程体系。根据思想政治理论课目标的要求和学员思想实际，逐步形成以学员成长成才需要接受的思想政治教育内容为主体，适应学科体系及课程结构科学性要求的课程体系。其中以理想信念教育为核心，以人民警察核心价值观为重点，以人民警察基本道德规范为基础。三是不断丰富教学方法与手段。采用启发式、参与式、研究式等教学方式。针对不同类型、不同层次学员的特点以及不同的课程，可采取课堂讲授、课堂讨论、专题讲座、专题演讲、辩论、教学实践等方法，这样有利于提高学员理解能力和反应能力，有助于增强学员思维方法的掌握和思维能力。

2. 教育与实践相结合，培养服务奉献意识。理想信念教育既是一个理论问题，又是一个实践问题，是对马克思主义理论的检验。体改班学员通过在定向招录单位的见习、实习、社会实践，深入认识公安工作、了解警情，极大地增强警察意识和从警自豪感。同时，学员通过公安实践将理论知识和实践活动有机结合起来，提高了公安基层基础实践能力，在所在单位认同的基础上，充分体现了自身价值，真正实现个人价值与社会价值的结合。体改班学员只有通过参加基层公安实践活动，参与相应的警务活动，才能深入到具体公安工作中，了解公安机关和人民警察的实情，不断坚定崇高的理想信念。

3. 以先进形象为典型，增强理想信念教育的感染力。在教学过程中，坚持用公安英烈和公安英模等先进形象影响学员行为，着力引导学员将理想信念落实到具体的实践中。理想信念教育固然是一个理论认识问题，但归根到底是一个实践问题。一种正确的认识只有回到实践中才能得到检验并继续丰富和发展。科学的理想如果只是空谈一阵便束之高阁，并不付诸实践，那么，无论多么崇高和美好都是没有任何意义的。

4. 加强校园文化建设，营造理想信念教育的良好氛围。改善和加强校园文化建设，使学员有一个良好的学习和生活环境，也是加强体改班学员和初任民警学员理想信念教育的重要渠道。校园文化内在的教育导向、潜移默化的功能，对提高学员的思想道德素质、传递公安文化知识、陶冶高尚情操、丰富课余生活、疏导消极情绪等方面，都具有不可替代的作用。因此，在学校里，政治思想工作者和全体教员教官都要全面地育人，承担起对学员们进行理想信念教育的重大责任。

三、进一步加强体改生和初任民警中国特色社会主义理想信念教育

党的十八大报告深刻地指出："改革开放以来我们之所以能够取得一切成绩和进步的根本原因，归结起来就是：开辟了中国特色社会主义道路，形成了中国特色社会主义理论体系。"以理想信念教育为核心对体改生和初任民警加强世界观、人生观和价值观教育，帮助他们认清、理解并使之坚定地信仰这条道路和这个理论体系。在新的形势下，体改生和初任民警理想信念教育的特定性和具体性愈加明显。

笔者认为，今后体改生和初任民警中国特色社会主义理想信念教育的研究应着力于以下方面的工作：

一是要深化对中国特色社会主义理想信念相关理论的研究，深化对体改生和初任民警理想信念教育重要意义的认识，以形成理论基础。前提和合理性是评价事物和行为活动本身是否有价值和必要的重要向度，因此，理论的透彻和深刻程度直接影响理论本身的可被信服和认同程度。在中国特色社会主义市场经济条件下，对体改生和初任民警进行理想信念教育要以对中国特色社会主义和理想信念的时代重要性的充分认识为前提。因此，应当进一步深化对中国特色社会主义道路以及形成与之相一致的价值观念认同（理想信念）的相关理论研究。

二是要认真分析当前体改生和初任民警中国特色社会主义理想信念教育所面临的机遇和挑战。例如，新形势下体改生和初任民警理想

信念的实际状况是什么；当前影响体改生和初任民警理想信念的因素有哪些；体改生和初任民警理想信念有哪些发展变化的特点与趋势；体改生和初任民警理想信念教育工作中尚有待解决的问题等。这些问题是关系到教育者能否充分发挥公安院校思想政治教育主导性的关键性问题。

三是要总结过去包括公安院校在内大学生理想信念教育的基本经验，把握规律性，加强对教育实践的理论指导。改革开放三十年来，中国特色社会主义理论体系作为一个有机联系的、一脉相承的整体系统，在不同的历史时期发挥着对于大学生理想信念教育的重要指导意义和作用，中国特色社会主义理想信念引领了一代代青年学生思想意识的成长和人生价值的实现。今天，大学生思想政治教育经历了哪些变化、获得了哪些发展、积累了哪些经验，都需要研究者认真总结回顾。从另一个侧面来说，结合中国特色社会主义道路的发展实践，针对各个时期大学生思想政治状况的不同特点，梳理和分析改革开放以来大学生理想信念教育的发展历程，对于推进思想政治教育学科成为一门科学也是十分重要的。

四是要继续探索体改生和初任民警理想信念教育新方法和新途径，以增强教育效果的针对性与实效性。在当前形势下，积极探索新形势下公安院校思想政治教育的新途径和新方法，增强中国特色社会主义理想信念教育的实效性。这些重要问题都是公安院校思想政治教育面临的崭新课题，有待于我们深入地展开探讨与研究。

公安大学生的意识形态功能与思政课的现实使命

江苏警官学院　吴永生

一、从“意识形态国家机器”到警察的意识形态功能

从服从本能的生命个体成长为遵守规则的社会成员，从最初与其他生命并无本质区别的物种发展到明显影响生物圈进化进程的人类，文化不仅将原子式的个体整合成社会共同体，而且以代际传承的方式加快了人类社会的发展进程。其中，在国家时代和政治生活中，意识形态作为一种特殊的文化类型，更是以其阶级性和政治性为社会发展设定了方向，注入了动力，即个体在意识形态的塑造下，最终成长为不同程度遵从国家意志的社会成员，进而明显减少了利益冲突，显著加快了社会发展的步伐。为此，马克思明确指出，“人们自己创造自己的历史，但是他们并不是随心所欲地创造，并不是在他们自己选定的条件下创造，而是在直接碰到的、既定的、从过去继承下来的条件下创造。一切已死的先辈们的传统，像梦魇一样纠缠着活人的头脑。”① 鉴于这样的重要作用和传承机制，不同时期、不同国度的统治阶级都会毫不例外地诉诸意识形态，以便在化解矛盾和自我辩护中为其统治赢得更多的认同和支持，所不同的是，“在前资本主义时期，宗教和伦理的感性色彩浓厚，而在资本主义及其以后时期，诉诸

---

① 《马克思恩格斯选集》（第 1 卷），人民出版社 1995 年版。

经济和政治的理性努力更加明显。”①

随着人类社会的进步，意识形态还表现出不断分化和持续发展的趋势，其功能也随着结构的完善而更趋全面。实践表明，“即使是在最独裁的政体中也存在着相互竞争的意识形态”②，而在思想多元化的现代，各种思潮的涌现和相互激荡更加凸显了意识形态灌输的重要作用，以至于资本主义国家不仅延续和完善了传统的意识形态手段，而且还出现了“科技的意识形态化”倾向，即充分利用科技客观公正的品质及其成就为资本统治辩护。而他们的苦心经营和坚持不懈，不仅强化和完善了传统的镇压性国家机器，而且成功地动员了社会力量为其统治现身说法，用民众的认同和支持证明资本统治的合法性。这样，一贯以刻板、机械、严肃面孔示人的意识形态领域也明显出现了感性化、生活化和社会化的趋势，使得民众在不经意中接受了教育，甚至成为资本主义意识形态的支持者和辩护者。面对资产阶级统治策略的调整，路易·阿尔都塞把“教会、党派、工会、家庭、某些学校、大多数报纸、各种文化投机事业等”不同程度地承担了意识形态功能的社会力量称为“意识形态国家机器”③。

如果说资本主义国家在技术支持和策略调整中强化了意识形态的功能，那么，仍在被动承受资本主义压力、面对各种矛盾的社会主义国家自然也无弱化意识形态功能的理由；如果说越来越多的民众都在不同程度地维护国家意志，那么，作为承担国家意志传统的公职人员不仅不能推卸其相关责任，而且应当在此方面做出表率作用，即使警察这样的镇压性国家机器也应注重发挥其意识形态的功能④，因为一旦警察在不放弃传统功能的同时，以更受认同的方式规范履行国家意

---

① 吴永生：《论市民社会的双重角色：基于马克思和葛兰西的启示》，载《齐鲁学刊》2012 年第 3 期。

② 《萨姆·瓦克宁·阿尔都塞和他的理论创新》，陈杰等译，《国外理论动态》2008 年第 2 期。

③ 陈越：《哲学与政治：阿尔都塞读本》，吉林人民出版社 2003 年版。

④ 陈越：《哲学与政治：阿尔都塞读本》，吉林人民出版社 2003 年版。

志，自然能够形成“桃李不言、下自成蹊”的示范效应，使国家意志具有更加坚实的社会基础。在此规定下，相对于资本主义的意识形态，社会主义意识形态作为马克思主义根植于我国国情的统治思想，在超越封建主义和资本主义意识形态方面仍有巨大的努力空间。这种超越既需要国家通过各种手段，全方位地强化公民教育，又对公职人员提出了更高要求，要求其发挥示范带头作用，以证明国家意志的科学性与合理性。其中，警察作为民众最易接触到、影响广泛的国家力量，能否不断提升其综合素质，准确理解和传递国家意志，让民众感受到国家意志与社会利益的一致性，不仅直接关系到警民关系的和谐程度，而且明显影响国家合法性的政治基础和国家意志的普及程度。因此，警察不仅应具有明显高于普通民众、促进社会发展的公民美德，而且要具有有效维护国家意志的专业精神和政治品质，进而对其意识形态功能提出了综合规定。显然，这一规定不仅对公安机关的队伍建设和思想政治工作提出了更高标准，而且凸显了公安教育中的意识形态功能，并提出了相应要求。

二、公安大学生的意识形态功能与思政课教师的应有作为

立足“意识形态国家机器”的理论视角，警察的意识形态功能不仅承载着国家与社会的双重期待，而且也具有多样化的塑造平台，因为他们既会像其他普通民众一样，在体制外接受意识形态的熏陶，又会通过常态化和制度化的体制内途径，接受意识形态的系统化教育。然而，就功能塑造的效果而言，体制外渠道明显逊于体制内渠道。而在体制内渠道中，在职灌输则明显弱于国民教育系列的学校教育，曾经在全国范围内推广、效果却差强人意的公安教育体制改革也充分说明，塑造警察意识形态功能的现实路径首推公安院校的教育教

学①。其中，遵循高等教育的一般规律，思想政治理论课（以下简称思政课）的教育教学无疑是主渠道和主阵地，其制度化和系统化的优势更是其他渠道难以企及的，或者说，其他渠道根本无法兼具思政课的广度、深度和效果。因此，为了塑造和强化警察的意识形态功能，公安院校的思政课必须切实承担起传播社会主义意识形态的现实使命，并为之做出不懈努力。

社会主义核心价值体系是社会主义意识形态的本质体现，是兴国之魂，决定着中国特色社会主义发展方向。其中，无论是作为灵魂的马克思主义指导思想、作为主题的中国特色社会主义共同理想，还是作为精髓的民族精神和时代精神、作为基础的社会主义荣辱观，都在思政课中得到了不同程度的反映和强调。因此可以说，思政课的现行教材能够满足塑造公安大学生的意识形态功能的需要，进而对教师提出了更高要求，因为“从某种意义上说，思想政治理论课教师吃的是‘政治饭’，干的是‘职业革命家’的活，其教师生涯可以概括为一句话：‘为社会主义意识形态服务’。”② 在此背景下，相对于普通高校的同行，公安院校思政课教师的警察身份更加凸显了他们的双重责任，进而对他们率先垂范、树德立人的教风提出了更高要求，要求他们全面提升自身素质，在教书育人中切实承担起意识形态功能，毕竟“要教育人民，必须自己先受教育。要给人民以营养，必须自己先吸收营养。”③

如上所述，马克思主义、毛泽东思想和中国特色社会主义理论体系不仅形成了社会主义意识形态，而且成为党的指导思想和行动指南。这样，当国家与社会对警察的意识形态功能寄予厚望时，这种期待必然通过思政课，对教师提出相应的要求，要求他们以系统的教学

① 李润晖：《关于公安教育体制改革的思考》，载《公安研究》2011 年第 11 期。

② 姚海鹰：《高校思想政治理论课教师的角色探析》，载《教育与教学研究》2011 年第 12 期。

③ 《邓小平文选》（第 2 卷），人民出版社 1994 年版。

和规范的表现，强化和坚定学生对上述理论的信仰。因此，思政课教师应当在真学、真信和真教上下功夫，切实承担其传播社会主义意识形态的现实使命。

首先，教师应当真学社会主义意识形态，这是发挥其意识形态功能的基础。毋庸讳言，许多思政课教师在此方面还难以做到心无旁骛，但立足自我成就和自我实现的视角，尽己所能在工作上多付心血，使之成为事业乃至志业，显然能够更好地实现和平衡个人价值与社会价值。因此，只有持续系统地学习上述理论，才会激发起对思政课的兴趣，从中找到精神寄托，才有可能准确把握社会主义意识形态的丰富内涵和崇高追求，并在身体力行中进行理直气壮的宣传。这就意味着思政课教师不仅要认真学习经典著作和学术名著，而且要找准自己的科研方向，用不断创新的研究巩固理论学习，用日渐丰富的成果强化学习兴趣。这样，思政课教学才能具有应有的科学性和穿透力，才能持续发挥其意识形态功能。

其次，教师应当真信社会主义意识形态，这是发挥其意识形态功能的根本。无真学，则无真信；无真信，则无真教。社会主义意识形态需要在真学中了解其科学性，更要在真信中证明其科学性。换而言之，虽然思政课教师在系统的学习和研究中把握了其中精髓，但并不意味着已转化为信仰和行动，心口不一自然无从保证知行合一，更会削弱思政课的意识形态功能，因为“自己不相信，就不会有内在激情，就不会去真情传播，就不会让学生们心悦诚服，自然就不会有好的教学效果。”① 就此意义而言，思政课教学的关键不在知识传授，而在说服教育。因此，建立在真学基础上的真信，意味着教师能够有针对性地进行教育引导，而不是照本宣科地被动应付，其教育效果自然会有显著提高。为此，思政课教师应当在日常教学中深化系统研究，用思政课的科学性提升其意识形态的实践功能，用思政课的意识形态性体现其科学性的现实价值，因为没有科学性的支撑，思政课会

① 卫建国：《论高校思想政治理论课教师的责任》，载《山西师大学报（社会科学版）》，2010 年第 5 期。

因脸谱化、教条化的生硬灌输而失去解释力与说服力，也就失去了教育人、培养人的功能，而丧失了明确的意识形态功能，必然贻误培养社会主义事业接班人的目的，思政课的价值也将受到严重削弱。

最后，教师应当真教社会主义意识形态，这是发挥其意识形态功能的关键。从真学到真教的三个环节中，缺少从真信到真教的转变，之前两个环节仍然只能停留在理论层面和思想领域，也就无法产生应有的政治与社会效应。强调思政课教师从真学到真教的衔接递进，最终就是为了保证其践行社会主义意识形态，完成从知到行的跃升，进而在系统化教学之中实现教育人、培养人的目的。这就意味着教师在日常的教学、工作乃至生活之中，应当化系统理论为规范行为，用崇高境界证明社会主义意识形态的科学性与合理性，因为一个缺乏理论研究成果、只能照本宣科的教师自然无法引导学生爱岗敬业，一个违背教育规律、一味迎合学生的教师也无法理直气壮地教书育人，一个只会否定性批评现实而缺少理性分析和建设性建议的教师，肯定也无法强化学生的社会责任和现实担当。总之，缺少真教，尤其是缺少身体力行的实践，思政课教师的意识形态功能将沦为空谈，公安大学生的意识形态功能更是无从保证。

三、思政课塑造公安大学生意识形态功能的路径选择

立足本文视角，意识形态功能的塑造呈现出明显的链条化结构和递进式的互动趋势，即在思政课的平台上，通过教师的真学、真信和真教，向公安大学生灌输和强化社会主义意识形态，以便他们在日后能以规范的表现发挥警察的意识形态功能，而警察的规范表现在催生和壮大“意识形态国家机器”的同时，又将承载着后者更多的期待，进而对思政课教学提出更高的要求。这种相互促进的机制最终实现了意识形态功能的不断跃升，进而凸显了思政课在塑造公安大学生意识形态功能方面的基础性和关键性作用。为此，思政课教师应当牢记自身使命，针对警察意识形态功能的内在机制，着力在公民美德、专业精神和政治品质三个方面加大投入，全面提升公安大学生的素质。

首先，思政课教师应着力培养公安大学生的公民美德。在社会生活中，公民素质具有根本性、决定性的基础地位，公民素质的高低决定着社会秩序的治乱、社会关系的优劣和生活质量的高低。换而言之，公民美德犹如沃土，能够从中生长出文明的举止、井然的秩序、平衡的利益格局和融洽的社会关系，进而对政治生活产生积极影响。就此意义而言，“一个好政府必须有一群它所代表的好公民。”[①] 而公安大学生一旦具有了相应的公民美德，无疑为其日后从事公安工作夯实了思想基础，因为“具有良好人格魅力的警察在履行其权责时往往能赢得公众的支持和配合，进而形成一种有助于增强其亲和力与合法性的个人权威。”[②] 而警察一旦受到信任，国家和政府也会因其与警察的制度联系而获得相应的合法性资源，因为“如果成员认为新的当局者个人是值得信赖的和关心社会的……那么，当局者的合法性就不可否认”[③]。因此，教师应当充分发掘思政课中的公民教育资源，并通过各种方式强化和完善学生的公民意识，同时以自身的规范表现揭示素质提升的巨大空间，引导学生在自我教育和自我提升中提升其公民素质，为其发挥意识形态功能夯实社会基础。

其次，思政课教师应着力培养公安大学生的专业精神。在社会分工日益精细和技术化的背景下，各行各业都提出了越来越高的专业要求，即“现代制度所需要的个人……基于客观证据做判断，服从不是由传统或宗教而是由技术才能够合法化的权威”[④]。同理，面对专业化的社会管理或基于现代科技的违法犯罪，仅靠良好的品质和规范的言行，显然警察也难有作为，进而对其专业精神提出了相应规定，以持续推动其自觉提升专业知识和职业技能。一旦警察具有了相应的

---

① ［美］乔治·弗里德里克森：《公共行政的精神》，张成福等译，中国人民大学出版社 2003 年版。

② 吴永生：《警务监督理论研究》，中国人民公安大学出版社 2012 年版。

③ ［美］戴维·伊斯顿：《政治生活的系统分析》，王浦劬译，华夏出版社 1998 年版。

④ ［美］阿列克斯·英克尔斯等：《从传统人到现代人》，顾昕译，中国人民大学出版社 1992 年版。

知识与技能，不仅能有效打击犯罪，维护社会秩序，而且能自觉关注民意，主动服务社会，因而有资格、有能力从事公安工作，自然能够赢得更多的信赖和支持。因此，教师不仅要密切联系公安工作，充分发掘思政课中爱岗敬业、服务社会的教育资源，而且要以坚定的持续投入、不断提升的业务能力和日益丰富的创新成果，引导学生献身公安工作、潜心专业学习、着力提高能力，为日后的从警生涯和发挥意识形态功能奠定思想和专业基础。

最后，思政课教师应着力提升公安大学生的政治品质。“政治品质是阶级社会中社会成员的阶级性在政治生活领域的集中表现，是一定阶级的政治准则和规范在一定历史范畴内在个体成员思想和行为中的反映。”① 自社会主义制度确立以来，“意识形态领域历来是敌对势力同我们激烈争夺的战略要地，如果这个阵地出了问题，就可能导致社会动乱，甚至丧失政权。”② 因此，政治品质不仅直接规定着公民美德和专业精神的政治方向，关系到个人素质和未来的职业成就，而且最终影响到民众对国家意志的认同和对各种决策的支持，决定着中国特色社会主义的前途和命运，因而是公安院校教育教学的统帅，是公安大学生意识形态功能的灵魂。换而言之，公安大学生的公民美德和专业精神只是其意识形态功能的基础，仍难充分体现其与国家意志的密切联系，进而要求思政课立足维护国家意志的高度，强化和完善公民美德和专业精神的培养，体现思政课和警察的意识形态功能。为此，教师应当充分发掘思政课中马克思主义尤其是中国特色社会主义的教育资源，并通过自身良好的政治品质引导学生掌握马克思主义的立场观点方法，树立共产主义的理想，坚定中国特色社会主义的信念，从而在持续提升其公民美德和专业精神、自觉践行理想信念中完善其意识形态功能。

---

① 颜武：《谈党员的政治品质与党的执政能力》，载《理论导刊》1992 年第 4 期。

② 《十六大以来重要文献选编》，中央文献出版社 2006 年版。

公安院校通识选修课程建设的基本理念、目标和原则①

中国人民公安大学 周文英

公安机关是我国人民民主专政国家的专政工具，是具有武装性质的治安行政力量和刑事司法力量，肩负着打击敌人、保护人民、惩治犯罪、服务群众、巩固中国共产党执政地位、维护我国长治久安、保障人民安居乐业的政治责任和社会责任。公安院校是公安机关的一个组成部分，主要担负着预备警官的培养任务，是培养“全人”预备警官和训练人民警察的重要基地，是我国公安队伍的摇篮。公安教育具有特殊的职业教育性质，公安教育人才培养的总目标、总要求是培养保护人民生命财产安全的“全人”预备警官以及为国家培训政治坚定、业务精通、作风优良、执法公正的人民卫士。公安院校培养出来的学生，不仅应该成为公安业务方面的专家，而且更重要的是要做到“‘四个忠于’，真正成为党和人民的忠诚卫士。”②

1999 年全国公安教育工作会议要求我国公安民警必须具备思想政治素质、科学文化素质、公安业务素质、身体心理素质 4 个方面的综合素质。随着国际国内社会形势的发展变化，对公安队伍的整体素质提出更高的要求。与此相适应，我国公安院校已经对预备警官重在进行政治觉悟、法治观念、经济社会、生命意识、人性关怀、人际交

① 本文为 2013 年中国人民公安大学教学研究项目“通识选修课建设研究”（编号：2013JXYJ26）阶段性研究成果。

② 孙明山：《进一步加强和改进公安院校大学生思想政治教育》，载《公安教育》2005 年第 5 期。

往、沟通协调、推理判断乃至国际视野等层面的价值、观念、态度、素养和能力等方面的教育与培养。由于我国公安教育关于公安院校大学生素质教育的研究正处于探索阶段，理论研究还不能满足公安工作、公安教育的实际需要，公安院校通识选修课程建设的基本理念、目标和原则直接关系到我国民警队伍骨干力量的素质高低，因此有必要对公安院校通识选修课程建设的基本理论进行探讨。

(1) 公安院校通识选修课程建设的基本理念

①政治素质理念

政治素质教育在公安院校素质教育中占有极端重要地位。2003年，第二十次全国公安会议指出“公安机关在新世纪、新阶段担负着巩固共产党的执政地位、维护国家长治久安、保障人民安居乐业的重大政治责任和社会责任”。由此可见，公安机关的性质和所承担的政治责任和社会责任决定了我国公安院校培养目标的特殊性与重要性，它决定了政治素质是公安民警的首要素质，政治素质教育当然成为公安院校学生素质教育的核心内容。

公安教育作为政治性特别强的职业教育，其目标定位决定了公安职业教育不同于一般的职业教育特点，即公安院校必须坚持党对公安教育的绝对领导，“政治建校、政治建警”是公安教育的基本方针。公安院校通识选修课程建设必须加强党的理论路线、方针政策、时事政治教育，提高学生的政治素质、政治修养和政治觉悟能力，使学生坚定理想信念、树立共产主义理想，具备坚定的政治立场和政治责任感。所以说，政治素质要求使公安院校大学生素质教育具有比普通高等院校素质教育更鲜明、更突出与更严格的特点。

这种鲜明的政治特点，使公安院校在通识选修课程建设的基本理念上必须坚持正确的政治导向。学生的政治素质合格与否，是否忠于党、忠于祖国、忠于人民、忠于法律，是检验公安院校教育质量高低的首要标准。因此，公安院校对预备警官的培养，其通识选修课程建设的基本理念应把政治素质的培养“置于基础地位”,[①] 培养适应政治需要、实现执政党和国家意志的公安人才，以便提高我国公安队伍整体战斗力，为打击违法犯罪行为和维护社会治安服务。由此，公安院校可以通过对通识选修课程进行系统的设置，对学生进行系统的马克思主义理论教育，再通过对学生进行自觉维护和执行党的政治纪律和公安机关的组织纪律的教育，使他们自觉维护党中央的政治权威和公安机关的良好形象，自觉用党的原则要求和公安机关纪律规范约束自己的言行，使他们坚定树立共产主义远大理想，牢固树立马克思主义世界观、人生观与价值观，用辩证唯物主义和历史唯物主义的基本观点认识问题、观察问题、分析问题和解决问题，提高他们的政治敏锐性和政治鉴别力，运用马克思主义的基本观点，能够正确分析和准确把握国际国内局势，正确分析当前我国经济转轨、社会转型关键时期的社会治安现象，始终保持清醒的头脑，排除各种错误思潮的干扰，在大风大浪和大是大非面前立场坚定，旗帜鲜明，树立坚定走中国特色社会主义道路的道路自信、理论自信、制度自信，正确理解和坚持党的基本路线，在政治上、思想上、行动上与党中央保持高度一致，忠于党、忠于祖国、忠于人民、忠于法律，自觉维护党和人民群众的根本利益。

②全人教育理念

20 世纪 90 年代以来，我国高校普遍根据我国经济与社会发展的特点，开始对大学生进行比较系统的通识教育与人文素质教育。其通识选修课程设置核心理念很大程度上体现的是我国一以贯之的传统教育，即通过对学生进行“修身、齐家、治国、平天下”的教育达成

---

① 袁广林:《我国警察职业素质培养研究》，华东师范大学博士学位论文，2007 年。

经世致用“修、齐、治、平”的世俗目的，与王国维《论教育之宗旨》[①]“和”论式全人教育的特点与特征相吻合。王国维“和”论式全人教育主要内容包括：一是科学文化与人文文化的“和”；二是传统文化与现代文化的“和”；三是东方文化与西方文化的“和”；四是知、情、意各因素在个体身上的“和”。[②] 以培养学生“对自然、社会、道德、伦理和人文深层面的了解，使他们具有能够有效思考、清晰沟通、切实判断以及能辨识普遍性价值的认知能力，达到介于广泛的知识能力和专业层级之间的程度”，[③] 使学生成为具备“远大眼光、通融识见、博雅精神和优美情感的人才”，[④] 提升大学生的“人文素养，淡化专业、加强基础、拓宽专业，重在培养既能够关心人类命运、关心社会发展、关心百姓疾苦，又能使自身身心统一、精神自

---

① 王国维《论教育之宗旨》一文认为“教育之宗旨何在？在使人为完全之人物而已。何谓完全之人物？谓人之能力无不发达且调和是也。人之能力分为内外二者：一曰身体之能力；二曰精神之能力。发达其身体而萎缩其精神，或曰发达其精神而凋敝其身体，皆非所谓完全者也。完全之人物，精神与身体必不可不为调和之发达。而精力之中又可为三部：智力、感情及意志是也。对此三者而有真、美、善之理想：真者智力之理想；美者感情之理想，善者意志之理想也。完全之人物，不可不具备真、善、美三德。欲达此理想，于教育之事起。教育之事亦分为三部，智育、德育（即意志）、美育（即情育）是也……然人心之知、情、意三者，非各自独立，而相互交错者，如人为一事时，知其当为者知也，欲为之者意也；而当其为之前又有苦乐之情伴之，此三者不可分离而论之也。故教育之时，亦不能加以区别。有一种而兼智育、德育者，有一种而兼美育、德育者，又有一种而兼此三者。三者并行而渐达真、善、美之理想，己加以身体之训练，斯得为完全之人物，而教育之事毕矣”。

② 王国维：《王国维哲学美学论文辑佚》，华东师范大学出版社 1993 年版。

③ 彭寿清：《大学通识教育课程设计研究》，西南大学博士学位论文，2006 年。

④ 黄坤锦：《美国大学的通识教育—美国心灵的攀登》，北京大学出版社 2006 年版。

由、和谐发展的优秀个体。”①

我国地方院校通识教育通过构筑学生科学素质与人文素质的结构与平衡，改变学生知识结构的单一性与偏狭性，全面提升学生综合素质，促成学生人性和社会伦理性的协调与发展。在这方面，中山大学做了非常有益的探索，该校为进一步优化其本科生的知识结构，提升学生的综合素质，积极探索高等教育大众化时代高素质人才培养新途径。从2009年开始，除了一般通识教育课程安排之外，有步骤地在全校推行通识教育共同核心课程计划，逐步建立通识教育核心课程体系。其核心课程体系主要包括“中国文明”、“全球视野”、“科技、经济、社会”、“人文基础与经典阅读”四大模块课程，其大学生通过学校对其进行的基础性知识的储备与能力的培养，为未来进一步发展打下宽厚的人文素养基础。因此，公安院校的通识选修课程在保持鲜明的公安教育特色的同时，可以借鉴“和”论式全人教育以及中山大学通识教育共同核心课程理念，设置公安院校通识选修课的课程体系。

③全人警官人文素养理念

公安院校“要为全国公安机关培养具有公安业务技术专长的合格优秀人才，”② 其培养的学生总体要求是政治坚定、业务精通、作风优良、执法公正的预备警官，他们应该具有良好的职业道德、较强的组织纪律、较强的自我约束能力、较强的意志品质和不畏艰险的心理品质、较好的服务态度和耐心；拥有较丰富全面的专业知识、实战经验、较强的警务技能、敏锐的临场应变能力和快速反应能力；能够熟练地掌握与运用法律、法规、政策，熟练各种武器警械的使用；较强的文字表达能力；一定的心理学、生理学、逻辑学的知识储备等鲜明的公安专业特色的人文素养，即良好的适应公安工作发展需要的道

① 李曼丽、汪永铨：《关于“通识教育”概念内涵的讨论》，载《清华大学教育研究》1999年第1期。

② 赵媛、陈丽荣：《通识教育选修课课程设置的分析与探讨》，载《教育教学论坛》2014年第1期。

德素质、人文素质、业务素质、科技素质、创新素质、健康的心理和生理素质，使得他们能够不断适应时代的新要求，紧跟国内外形势变化。由此，公安院校可以在一定程度上借鉴地方高校“和”论式全人教育的长处，不断丰富鲜明的公安特色的教学内容，使预备警官具备良好的科学文化素质、公安业务素质与身体心理素质，更好地服务于公安工作。

（2）公安院校通识选修课程建设的基本目标

①人的全面发展目标

马克思主义关于人的全面发展的学说是马克思主义教育理论的基本观点与出发点。根据马克思主义对人的本质的认识，人在其现实性上是一切社会关系的总和，人的全面发展是马克思主义教育理论的人才培养模式的出发点和归宿点。所谓人的全面发展是指人的需要的全面发展、人的素质的全面发展和人的本质的全面发展，人的全面发展的本质在于人的社会属性和社会关系、社会性需要和精神需要、社会素质和能力素质的全面发展，使受教育者在德、智、体方面的全面发展。

按照我国“教育必须为社会主义现代化服务，必须同生产劳动相结合，培养德、智、体全面发展的建设者和接班人”的总要求，不仅强调专业知识教育和业务能力培养，而且更加注重受教育者德、智、体的全面发展，即要求学生具备各类公安高级专门人才的综合素质，包括思想道德素质、科学文化素质、专业业务素质和身体心理素质等基本素质，完全体现马克思主义关于人的全面发展的观点。公安院校通识选修课程建设需要依据教育方针、教育目的以及国家和社会发展的需要来确定，服从并满足于国家对大学生全面素质教育要求的目标，以满足于对大学生的全面素质教育目标。由此可见，马克思主义关于人的全面发展的学说也是我国公安院校通识选修课程建设的基本目标。[①]

---

① 程琳：《创建国际一流警察大学培养造就合格优秀警官——关于公安大学办学思路和培养特色的几点思考》，载《公安教育》2010 年第 1 期。

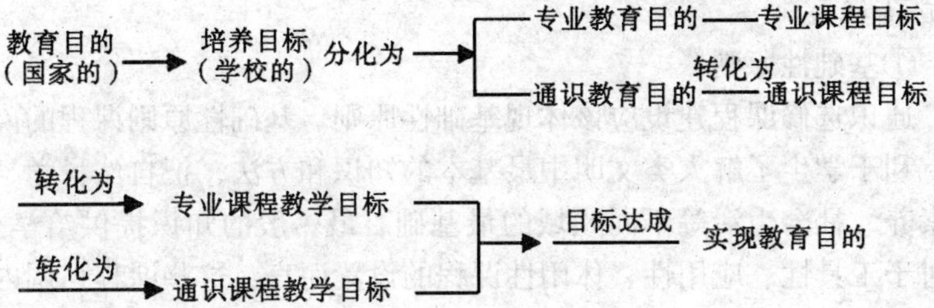

②“全人”预备警官的目标

公安院校通识选修课程建设的基本目标还应具备鲜明的公安教育特色，需要根据公安院校自身的性质与特点来确定，即服从于预备警官人才培养的规格与定位。公安院校应该根据各专业培养目标设置公安院校的通识选修课程，公安院校培养的学生“首先必须确定所要达到的各种教育目标”，[1] 不仅要有丰富的理论知识素养，而且要有很强的实战能力。公安院校“要提高学生的综合素质和竞争力，一定要科学认真地设计培养方案，突出专业特色和优势……做到‘人无我有、人有我特、人特我优’”，[2] 公安院校培养目标的实现有赖于通识选修课程建设的基本目标和教学目标的具体实践，使学生既树立良好的学风，能够在深厚的文化底蕴与科学精神、人文精神层面达到最低限度的融合，又能够培养良好的作风，符合人民警察素质要求，为公安机关培养和输送合格优秀警官。

（3）公安院校通识选修课程建设的基本原则

公安院校通识选修课程建设的基本原则是在重视通识教育课程设置基础性的前提下，结合公安院校自身的特殊性进行通识选修课程建设，目的在于提升学生的思想政治素质、科学文化素质、公安业务素质、身体心理素质水平，努力把学生塑造成优秀的共和国预备警官和

① 彭寿清：《大学通识教育课程设计研究》，西南大学博士学位论文，2006 年。

② 施良方：《课程理论——课程的基础、原理与问题》，教育科学出版社 1996 年版。

忠诚卫士。

①基础性原则

通识选修课程建设应该体现基础性原则。基础性原则课程的内容应有利于学生了解人类文明中最基本的知识和方法，把自然科学、人文素养、社会生活等不同领域的最基础、最一般的知识提供给学生，相对于工具性、应用性、休闲性课程的设置而言，这些课程强调内容的基础性。所以现代通识教育课程应为大学生“人性和社会伦理性”的觉醒提供必要的知识环境和人文氛围，为学生提供更全面的知识内容和文化视野。

我国现阶段社会的实用性追求和功利性要求对高等学校通识选修课程建设产生了一定的、不可忽视的影响，造成高校更愿意关注大学生的工具理性教育，忽视其人性化和社会伦理性的全面通识教育，使大学生的综合素质存在一定程度上的偏狭性。所以，包括公安院校在内，通识选修课程设置如何体现其基础性就显得尤为必要。

当然，公安院校通识选修课程并不是公安专业教育课程的附庸，其主要目的：一是为预备警官的全面发展提供通识性、广博性和基础性文化知识，旨在使他们获得知识的时间深度和空间跨度提升的基础上，形成深厚的文化底蕴，提升他们的人文素养与科学素质，体现社会主义核心价值观。二是为他们获得如何思考问题提供基础性的方法论和宽广的思维视野，提升他们从知识的整合性视角处理和分析问题的能力。三是开阔他们的胸襟，培植他们的人性和社会伦理性。从上述意义讲，通识选修课程建设必须坚持内容的基础性原则。

②“全人”预备警官的导向性原则

高等学校应该为大学生提供怎样的通识教育，课程应该如何设计，怎样加强通识教育选修课程的导向性价值与原则的选择，这在目前是我国高校应对社会对人才需求的战略要求。与此相适应，公安院校通识选修课程建设就要体现“全人”预备警官的导向性原则。

公安院校通识选修课程如何设置，能够使这些大学生预备警官把马克思主义理论的学习内化成自身的政治思想素质的提升与表现，实现公安院校通识选修课程所要求的预备警官的政治思想素质教育与具体培养“全人”预备警官的目标的合一，是公安院校通识选修课程建设的导向性原则。所谓导向性原则，是指通识教育选修课程设计应该从国家社会发展对“全人”预备警官的人才需求的层面体现其课程价值的原则。

公安院校通识选修课程建设不仅要让学生获取广泛的知识，更重要的是通过知识的学习，具备预备警官应有的基本素质。公安院校预备警官政治思想素质的教育主要包括科学的信仰信念教育，正确的世界观、人生观、价值观教育和人民警察意识的教育，公安院校预备警官必须树立正确的世界观、人生观和价值观。导向性原则要求培养预备警官良好的个人品质、人格的完整性、人文素质、创新精神及团队意识，这是公安院校通识选修课程建设必须坚持的导向性原则，达成“全人”预备警官的和谐而自由的发展，实现公安院校教育的培养目标。

提问教学法的层次展开与课堂参与的逐步深入

中国人民公安大学 王雪琴

问题的提出

进入21世纪以来，随着综合国力的不断提升，中国许多大学开始了向世界一流大学迈进的步伐。公安院校应时而上，提出了建设国际一流警察大学的目标，并在基础设施、办学理念、课程设置、教学质量、科研成果等方面做了大量努力。关于一流大学的根本标志，美国学者阿斯汀（A. W. Astin）在20世纪80年代提出，“大学的卓越”、“本科教育的高质量”，应当直接以教育对本科生所产生的影响作为根本的评判标尺。他提出的“基于才智发展的质量观”（quality as talent development）强调，大学的卓越在于使学生通过大学学习，在知识、技能和个人发展上产生“最大的增值”（add the most value）。这一主张因凸显本科教育特别是本科学生的进步在大学发展中的基础性位置，在国际学术界和高等教育界受到了广泛支持。因此，大学高质量的体现就是大学本科生才智发展的质量观。高质量的本科教育要回归学生，以学生的成长与发展为本，以课堂教学为本，这是中国大学追求一流的必由之路，是高等教育的根本。

课堂教学是大学最主要的教育形式，是人才培养最重要的基础，大学教学改革必须首先关注课堂并最终落实到课堂。大学课堂教学应该教会学生学习方法。中国现有的应试教育指挥棒从基础教育开始发挥导向作用。步入大学的青年学子，在十几年的教育经历中深受传统的学习观念、学习方式、学习习惯的束缚。进入大学后，中国大学生有着良好的学习纪律性与学习自觉性，有着骄人的考试成绩，但在学术创新、批判性思维、表达能力、合作技能等方面逊于国际一流大学的本科生。这一现象值得中国高等教育的警醒和反思。中国大学亟待推进学习方式的深度变革。笔者认为，着力变革学生的学习方式，努力促进深度学习，可能是改变这种状况的切入点。国际上有关本科生学习方式的大量研究证明，“大学生所采用的学习方式的类型，会强烈地影响学生的学习结果和整体发展”。“采用深度学习方式（如探究、讨论、发现等方式）的学生要比采用浅层学习方式（如听讲、记笔记、埋头苦学而不进行深度反思等方式）的学生，更有可能获得整体思维能力、学术能力和学习成绩的成功”。[①] 美国国家研究协会（National Research Council）在《人是如何学习的》指出：“当学生积极活跃地投入学习的过程（如讨论、质疑、小组合作、批判等），而不是被动地坐在一边听讲时，他们更有可能避免死记硬背而走向更高层次的理解和更多的整体发展。”[②] 当前中国高等教育应直接而勇敢地触及学生学习方式的转变这一深层次问题，转换思路，以学生学习方式的变革为基点，重新思考课程与教学的调整和革新，让学生真正地参与到深度学习活动中去，在深度学习参与中获得深刻体验和整体发展。

同时，这一做法能使大学生获得丰富的本科学习经历与体验。大学四年的学习经历和体验是丰富多样的，并对学生的成长产生影响，正处于高可塑时期的学生需要获得思想和方法的指引，以面对社会发展、环境改变、人际关系变化带来的挑战，并从中寻找成长的路径、快乐的源泉和成功的道路，能够更好地度过人生中最单纯美好、最富于幻想、最勇于创新的黄金时代。课堂参与也是大学四年中一种经历与体验，只有自己经历的，才能影响深远。因此教师有责任帮助学生

---

① 吕林海、龚放：《大学学习方法研究：缘起、观点及发展趋势》，载《高等教育研究》2012 年第 2 期。

② 弗兰克·纽曼等：《高等教育的未来：浮言、现实与市场风险》，李沁译，北京大学出版社 2012 年版。

丰富他们的经历与体验，使学生从教师、同学的鼓励中获得自信与自觉，从课堂参与中汲取思想和知识、获取教训和勇气、体验积极和勇敢、品味成功的快乐、历练性格与品德，获得足够的、可以适应现代社会需要的信息和知识，开阔视野，学会学习。因此，提高本科教育质量，创建一流大学所需要的不仅仅是课程、教学领域的变革与调整，还包括学生在大学期间所能体验、所能获得的各种经历，这些经历悄然而又深刻地改变着每个身处其中的学生，改变着他们的旨趣、学识、情感和气质。

当前大学课堂教师提问与学生参与现状

随着中国高等教育改革的不断深入，高校教师的教学理念已经发生了适应形势的新变化，提问已成为课堂教学的重要方式，几乎每堂课教师都有提问环节。教师对问题的观念也在发生改变，以往将问题看作是评估具体信息细节问题的工具，现在将问题看作是积极处理、思考以及有创造性地运用信息的方式，视为了解知识的多样性、复杂性以及丰富性的主要工具。课堂提问成为师生交往、互动和对话的重要手段。但是也不能就此认为课堂提问已经十分成功，其实在不少课堂中，教师发出问题信息后，学生由于信息接收不畅、信息理解偏差、困难或者根据现有信息无法作出判断等原因，表现出长时间“无语状态”的“课堂沉默”，这种提问往往是低效的甚至是无效的，无法产生教学深入开展及学生广泛参与的实际效果。当然，这其中有学生方面的问题，因为大学缺乏经常性的考试，没有中学时代按成绩排名的压力，也没有按时完成的家庭作业，所以大学生感到没有特别的责任或需要去预习功课以有利于课堂参与，大学是一个学生没有预习功课进入课堂也会感到安全的环境，学生有一种不预习也不会被提问的安全感，这一点成为影响他们课堂参与的首要因素。

教师是课堂教学的主导者，能不能有效地利用课堂提问，调动学生广泛参与，关键在教师。目前教师课堂提问中存在的主要问题是：第一，提问过于随意，缺少计划性。经常使用选择式问句，如“是不是”“对不对”等，缺少知识的针对性和对学生的启发性，不善于转换问题的提法，不善于设置问题，不懂得让学生从问题中学会学习。如果课堂教学中频繁使用选择式提问，就使课堂教学的起点显得很低，不仅不能开发学生的思维，而且使课堂教学效率低下，学生的参与积极性得不到调动，不可能使学生带着兴趣探求新知识，学生只能在单调枯燥中接受课堂知识。有的教师提问太难，在现有思维水平之上，学生感到无法明确思考方向，捕捉不到问题实质，不能使学生感受到学习思考的趣味，也使学生丧失信心，使课堂提问失去价值。实践证明，过难或过易的问题都不利于激励学生的学习兴趣，因为过难的问题超出学生的领会水平，不能与教师产生共鸣；过易的问题会使提问流于表象，对学生思维的发展起不到应有的引导作用。第二，提问的开放程度不高，过于注重知识的记忆，问题缺少层次性。已有研究发现，课堂提问中，记忆性问题约占 74.3%，推理性问题占21%。[①] 教师通常以针对知识点的记忆性问题为主，缺乏思维的广度和深度，缺乏适中的拓展和延伸，提问指向不明。最典型的就是简单直接的对错问题。这样的问答，看似活跃了课堂氛围，但实际上，课堂提问质量低下，提问行为流于表象，反而会打乱学生思考问题的思路，分散学生的注意力，使学生的学习陷于浅表，思维陷于固有模式，导致大学生的学习方式仍停留于死记硬背、机械学习，不利于学生思维的拓展与延伸，对其后续学习产生不良影响。第三，提问节奏不够科学，缺乏课堂参与的民主性。教师提问后，86.7%的提问基本上没有停顿等候时间，在问答方式和候答时间上，学生齐答方式较多，占41.9%，学生处于被动回答状态，教师没有留给学生足够思考、有效质疑的空间。在反馈方式上，教师对学生鼓励和称赞的占74.3%，打断学生和消极批评的占 13.3%。候答的时间太短，学生缺少足够的思维时空，思维过程无法有效展开，提问缺少过程性；面对提问，学生回答和表现的机会严重不均，缺少课堂参与的公平性与

① 顾泠沅、鲍建生、王洁：《聚焦课堂：课堂教学视频案例的研究与制作》，上海教育出版社 2005 年版。

民主性；没有给学生留出提出问题的时间和空间，缺少激励性和探索性，学生不敢、不能、也不愿提出问题，缺少主体性等。

提问教学法的层次展开与课堂参与的逐步深入

广义而言，任何通过语言形式提出问题，引发他人产生心智活动并做出回答反应的刺激都是提问。课堂提问就是由教师在课堂上运用疑问句进行问题表述的言语行为，其目的是引发学生的思维活动。布卢姆将课堂提问分为六个层次，即记忆型、理解型、应用型、分析型、综合型以及评价型，其中前三种为低层次提问，后三种为高层次提问。① 每个教师都要了解和能够用布卢姆的目标分类说来分析自己的课堂提问，这对培养学生学会发现问题、解决问题、通过高层次思考来掌握知识，具有其他教学方法难以替代的作用。

一般来说，课堂提问从低层次问题开始，主要涉及记忆性问题，目的指向学生对基础知识的掌握、向学生提示重要的课程内容、为学生示范课堂提问的模式等。因为问题的水平通常比较低，只要浅层次思考就能记忆或回忆某些事实、定义、展示理解程度，学生很快做出口头回答，这种低层次提问能使学生通过简答来做快速的热身练习，使每个学生获得课堂参与机会。美国学者关于口头回答的有效性研究发现，“在传统的口头回答方法中，被叫起来回答问题的学生比没有被叫起来的学生的学习效果要好。”② 低层次问题促使学生理解教材内容，并清楚随后会继续提问，能够积极思考并顺利进入后续讨论。它体现的理念是：课堂是每个学生学习的地方，每个学生都有唤醒记忆的能力，都有课堂参与的机会，都会得到平时参与成绩。这种对参

---

① Frazee，B. M & Rudnitski，R. A. Integrated Teaching Methods：Theory，Classroom Applications，and Field - Based Connections. Washington：Delmar Publishers，1995.

② 沃尔什、萨斯特：《优质提问教学法：让每个学生都参与其中》，刘彦译，中国轻工业出版社 2009 年版。

与过程的重视，提高了学生课堂参与的普遍性，也使教师帮助学生塑造课堂行为，使学生在课堂中学会“如何学习”，进而形成一系列课堂规范。

低层次提问激发学生初步的认知过程，调动学生参与的热情，但课堂教学不仅关注知识的获得，更重视能力的培养，低层次问题提问太多容易导致学生“审美疲劳”。有效的课堂提问应该进一步展开，向应用型、分析型、综合型以及评价型问题转变，有计划地将这些问题放在构建新知识或解决新问题的大背景下，使学生能够进一步思考，在原有的基础上获得发展，因此必须创设出有探究价值的开放性问题，使课堂提问进入较高层次，把学生推向“记忆”层面之上更高的认知水平，创设有广度、有深度的问题，使课堂提问不断深入。发散性问题有利于拓展思维的广度，使学生从不同角度思考问题，积极参与，训练学生创新思维。对比式问题能够使学生在思考过程中找到具体的参照，从横向、纵向对比中展开比较思维，让学生各抒己见。评价性问题鼓励学生从正反两方面来理解问题，因为任何事情都有两面性，教师应鼓励学生全面理解问题。增强课堂提问的深度，可采用疏导式提问提出反思型、归纳型、分析型、综合型以及评价型问题，激励学生站在开阔的时空视野中对问题进行思考，引发学生猜测、推理、探究、反思、总结等，把教学内容设计为环环相扣、不断深入的螺旋式问题组，让学生在回答问题的过程中不断寻根究底，寻求问题的解决。

随着问题解答的不断深入，学生参与程度不断深入，在回答问题的过程中，学生也会提出问题。问题是思维的起点，也是思维的动力。爱因斯坦说：“提出一个问题往往比解决一个问题更重要，因为解决一个问题仅仅是一个数学上的技能而已。提出新的问题、新的可能性，从新的角度去看旧的问题，都需要创造性的想象力，而且标志着科学的真正进步。”问题是培养能力的过程和机会，教师应当保护学生提问的热情，把学生的问题当作课程资源继续开发，给每个学生提供不断探究的机会，让课堂参与既给学生带来考核记录，又给学生带来思考的欢乐和成功。心理学研究表明，当学生能够提出问题时，他更容易理解和记忆正在学习的内容。当学生开始就教学内容提出问题时，他就积极参与到了意义建构中来，这是思考的标准定义。通过形成问题，学生将新旧知识相联系，将学习体验为理解知识的过程。能够将知识和个人体验相结合的学生积极参与到具有创造性的学习中来，这些学生发展了终身学习的内在动机和技能，如果能够做到这一点，提问教学法就达到了应有的目的。

公安高校思想政治理论课实践教学模式的建构①

中国刑警学院　刘昱彤

2005年3月，中共中央宣传部、教育部颁布了《进一步加强和改进高等学校思想政治理论课的意见和实施方案》（简称2005年方案），提出“要加强实践，高等学校思想政治理论课所有课程都要加强实践环节。要建立和完善实践教学保障机制，探索实践育人的长效机制”。多年来，各高等学校在调整课程设置、改革教学方法和增进教学实效等方面做了大量工作，取得了不少成绩。但实践教学环节的弱化是教育界所认同的一个亟待解决的问题。

一、思想政治理论课实践教学的含义

高校思想政治课实践教学是寓教于“行”的教学方法，即以思想政治理论课理论知识为依托，教师通过运用丰富多彩的教学手段，引导学生有目的地参加各种实践活动，在实践中获得感性知识，促进知识向能力的转化，使其主观世界得到感性的再教育和主体能力得以全面优化，实现学生本学科科学文化知识和自身思想道德素质、政治素养和品格修养全面提升的教学过程。实践教学的过程也是一种集多种能力为培养目标的综合训练过程，包括提高认知能力、交际能力、

---

① 本文系院级课题“公安高校思想政治理论课实践教学模式研究”研究的部分成果。

创新能力、科学研究能力和岗位适应能力，是教学活动中不可缺少的重要环节，它能够对某一课程形成深刻的理解，验证理论，懂得如何应用理论。具体来讲，应该明确以下几个方面：首先，从教学实施人员上看，思想政治课实践教学应以思想政治理论课教师为主，学生工作部门教师、专业课教师等其他相关部门人员密切配合。其次，从教学性质、内容和目标看，思想政治课实践教学强调的是思想政治理论课范畴下的实践教学。不同于学生参与的一般性社会实践活动，思政课实践教学要将高校思想政治理论课基本理论知识与大学生个性发展规律、学习生活实际以实践活动的形式整合起来。最后，从教学的实现形式看，思想政治课实践教学的实现方式按不同的标准划分有不同的方式：按其实施的内容和场所划分，可以分为自我实践和社会实践；按其实施的形式来划分，可以分为体验型、践履型、研究型三种主要形式，即“感—行—思”三阶一体。①

思想政治理论课教学是以正确的思想灌输为主要内容，具有鲜明的理论色彩。人们往往认为，上好思想政治课只要把理论讲清楚，讲透彻，而实践教学那是专业课的事情。其实，这种观点是片面的。课堂理论教学注重基本理论和基本观点传授的客观性、科学性和学术性，实践教学则注重理论知识的应用性、经验性和综合性。任何理论，归根到底源于实践，任何理论，也必须回到实践。

二、公安高校思想政治理论课实践教学模式的建构

与课堂理论教学相比较，公安高校思政课实践教学在教学的时间和空间上发生了深刻的变化，它是一个系统和复杂的过程，必须具备和创造一定的条件，才能实施并获得成效。这既需要思政课教师大胆探索、勇于实践，也需要学校党政领导的高度重视。既需要动员学校的各方力量，也需要社会的多方支持。既要有相应的物质保障，也要

---

① 张森年：《“‘感—行—思’三阶一体实践教学模式”的建构与实践》，载《思想理论教育导刊》2011 年第 7 期。

有健全的机制和合理的政策保证①。既需要紧紧围绕高校思想政治理论课教学目标，又能够突出公安高校的职业特色。

（一）确定公安高校特色的思想政治理论课实践教学指导思想

胡锦涛总书记在加强和改进大学生思想政治教育工作会议讲话中指出："加强和改进大学生思想政治教育，提高他们的思想政治素质，把他们培养成中国特色社会主义事业的建设者和接班人，对于全面实施科教兴国和人才强国战略，确保我国在激烈的国际竞争中始终立于不败之地，确保实现全面建设小康社会，加快推进社会主义现代化的宏伟目标，确保中国特色社会主义事业兴旺发达、后继有人，具有重大而深远的战略意义。"公安高校不是培养一般的"中国特色社会主义事业的建设者"，而是培养"社会主义事业可靠接班人"。据此，公安院校大学生的思想政治教育要完成双重目标要求。公安高校思想政治理论基础目标是让学生树立起科学的世界观、人生观、价值观，培养成具备良好的道德观念和行为规范、爱岗敬业、奉公守法、乐于助人的合格社会成员；职业目标是把学生培养成具有坚定的马克思主义信仰，"忠于党、忠于祖国、忠于人民、忠于法律"，吃苦耐劳、忍辱负重、坚贞不屈、勇于献身的高尚品格，以过硬的思想政治素质来保证肩负起"巩固共产党的执政地位，维护国家的长治久安和保障人民安居乐业"的重大的政治和社会责任，成为优秀的人民警察。

公安高校思想政治理论的教学目标的双重性决定了公安高校思政课的开展既要符合思政课教学目标的要求，又要突出公安专业特色，必须克服简单化倾向，坚持具备公安特色的个性化教育方式。公安高校思政课实践教学的组织与实施，实践教学大纲、教学计划以及具体的实施方案的制定，应从学校的实际情况出发，突出学生个性特点，做到因材施教，切忌一刀切。要根据公安专业科目特点，开展适用性、针对性强的实践教学活动。例如，在进行思想道德修养实践教学

---

① 唐展生等：《湖南省高校思想政治教育研究》，湖南大学出版社 2001 年版。

时，可以请基层的优秀警察或者优秀毕业生代表与学生座谈、为学生讲解该专业的职业道德。在课外的社会实践环节，可以加强与公安基层部门的联系，建立与公安专业相关的实践基地，等等。

（二）建立健全思想政治理论课实践教学管理机制

思政课实践教学不同于一般的社会实践，它是思想政治理论课教学的一个基本环节，应该按照课程规律和教学规律，科学、系统地制定相关制度和规范①。如果实践教学缺乏相应的组织保障。面对着众多的实践教学对象，单纯依靠数量有限的思政课教师去指导学生实践，显然是难以组织实施的，建立运转灵活的思政课实践教学管理体制是进行思想政治理论课教学的制度保障。在高校要把思政课实践教学纳入教学管理和行政管理的双重轨道，在管理机制上协调配合，统一规划部署实践教学活动。

1. 建立专门的思政实践教学的组织管理机构，将思政课实践教学纳入公安高校行政管理轨道

公安高校要加强对思政课实践教学的重视程度，成立思想政治理论课实践教学组织领导机构，统筹安排思政课实践教学。由学校领导主抓，党委宣传部、教务处、学生处团委、与思想政治课教学单位分工协作，各部分各负其责，分工协作。例如，设置相应部门负责组织协调校外实践教学的相关事宜，即安排专门人员负责对外联系和经费管理、对外招待、组织学生、保障师生的外出安全等，各部门间形成合力，为思政课实践教学的顺利开展提供强有力的组织保证。

2. 实行思政实践课教学课程化管理，将思政课实践教学纳入公安高校教学管理体系

目前，公安高校普遍没有把实践教学正式列入授课计划。由于学校学生的总课时都安排得满满的，因此要利用学生的业余时间去组织实践教学困难不少。并且由于课程形式所致，人们习惯于只把计算学时、学分的课程作为一门课程，从而获得师资、财力与设备的支持。如果思政课实践教学不能纳入正规的教学体系中，便很难在实践中加

---

① 刘强：《思想政治学科教学论》，高等教育出版社 2000 年版。

以落实。

因此，实践教学课程化是思想政治理论课实践教学改革的必然途径。可以把实践教学看作是思政课课堂教学的载体和理论教学内容的延伸，将实践教学纳入教学计划中并明确学时学分要求。制定完整的阶段和课表安排，明确教师任务和分工，对实践教学工作量的核算、成果的评定标准、人员的安排、部门协调以及教学目的都作出明确的规定，从而使实践教学科学有序地进行。思政课教师能依据专业特点确定教学计划，制定实践教学大纲，编写教材和实践教学指南，拟订关于实践教学的规章制度，这样极大地有利于从整体上思政课实践教学的内容进行设计，从而推动思想政治理论课实践教学的正规化建设。

（三）创新灵活多样的思想政治理论课实践教学形式

思想政治理论课实践教学教师应把握住现代教学的优势和特点、充分整合学校资源、结合学生的特长去设计创新实践教学、创新实践教学形式，使实践教学形式更为灵活多样，建立起以体验型、践履型、研究型三种主要形式为架构的“感—行—思”三阶一体的实践教学模式，提升实践教学的实效性。

1. 创新模式，不断探索和丰富实践教学的形式

随着社会的不断发展进步，思政课实践教学的形式也需要与时俱进、推陈出新。落后于时代、不适应学生发展需要的教学模式是会受到学生排斥的。教师可以结合当代“90后”大学生的群体特征不断创新和调整教学形式，发展不同的实践教学形式，使实践教学形式更具灵活性，如模拟式、竞赛式、调研式、参观考察式、勤工助学式、义务服务式、专业实习式等。但要注意，在创新实践教学模式的同时，必须确保其内容的充实性、可操作性和针对性，否则，就达不到教育学生的目的。

2. 开拓思路，最大限度地整合、利用现有资源

由于受到学生整体课时紧张、经费不足、实践资源有限、教师工作量大等原因的限制，公安高校的思想政治理论课实践教学仅仅由思想政治理论课教师带队组织进行确实存在相当大的难度。为此，公安

高校可以开拓思路，充分开发既有的可利用资源，为思政课实践教学所用，丰富实践教学的形式。首先，可以借助专业实习优势，把专业教学资源有机地纳入思想政治理论课的教育教学之中；其次，与学校的团学活动相结合，以团口的活动为契机，组织理论课教师、团学工作者对学生开展爱国主义和民族主义教育；再次，寻找校园文化活动与思想政治理论课实践教学的契合之处，以公安特色的校园文化为平台，以丰富多彩活动为载体，优化资源、开展思想政治理论课实践教学；最后，充分利用现有学校资源，积极邀请职业、道德楷模或社会专家学者开展讲座，特别是积极邀请公安高校毕业生优秀代表给学生谈在公安基层单位的工作经历与体会，通过他们的亲身体会，对在校学生进行教育。

思政课实践教学对这些资源的充分利用不仅可以大大节约人力、物力和财力资源、提升社会实践和校园文化的高度，也可以丰富实践教学环节的形式和内容。只有大力整合学校资源，才能做到资源效益的最大化。这里要强调的一点是，学生管理部门和专业学科部门的领导、教师的重视与指导会直接影响到实践教学的实效，因此，应充分调动其积极性主动参与学生的自我实践和社会实践，并努力地为思政课实践教学提供条件。

（四）建立合理的思想政治理论课实践教学考核评价机制

合理的考核评价机制是公安高校思想政治理论课实践教学模式的重要环节。这种考核评价机制需要根据具体的教学内容，综合运用多种手段，通过各种途径从广义和狭义上对思政课的实践教学成果进行考核评价：从广义上来说，为了不断完善公安高校思政课实践教学，要对其实施整体效果进行评价。参与评价的三方为实践教学的组织管理部门、任课教师和学生，评价内容包括实践教学大纲制定的科学性、实践教学活动组织的有效性、任课教师的表现、学生的总体学习效果等多个环节作出的客观评价。在每学期实践教学完成后进行，旨在总结经验、找出优点与不足，对实践教学提出建设性意见和建议；从狭义上来说，作为学生的个人收获和学科成绩，要针对每个学生的学习成果进行考核。为了使学生的实践考核成绩更加公平公正，在考核的方式上应灵活多变，应根据不同的实践形式和内容来确定，如参观实践教学基地或者观看教育片后可以写观后感、参与实践调查可以考核调研报告，模拟授课可以考核教学教案和课件等。在考核的参与者方面，应采取教师和学生共同参与的方式，由于学生人数过多，任课教师很难在有限的教学实践中了解每一位学生的参与情况，因此不妨让学生参与进来，进行自我和相互评价，这种评价结果根据实践教学实际情况来确定其在学生实践教学成绩中的比重，或者是给予教师作为评价参考。而为了合理的规范学生的实践教学考核结果，应在实践教学的大纲和每学期的教学计划中进行统筹安排。

（五）优化思想政治理论课实践教学保障机制

公安高校思政课实践教学的顺利开展，与合理完善的保障机制密不可分，这种保障机制包括人、财、物三个大方面。

1. 实践教学的师资保障

一方面，要不断提升思政课教师的综合能力，加大培养力度。教师是思政课教学的组织者，通过教师鼓励、引导、激发学生，从而产生强大的感召力和影响力，才能实现思想政治教育的实效性，因此思政课实践教学教师队伍的建设至关重要。思政课教师不仅要政治素质、理论素质过硬，还要具有较强的组织、管理能力，对实践教学的方法和规律有科学、客观的理解和把握。首先，公安高校应大力鼓励思政课教师深入社会各个领域开展社会调查，开阔视野、更新知识，全面了解国情、社情、民情，为教学积攒第一手的素材；其次，要加强对思政课教师的岗位培训。例如，定期有计划地选派骨干教师外出进修学习，不断提高思政课教师的知识素质和实践能力。最后，学校还可以在校内定期开展实践教学交流会，总结经验和不足，同时邀请理论水平高、有优秀实践经验的知名教授开设讲座，学习名校、名师好的做法，提高思政课教师的综合素质。

另一方面，要激励思政课教师的积极性，鼓励教师参与、创新实践教学工作模式。由于现有的实践教学尚未纳入教学计划，实践教学的工作量也未计入教师的工作量中，尤其是校外实践活动的准备、组织、管理工作量更无从考证。为了维持正常、公平的教学秩序、保护和激励教师的工作积极性，有必要对思政课教师开展的实践教学工作计入教师每学期的工作量中去，量化思政课教师的实践教学工作，采取明确计算方式，把实践教学的课时数按一定比例折算成标准课时纳入思政课教师学期教学工作量。

2. 实践教学的财政保障

一方面，学校应加大对思想政治课实践教学的经费投入力度。根据实践教学大纲与计划，切实将思想政治课实践教学经费纳入预算之中，为实践教学设置专项资金，用专项经费和基金支撑建立保障体系。另一方面，学校必须建立和完善实践经费管理使用制度，实行经费使用审批程序，使有限的经费用在刀刃上，发挥出最大效益。

3. 建立长期稳定的实践基地

校外实践活动是思政课实践教学的重要环节，为使其常态化，必须建立起长期固定的思政课实践教学基地，这是提高大学生思想政治教育效果的一个新的“切入点”和“突破口”。一方面，要充分利用地方资源，发挥“地利”优势。例如，可开发当地的文化馆、科技馆、博物馆和历史人文景区作为思想政治理论课的校外教学基地，也可以与当地的老牌企业、新兴的知名企业等建立联系，寻求进一步的合作。另一方面，注重开发和利用现有资源，公安高校应把握自有资源，如历届的校友资源、与公安业务相联系的地方公检法单位、公安学员每年实习实训的公安基层组织等，这些资源对开发和建设校外实践教学基地大有用处。

（六）开展广泛深入的公安高校思想政治理论课实践教学研究

公安高校应鼓励思想政治理论课教师对思想政治理论课实践教学进行理论研究和实践探索，不断建立、完善一套具有公安专业特色、适用性强的思想政治理论课实践教学模式，提高思政课实践教学的有效性。

一方面，要研究思政课实践教学与理论教学的关系，最大程度地发挥实践教学的作用。探索具有公安院校特点的实践教学内容和形式，完善学生的考评制度。综合分析实践教学的教学效果，不断探索具有公安特色的思想政治理论课校外实践教学新途径。

另一方面，充分研究、借鉴他校经验。自中共中央宣传部、教育部提倡增加思想政治理论课的实践教学环节以来，国内各高校都在实践教学的探索上下了功夫，其中有些高校取得了很好的成绩，已经成为各高校学习的典型。“他山之石，可以攻玉”，公安高校的思政部可开展广泛的考察和调研，吸收和借鉴其他院校思想政治理论课校外实践教学的经验和教训。但是由于公安院校性质的特殊性，普通高校已经成熟的实践教学模式不能被直接应用，因此各个公安院校之间也要开展广泛的交流，共同探索符合公安高校自身特点的思想政治理论课校外实践教学模式。

公安院校思想政治理论课实训教学的调查与研究

中国人民公安大学 李 宏

一、公安院校思想政治理论课实训教学概况及其问题

以中国人民公安大学“思想道德修养与法律基础”课为例（以下简称“修养课”）。我们根据公安大学面向公安实践的办学特色，积极引入实训教学理念，强调参与式教学模式，以学生参与为特征的课堂实训教学方法包括：1. 收集学生意见，让学生参与到教学目标定位中来。2. 结合学生兴趣和意愿，让学生参与到课程教学内容中来。3. 开展形象生动的教学活动，让学生参与到教学过程中来。4. 让学生参与到“修养课”教学评估中来。

公安院校思想政治理论课的实训教学也存在一些不容回避的问题，为深入准确地查找出问题的原因，调研采用了问卷和抽样调查的方式。以中国人民公安大学全日制本科学生为调查对象，兼顾性别、年级、专业等进行随机抽样。在实际调查过程中共发放了问卷150份，回收146份，回收率为97.3%，有效问卷146份，有效回收率为97.3%。本次问卷由30道客观题和5道主观题组成，在一定程度上客观地反映了学生的思想现状与我们的教学效果。

1. 实训教学存在的主要问题

经调查，30%的同学认为实训教学没有多大意义，不够重视实训环节，27.6%的同学认为组织存在问题，实际参与的学生数量太少，22.4%的同学认为最大的问题是“学生们不知道一个效果很好的实

训展示究竟包括什么”。此外，还有少数同学认为实训形式不新颖，没有吸引力；老师不能调动积极性；内容没新意，觉得没意思；考核不规范等。

我们据此可以做出这样的结论，老师清楚准确地向学生讲明实训环节的重要意义、具体内容、操作环节和考核程序，对于实训教学收到良好效果至关重要。我们要想规范学生对于实训教学的参与，应当规范教师对于实训教学的准备。教师务必要在实训教学前做足功课，应当撰写详细的实训教学大纲，包括每一次实训教学任务的教学目的、具体内容、操作环节和考核程序。

2. 实训教学开展的合适频率

实训教学的开展频率，38.2%的同学认为每2—3次课一次，35.5%的同学认为每次课都应当有，贯穿讲授全程，各有13.2%的同学分别认为每个月1次和每个学期1次。

由此可见，大多数学生不反感实训教学，学生们反感的恰恰是第一题调查中的“认为组织存在问题，实际参与的学生数量太少”。基于此，同时也依据教师在实训教学中的经验来看，“每次课都应当有实训环节，可以贯穿讲授全程”，这样做的最大好处：一是可以在有限的教学课时中最大限度地覆盖到每一名同学，让所有的同学都参与其中；二是可以在学生中分不同小组，让他们彼此之间展开竞争，可以最大限度地调动学生参与实训教学的积极性。

3. 实训教学的最好形式

43.4%的同学认为实训教学的最好形式是团体协作，共同完成一项任务，如拍摄DV短片或情景剧演出，35.5%的同学认为社会实践，如公益活动是最好的实训教学形式，仅有14.5%的同学认为通过自己研究、查找资料之后，再以某一形式展示出来的实训教学是最好的形式，6.6%的同学认为课堂讨论是最好形式。

我们一般把思想政治理论课实践教学划分为三种基本形式：一是课堂实践教学；二是校园实践教学；三是社会实践教学。我们仅仅讨论第一种形式，课堂实践教学。所谓课堂实践教学，就是“在课堂教学中构建实践教学的情境和模式，不断发挥学生的主观能动性，引导学生主动地参与实践，积极地思考问题、解决问题。案例教学法、情境教学法、问题教学法、专题研讨法等都属于这种形式”。[①] 基于此，我们所说的实训教学，是具有公安院校特色的实践教学，强调对于学生的训练与养成教育，即转变过去学生单纯听讲的被动局面，让学生主动起来，做到“脑动、身动、嘴动、手动”。

4. 实训教学的考核方式

在“你认为哪一种实训教学的考核方式最好”一题中，有39.5%的同学认为客观规范科学的考核，不取决于人为因素的方式是最好的，32.9%的同学认为学生民主评议的考核方式最好。

客观规范科学的考核方式是每一名同学所期待的。建立科学、合理的考评体系，既可以有效地检验实训教学的效果，又可以为今后更好地开展实训教学提供参考。结合公安院校实际，制定出规范科学的考核程序正是我们进一步研究的主要内容。

5. 实训教学最能够锻炼提升的能力

40.8%的同学认为参与实训教学最能锻炼提升自己的表达展示能力，23.7%的同学认为最能锻炼组织协调能力，18.4%的同学认为最能锻炼思考分析能力，14.5%的同学认为最能锻炼自我学习能力。

这里需要结合调查问卷中的两道主观题来分析，其中一道主观题是“你认为参与实训教学后最大的收获是什么？”另外一道主观题是“你愿意参加实训教学的原因是什么？”两道题均有超过80%的同学提到了“锻炼能力”；在第二题还有同学提到“展示自己，让更多的同学认可自己”，占到总数的10.5%。

调查充分表明大学生渴望通过各种渠道锻炼提升自己的能力，特别是大一新生（“修养课”只面向大一学生开设）更加渴望与集体融合、渴望展示自己、渴望获得老师和同学的认可。基于此，我们可以认为实训教学最重要的目的之一就是提升学生能力。但是，究竟通过思想政治理论课实训教学能够提升学生的哪些能力；能力训练与理论

---

① 吕健：《对思想政治理论课实践教学的几点思考》，载《沈阳航空工业学院学报》2006年第6期。

教学是否冲突；通过何种具体教学环节来提升学生的能力。这些问题都需要教师结合教学大纲与学生实际深入挖掘，详细讲解，特别是对于学生认为重要但其实感觉很模糊的口头表达能力、组织协调能力、思维分析能力、自我学习能力，甚至是研究问题能力要仔细讲解，要赋予这些摸不到、拿不住的抽象能力一定的形式，通过具体的操作环节，让这些能力有了程序依托，让学生清清楚楚地明白有效果的能力训练究竟是什么，切切实实地感受到通过实训教学而获得的能力提升。实训教学其形式就是让学生动起来，其目的就是能力训练。这样的教学形式与教学目的是吻合的。

6. 实训教学的最好成果

经调查，43.4%的同学认为把自己的实训任务转化为对社会有意义的活动是参与实训教学的最好成果。

可见，学生们参与实训的目的并不完全局限于应付教学或提高自身能力，如果他们的实训参与可以转化为对社会有正面影响的活动，学生们会觉得实训教学更有意义。当然这一范畴属于社会实践教学研究的问题。但是，课堂实践教学也不应当束之高阁，仅仅关注书本知识或理论知识。我们更应当做的是关注社会热点难点问题，通过实训环节的设置与参与，让学生具备更多的社会责任感。当然，这是更高层次的要求。

7. 实训教学的参与意愿

“如果给你机会的话，你是否愿意参加实训教学”这一题目中，88.2%的学生选择了愿意参加。

这表明学生们对于实训教学的参与意愿是非常高的。但不能忽视的问题是还有11.8%的学生是不愿意参加实训教学的。经过调查，其原因有这样几种：“害怕自己准备不充分、展示不精彩”；“只有组织者一人得到了锻炼，其他同学参与太少，觉得没意思”；“没有精力圆满完成实训任务”；“不习惯在公共场合发言”；“话题乏味，几乎没有时下热点话题的讨论”。基于此，我们认为教师一方面要对实训教学内容与环节充分准备，另一方面要对每一名学生的思想状态、爱好特长等个人信息充分了解，做到安排实训教学任务时有的放矢，充分挖掘学生潜在能力，调动学生参与积极性。

二、公安院校思想政治理论课实训教学的设计与组织（以“修养课”为例）

1. 教师任务

（1）实训教学动员

据调查，实训教学存在的主要问题之一是学生们并不清楚何为实训教学，对于有成效的实训参与及展示毫无概念。这样就大大降低了学生参与实训教学的积极性，敷衍了事、搭便车等现象屡禁不止。这就需要教师做好充分准备，包括明确实训教学的目的意义及对学生思想状况的摸底调查。

教师在强调此目的及意义时，切不可停留在空洞的理论说教上，应当结合历年来所收集的大量生动丰富的实训教学案例讲解，如往届学生的策划方案、成果展示、收获心得、经验教训等，既起到示范作用又起到调动作用，授课效果事半功倍。

学生思想状况的摸底调查在开课之初就应当进行。我们的做法是要求每一名学生在第一次课后提交“自我思想诊断材料”，写出自己的思想困惑，内容包括对于社会、家庭、学校、自身发展、公安队伍及公安工作的真实想法。这样教师就能够对学生的思想状况有了初步和整体的把握，再依据学生提交的思想诊断书有针对性地点名提问，按照学生不同情况安排随后的实训任务。

（2）设计教学方法

教学方法包括教学内容和教学流程。内容的设计应当注重针对性、时效性、新颖性，以激发学生参与热情。针对性指实训任务并不完全涵盖教学内容的每一章节，而是精心挑选具有代表性的内容；时效性指实训任务应紧密结合公安院校实际情况和热点时事大事；新颖性指实训任务的安排应尽量切合“90 后”大学生的思想实际。实训内容共六大类：问题研讨、案例研讨、热点研讨、调查研究、主题辩论、情景表演。除常规的实训目的与要求外，重点难点在于与每一个实训环节配套的理论背景知识讲解与调查研究方法培训。

实训流程应保证每一名学生的参与程度。公安大学“修养课”每学期共15个教学周，每周2学时，共30学时，为保证实训教学的覆盖率和教学效果，第1周（概述课）和第15周（考查课）不做，1周机动，其余12周，每周拿出1学时中的15分钟做实训教学，共12次实训任务，按照教学班次把学生平均分为12组。

(3) 布置教学任务

教师应在开学之初就详细将实训教学任务布置给学生。基本原则是教师分配与学生自选相结合；能够最大限度调动学生积极性；有利于学生间良性竞争。这其中最重要的是对调查研究方法的培训和学生团队的组建工作。

思想政治理论课的实训教学始终面临着理论提升与能力培训的矛盾，在实训环节中进行科学研究方法的培训是解决矛盾的最好途径。通过讲解与训练，让学生掌握一定的科学研究方法，用科学调查研究得来的事实与数据分析问题、解决问题，能够对于枯燥的政治理论有全面深刻的认识，同时也锻炼了自己的科学研究能力。

思想政治教育研究领域经常应用的一些具体研究方法，主要包括经验研究方法、文献研究方法、理论思维方法、价值分析方法、现代科技方法、质性研究方法等。[①] 教师可依具体情况，选择其中几种研究方法给学生详细讲解，如经验研究方法中的调查研究方法、文献研究方法，现代科技方法中的定量研究方法、质性研究方法等。

学生团队的组建由教师依据对学生情况的了解，按照实训次数将学生平均分为不同小组，并指定组长与联系人，组长负责实训任务各环节的协调与统筹工作，联系人负责与老师沟通交流汇报。实训团队组建要最大限度地征求学生意见，以能够充分调动学生积极性，展示学生特长为最佳。

---

① 郑永廷：《思想政治教育方法论》，高等教育出版社2010年版。

（4）教学评估考核

规范科学的实训教学考核体系是我们课题研究的重点内容。考核体系包括考核内容与考核方法。

考核内容包括学生的理论思维、感性体验、组织能力及实际收获。深刻的理论思维通过科学研究体现，即学生的研究能力，包括分析问题、解决问题的能力及思考问题的超越与创新能力。鲜活的感性体验，是指学生对于理论问题的感悟与体会，可以由实训成果展示的受欢迎程度、负责展示者的表达与感染力、展示内容的真实与说服力等几个方面呈现出来。组织协调能力的考察范围包括成员的参与程度、团队精神及任务的有效分工。实际收获包括成员对实训任务完成中的经验教训总结及渗透在其中的社会责任感以及更高层次精神追求的体现。

与考核内容相对应的考核方法，教师应重点考查学生在完成实训任务过程中所运用的研究方法、实训任务完成过程、实训成果展示及最后的实际收获四个环节。

2. 学生任务

（1）提交策划书

领受实训任务的学生需要向老师提交一份详细的任务策划书，内容包括选定的章节及对应的实训任务，所采取的研究方法、最终成果、具体分工、完成进度、展示形式、联系方式等。

（2）任务沟通

实训小组的组长与联系人要不断与老师沟通，提交策划书、研究报告，及时汇报任务进展情况，并向老师进一步请教相关理论知识及研究方法。

（3）提交实训报告

完整的实训报告包括成员分工、研究方法、研究步骤、研究成果、成果展示等内容。

（4）实训成果汇报

完成实训任务的小组要推选代表向全班同学展示他们的最终成果，不仅包括实训报告还包括在实训任务完成过程中的收获心得及经验教训总结。实训成果汇报形式不限，由学生自己选择，可以运用多媒体课件也可以以情景剧的形式表演出来，最终做到以充分展示实训成果、现场气氛热烈、有极大的说服力和感染力为佳。

论公安院校思想政治理论课学生学习成绩评价

云南警官学院　刘亚虹

科学、合理地进行教学评价是提升思想政治理论课教学有效性的重要途径之一，教学评价的对象包括教师的教学过程和学生的学习成绩。对学生的学习成绩进行评价，是教学评价的主要组成部分，也是整个教学过程的重要环节，它既可以使教师发现学生学习中存在问题而改进教学，又可以对学生的学习起到导向和激励作用。

对公安院校思想政治理论课学生学习成绩进行科学、有效的评价，应该明确公安院校思想政治理论课的教育目标，积极开展学生学习成绩评价方法的改革，进而在分析和总结的基础上不断完善评价体系。

一、公安院校思想政治理论课的教育目标

《中共中央国务院关于进一步加强和改进大学生思想政治教育的意见》中规定，高校思想政治理论课的主要任务是对大学生进行系统的马克思主义基本理论教育和思想道德法律教育，其目标是坚定大学生对马克思主义的信仰和社会主义的信念，帮助大学生确立正确的世界观、人生观、价值观、道德观和法律观，培养成德、智、体、美全面发展的有理想、有道德、有文化、有纪律的社会主义合格建设者和可靠接班人。“评价离开了教育目标就不能成立。”① 所以，真正符

① 钟启泉：《现代教学论发展》，教育科学出版社 1988 年版。

合思想政治理论课教育目标的学生学习成绩评价，不仅是对学生掌握马克思主义理论和思想道德修养科学知识的情况作出评价，而且要对其接受思想政治教育以后“知、信、行”方面的发展变化做出评价，只强调知识理论掌握情况的评价是片面的，是偏离了教育目标的。总之，“对学生学习思想政治理论课成绩的评价，不仅要评价学生获得知识的情况，更要评价这一课程教学满足学生思想道德发展需要，促进学生坚持正确的政治方向和价值取向，遵循社会发展规律和人才成长规律，实现自身全面发展的情况。”①

公安院校是培养警察的主阵地。警察是一个特殊的职业，肩负着维护一方平安的重任，警察素质除了知识广博、开拓创新等时代对人才的共性要求外，还要有个性特点，那就是政治素质、服从意识和服务意识，否则，就不可能有战斗力。公安部提出“向教育要素质，向素质要警力和战斗力”的战略目标，既是对警察院校教育的总要求，也是对警察所应具备素质提出的特殊要求。所以，公安院校的培养目标应该是把学生培养成为政治合格、品德优良、知识广博、专业扎实、体魄强健、作风过硬，具有创新精神和实践能力的应用型警务人才。②

综上，与一般高等院校相比，公安院校的人才培养目标更加强调政治素质和优良品德，所以，我们的学生学习成绩评价活动绝不能游离于这一目标之外，而应该是反映“学生热爱社会主义，拥护党的领导和党的基本路线，确立献身于中国特色社会主义事业的政治方向程度的评价；学生努力学习马克思主义，逐步树立正确的世界观、人生观和价值观，坚定马克思主义信仰和社会主义信念情况的评价；学生自觉遵纪守法，具有良好的道德品质和健康的心理素质的评价；学生勤奋学习，勇于探索，努力掌握现代科学文化知识情况的评价；学

---

① 骆郁廷：《试论高校思想政治理论课教学评价的特殊性》，载《教学与研究》2007 年第 4 期。

② 卢秋玲：《警察院校人才培养的目标与实现途径》，载《公安研究》2008 年第 1 期。

生努力做到为人民服务，具有艰苦奋斗精神和强烈的使命感、责任感的评价。”①

二、学生学习成绩评价方法改革与反思

云南警官学院高度重视思想政治理论课的教学工作，为了提升教学效果，推行了一系列教改措施，其中比较重要的是对学生学习成绩评价方法进行了大的改革。

从2011—2012学年下学期开始，我们对四门思想政治理论课程的学生学习成绩评价方法进行了改革，期末考试取消笔试，统一采取网络考试的方式，成绩在学期成绩中占60%—70%，平时成绩和期中成绩占30%—40%，期中考试仍然采取主观题的命题方式。前期的题库建设过程中，所有任课教师都投入了大量的精力，在题型选择、标准确定、试题设计方面做了许多工作。新考核办法推行以后，我们都从中体会到了这一改革带来的诸多成效：提高了评定学生学习成就的效率，学生考试结束的同时便可以给出成绩，把教师从艰巨的阅卷工作中解放出来；就测试的项目而言，结果精准，消除了人工阅卷可能产生的误差；因为题库中题目涉及的知识点较广泛，便增加了考试的难度，相应提升了学生对学习的重视程度；等等。

但是，反思三个学期以来的改革，我认为，以下问题是我们不能忽视的：

1. 过多注重对学生理论知识掌握情况的评价。因为网络考试的特点是通过大题量的客观题评价学生的学习成绩，所以其基本题型是单项选择题、多项选择题、判断题，题目内容涉及的多为具体直接的理论知识。又由于对现实问题的分析不是简单的选择和判断的过程，所以考查学生对实际问题进行理论思考能力的题目很少。显然，这种情况偏离了高校思想政治理论课的基本教育方向和目标，以“中国

① 郭聪惠：《思想政治理论课教育教学评价面临的困境及其解决路径》，载《社会科学家》2008年第6期。

近现代史纲要”课为例，我们的教学内容和资源是中国近现代史，但教学的目标并不是单纯地掌握历史知识，而是要让学生在了解国史和国情的基础上深刻领会“四个选择”，即历史和人民怎样选择了马克思主义、选择了中国共产党、选择了社会主义道路、选择了改革开放。但在题库建设过程中，如前所述，受题量和题型的限制，我们的题目基本考的是具体的、单独的历史知识点，没有综合多个知识点进行实际分析的题目，难以对学生分析和解决问题的能力、思想信念等作出相应评价。

2. 加剧了教学内容多而教学时间紧的矛盾。以“中国近现代史纲要”为例，一共36学时，实际课堂教学30学时左右，要完成3个综述及10章的教学任务，全书300多页，时间和内容的矛盾尤为突出。在实行学生学习成绩评价方式改革之前，教师在组织教学中有较大的主动性，可以以教育目标为核心，突出重点教学内容，甚至可以组织学生开展研究性学习，引导学生掌握正确的思维方法，进行分析解决问题的实际训练。可是实行新的评价方法后，由于题量大，考核的知识点多，出于对学生成绩的考虑，教师在教学中仿佛被捆住了手脚，重新被牵回到一个一个具体知识点的讲解中，应该突出的教育目标反而在一定程度上被淡化了。同时，本就不够的学时更加紧张，即使是知识点的一般讲述也无法全部完成。

3. 学生学习成绩的普遍下降。如前所述，网络考试题量大、考核知识点分布广，虽然考的都是直接具体的理论知识，但受教学时数不足、学习时间少的影响，学生的成绩与改革前相比，普遍下降。以我自己所带参加网络考试的学生为例：

2011—2012学年下学期，300名同学参加考试，90分以上人数为0，80—89分有9人（占3%），70—79分32人（占10.67%），60—69分97人（32.33%），60分以下162人（占54%）；

2012—2013学年上学期，249名同学参加考试，90分以上人数为0，80—89分有6人（占2.41%），70—79分有74人（占29.72%），60—69分有101人（占40.56%），60分以下的有68人（占27.31%）；

2012—2013 下学期，328 名同学参加考试，90 分以上人数为 0，80—89 分有 4 人（占 1.22%），70—79 分有 86 人（占 26.22%），60—69 分有 167 人（占 50.91%），60 分以下 71 人（占 21.65%）。

从上述数据可以看出学生分数集中分布在 60—69 分数段及 60 分以下分数段，2011—2012 学年下学期，这两个分数段的人数甚至超过 86%，这样的评价结果，其效度和信度都是较低的。而且，在考试中，我们采取的还是开卷的形式，如果闭卷，结果将可想而知。

另一点需要注意的是，理科背景的学生，成绩分布情况更差，以 2012—2013 学年下学期为例，刑事科学技术专业 2 个区队 100 名同学参加考试，80—89 分有 1 人，70—79 分有 12 人，60—69 分有 52 人，60 分以下有 35 人。这样的评价结果说明学生是在吃高中时的“老本”，而我们对学生进行了一个学期的理论知识教育，看不到评价结果。

上述低信度和低效度的成绩评价结果，必然带来消极的影响。从学生方面而言，成绩不佳直接影响评优评奖，甚至影响将来的求职，打击学生学习积极性的同时，也不利于学生的发展。从教师方面来看，网络考试的评价结果不理想，于是教师们普遍的做法便是放宽平时成绩和期中考试的评价标准，力图“堤内损失堤外补”，提升学生的学期综合成绩。这样的做法又带来了新的问题，原来在决定实行期末网络考试的时候，是将对学生理论运用能力进行评价的任务放到了平时作业和以小论文撰写为形式的期中考试，标准一旦放宽之后，这一评价也相应失去了效度。

反思推行学生成绩评价改革中存在的种种问题，并不是为了让这一改革就此止步。党的十八届三中全会提出了进一步深化改革的时代主题，我们的目的也是要在发现和解决问题的基础上进一步深化学生学习成绩评价的改革，找到适合时代发展以及公安院校特色的科学合理的路径。

三、完善公安院校思想政治理论课学生学习成绩评价体系

完善公安院校思想政治理论课学生学习成绩评价体系，要在总结改革经验的基础上，着重做好以下几个方面的工作：

1. 设计全面合理的评价指标。所谓全面合理的评价指标，应该做到：必须与目标保持一致；指标制定必须整体完备，能全面再现和反映教育目标；能符合学生思想品德的实际水平，能为广大学生认可和接受，具有可行性；能通过测量得出明确的结论，有信度和效度。①

2. 优化题库建设。虽然网络考试这种成绩评价活动存在诸多问题，但是这并不是这种形式本身的问题，网络考试的客观高效是无疑。关键是我们在题库建设中存在缺陷，为了消除这些缺陷我们可以做以下改进：其一，在基本题型不便改变的前提下，增加考核内容的层次。除了原有的对具体知识点进行直接考核的题目外，可以对一些题目的设计进行深加工，设计一些综合若干知识点进行分析判断的题目，从而在一定程度上反映出学生的理论应用能力。其二，因为增加了思考分析的题目，可以考虑削减组题的数量，使学生有思考的时间，而不仅只是作简单机械的选择和判断。综合性、应用型题目的设计，可以在一定程度上帮助我们完整考察教育目标的实现情况，但其作用是有限的，更多的客观评价还是要通过辨析题、论述题和材料分析题、撰写论文等主观性试题来进行。所以，应该降低网络考试成绩在学期成绩中所占的比重，最多不超过50%，反之，增加其他评价方法的比重。

3. 多样化设计平时作业。当今的大学生，思维活跃、运用网络搜索信息的能力较强，但是需要引导和培养他们对信息作出甄别判断

---

① 李资源：《高校思想政治理论课教学评价指标体系研究的现状与思考》，载《思想理论教育导刊》2007年第2期。

的能力。针对这些特点，我们的平时作业可以是写读书报告、撰写时事评论、进行小的专题研究等，这些灵活多样的考试形式，可以反映出学生的理论学习效果，也可以反映出学生的分析研究能力，还可以看出学生的政治思想认识。但是，完成这类作业，比做单纯的论述题难度大，所以，可以增加平时作业在评价中的权重。

4. 期中考试采取其他灵活的方式进行。我们把论文撰写等评价形式放到平时作业中，期中考试就可以尝试其他的方式，如口试。所谓口试，就是要求学生自己抽题或者由老师提出问题，然后经过简短时间准备后当面予以回答。与笔试相比，口试需要学生现场快速思考与即时回答，因此可以从多方面培养学生的思维能力、应变能力和语言表达能力。为保证口试效果，首先要把好命题关，侧重考查学生对基本理论、基本原理的掌握和应用程度；其次要把好组织关，考试规则和评分标准等方面要有明确的规定，确保考试的公正与公平。[①]

在改革中不断提高思想政治理论课教学水平是公安院校完成教育教学任务，实现培养目标的重要保证，为此而深化包括学生学习成绩评价在内的思想政治理论课教学改革，对公安院校的发展将起到积极作用。

① 周伟：《高校思想政治理论课教学评价的对象与方法》，载《思想政治教育研究》2010 年第 1 期。

江西警察学院“概论”课程教学改革的思考与探索

江西警察学院 何 茹

随着我国经济体制改革的进一步推进，我国的社会治安状况日益复杂，如何提高人民警察的政治思想素质，为我国经济的繁荣，社会的稳定，人民群众生活的和谐保驾护航，越来越成为警察队伍建设的重要内容。作为培养人民警察后备队伍的警察院校，担负着为人民警察队伍输送高精尖力量的重要职责，如何使警察院校的预备警察们承担起今后的重大责任和光荣使命，提高警察院校学生的政治素质、职业道德，真正能将执政为民、执法如山的正确理念贯穿于今后的执法工作中，为各警察院校的思想政治教育工作提出了新的课题。

思想政治理论课是提高学生思想政治修养，培养学生职业道德修养的直接平台，对学生能否成为未来的合格人民警察有着直接的影响。“毛泽东思想和中国特色社会主义理论体系概论”（简称“概论”）课作为全国高校的思想政治理论课的核心课程，是大学生必修的理论课程之一，它肩负着大学生树立建设有中国特色社会主义的政治信念，树立正确的人生观、价值观和世界观的重要任务。和其他的思想政治理论课相比，“概论”课不仅学时多，理论性强，在内容上也让学生感觉新意少，和革命史等课程有重复，与我院的职业特色联系不紧密，以至于影响了学生的学习兴趣及学习效果。因此，如何讲好这门课，让学生有兴趣，愿意学，并能有所收获，我院对“概论”课的教学内容、教学手段以及考核评价方式进行了改革与探索，并取得了一定的成果。

一、“概论”课教学改革的探索

1. 对教学内容的改革探索

我校坚持从建设有中国特色社会主义公安事业对预备警察的高素质要求出发，从学生的具体情况出发，进一步精选、提炼教学内容，突出教学重点和难点，增强教学的实效性和针对性，努力促使学生综合素质尤其是思想政治素质的提高。本次教学改革，概论教研室从教学内容入手，根据课时少教学内容过于庞杂的情况，对整本书的十五章内容进行了重新整合，根据学生最需要了解和认识的问题，设计了九个专题进行教学，分别是“马克思主义中国化的几个问题”、“红旗舞动在历史的风中——新民主主义革命理论的力量”、“曲折发展的岁月——社会主义的艰难探索”、“中国前进的指南针——中国特色社会主义的科学定位”、“从‘文革’走向‘改革’——改革开放谱新篇”、“我们走在大路上——中国特色社会主义建设道路”、“走向和谐——构建社会主义和谐社会”、“独立自主展风采——中国的外交政策和祖国完全统一”、“中流砥柱——中国特色社会主义事业的领导核心”。每个专题中设置了几个有针对性的问题，重点讲解，完善学生对该课程的知识结构。

2. 对教学手段的改革探索

本次改革，概论教研室根据理论与实践相结合的原则，颠覆了传统的教学手段，变原有的教师为教学主体，为学生为教学主体；变原有的教师在课堂上满堂灌输的方式，为学生在课堂上通过教师的启发探索知识的方式；变原有的教师说的方式，为学生说教师总结的方式；变简单的讲授方式，为指导学生课外实践提交实践报告等方式，把学生的实践活动的次数和内容大大增加。为提高学生的学习实践能力，我们共设计了七次实践内容，分别是：

（1）原著读书报告，任课教师根据进度推荐原著，并要求写出读后感。推荐原著如《科学发展观学习读本》、《毛泽东传》、《邓小平传》、《江泽民传》等。

（2）观看纪录片等影视资料，并写了观后感。例如，《复兴之路》、《大国崛起》等；观看当代大学生最关注的问题的影视片，如《青春中国》等。让学生在声情并茂中深化对课堂理论教学内容的理解。

（3）参观小平小道、革命烈士纪念堂、八一起义纪念碑等。任课老师分批带队参观或者由学生中队团支部自行组织参观，要求学生在参观时根据老师布置的相关作业进行思考，返校后根据参观和有关资料写出观后感。

（4）组织学生对时事尤其是涉及警察职业的事件进行讨论，并撰写演讲稿，利用上课时间，开展演讲比赛，丰富课堂，提高学生的表达与分析能力。

（5）根据教学内容，引导学生对时事热点、敏感事件的关注，如警察是否应该在执勤时佩带枪支等热点事件设计辩论题目，并布置同学课后查找相关资料，分组进行讨论，利用上课时间，教师指导学生根据论题进行小组辩论。

（6）组织学生利用课余时间进行社会调查，并撰写调查报告，根据学生报告质量，教师给予评定，让学生更多地参与到实践中，提高实践能力和水平。

（7）布置学生撰写与课程内容相关，或者与当前时事、当前热点相关的论文，引导学生学会学习，学会思考，提高政治参与度，加强思想政治素养。

3. 对考核评价方式的改革探索

本课程的考核评价方式，不再通过期末笔试的方式来检验学习结果，而是根据学生提交相应的实践报告、读后感、论文、读书笔记，并结合演讲、辩论等形式，全过程进行考核（这部分考核占学生学习成绩的60%），同时结合日常考核，以学生考勤、上课表现、发言积极度等方面为依据（这部分占学生最终学习成绩的40%），两部分相结合，得出学生的最终学习成绩。具体实施如下：

（1）考勤及课堂表现考核，这部分占总成绩的40%。考核依据为学生的到课率，迟到率，上课发言的积极率及互动率，综合评定。

①学生出勤率，课堂表现等，占该部分成绩的20%。

②观看具有教育意义的纪录片等影视资料，并撰写观后感，该成绩列入课堂表现进行考核，占该部分成绩的20%。

③组织学生对时事进行讨论，并撰写演讲稿，利用上课时间，开展演讲比赛。该项成绩列入课堂表现进行考核，占该部分成绩的30%。

④对时事热点、敏感事件引导学生关注，并布置同学课后查找相关资料，分组进行辩论，该项成绩列入课堂表现进行考核，占该部分成绩的30%。

（2）实践能力考核，这部分占总成绩的60%。考核依据为课外实践作业。教学过程中，教师根据教学内容和教学要求，相应地布置课外实践作业，根据学生的作业情况，综合评定。

①参观小平小道、革命烈士纪念堂、八一起义纪念碑等。教师根据学生提供的照片和观后感进行考核，占该部分成绩的10%。

②原著读书报告讨论，任课教师根据进度推荐原著，并要求读后讨论，根据学生提交的讨论报告进行考核，占该部分成绩的20%。

③组织学生利用课余时间进行社会调查，并撰写调查报告，根据学生报告质量，教师给予评定，占该部分成绩的40%。

④布置学生撰写与时事热点、焦点相关的论文，根据学生论文质量，教师给予评定，占该部分成绩的30%。

二、“概论”课改革取得的成果

（一）学生对该课程的学习兴趣和思想政治素质得到了一定的提高。

1. 与以往相比，该课程学生请假、逃课现象等明显减少。

2. 上课过程中，学生的参与热情得到了一定的提升，教学中所提的问题多数都是教研室教师根据以往教学经验，通过学生较为迷惑而又较为有兴趣的方面设计的，因此，学生参与回答的热情较高，课堂效果也比较理想，听课率也得到了一定的提升。

3. 课后布置的作业，学生能够认真的完成。他们对以作业代考试的方式欣然接受，并以保质保量完成各项作业来证明对这门课程的重视。

（二）学生的实践能力、自主学习能力及胆量都得到了较大的提高，有助于在实际公安工作中大胆、公正执法。

1. 通过布置作业，学生不得不走进以前他们不愿意走进的有革命意义的地方参观，不得不观看有革命意义的电影作品，不得不撰写与当前时事热点、焦点相关的论文，不得不进行他们以前从未做过的调查问卷，不得不与同学就某个理论问题进行讨论，不得不看有关的理论书籍文章并提交各种报告，这使得学生的实践能力得到了大大的提高。

2. 在课堂教学上，除了对学生的每次作业进行点评以外，并要求学生自荐或推荐同学到讲台上来演讲，除此之外，让学生即兴演说，这既锻炼了学生的胆量，也提高了学生的实践表达能力，并得到了同学的认可。

3. 通过要求学生阅读有关的文献书籍并写心得的实践，学生不得不阅读与本课程相关的文献，久而久之，同学对不明白的地方会找教师解惑、找同学讨论，这对提高他们的自主学习能力有了很大的帮助。

（三）教师的教学观念得到了更新，教学手段得到了发展，不断转变课堂角色，提高了自身的能力和水平。这次改革，对于长期习惯了原来教学方式的各位教师来说，不能不说是一种新的挑战，大家用一种全新的方式，从另一个角度来把握教材，进行教学设计，经过长时间的努力，不断提升自己钻研教材的能力，终于形成了现在的教学架构，取得了一定的效果。

（四）密切了师生关系。由于每次作业的批改，学生与老师之间都需要形成互动，如观后感，教师在批改后，会根据学生文中存在的问题提出反馈，解答学生在文中留下的疑惑，让学生有了作业没有白交的感觉，自然在之后的作业中，就会投放更多的精力来认真完成；如论文的写作，由于学生是第一次撰写正式的论文，因此，论文在定稿之前需经过几轮修改，教师要根据学生存在的问题，不断地给予指导和帮助，让学生真正学会了如何去写一篇论文。同时，学生也会对教师充满感谢和感激，如读书笔记，学生往往不知如何下手，他们会与老师沟通，寻找教师的帮助等，自然而然，教师和学生之间的关系就更加密切，所谓“亲其师信其道”，也就更愿意学习该教师所教的课程，自然而然地提高他们的思想政治素质和职业道德修养。

三、课程改革的不足和改进措施的探索

经过对“概论”课改革实践，我们虽然取得了一定的成绩，但仍存在不足，在以后的教学实践中，要根据存在的不足，进一步深化改革，不断提高教学的效果、教师的水平、学生的兴趣和能力。

1. 教学内容仍不够精练，与警察职业联系还不够多。虽然这次改革在内容上，已经由整本书的十五章的内容精减为九个专题，但在教学过程中，若要实现真正的精讲，让学生弄懂弄通弄明白每一个问题，就目前的课时量而言，内容仍然较多，在案例的选择上很难完全与警察职业完全挂勾。因此，在今后的教学中，我们仍然要将改革深化下去，教师间更多的进行交流，将九个专题下的具体教学内容继续精练，真正达到不仅要讲全、讲精，而且要讲与警察职业密切相关的内容的目的。

2. 教师的教学水平和能力还需要进一步提高。“概论”课毕竟是一门理论性颇高的课程，对于学生来说，较为生涩、难懂，这也就对教师的水平和能力提出了更高的要求。我们要不断提高自己的教学水平和能力，深入警察工作基层了解和掌握人民警察的真正思想状况，不断学习，不断研究，并融入实际教学当中，把学生的需求放在首位，真正帮助学生解答他们心中的疑惑，真正将理论与当前实际结合起来进行教学，让学生对课程有更全面和深刻的认识，不断提高学生对“概论”课的学习兴趣。

3. 实践教学方式还需进一步发展。就目前而言，七种实践方式对学生的自主学习能力、实践能力等方面都有了较为全面的帮助，但

仍然不够，尤其是实践设计中没有体现学生预备警察的身份。要不断加强学生能力的培养，我们还要继续探索更为有效的方法和手段来帮助学生。

4. 与其他相关课程教学没有形成联合机制。就目前实验结果来看，我们的教学内容和实践内容部分的和其他先修课程重复了，同时与公安专业课程又明显联系不够。在下一轮的教学中，我们既要与选修课程的教师沟通好，又要与公安专业教师密切联系，让学生得到既全面又有针对性的学习和帮助。

参考文献：

［1］邹娟：《新形势下毛泽东思想和中国特色社会主义理论体系概论课教学改革探索》，载《党政教学》2012 年第 9 期。

［2］岳云、王小京：《毛泽东思想概论教学参考》，广州华南理工大学出版社 2000 年版。

浅析公安院校“两课”教学的特点与优势及提高“两课”实效性的若干办法

北京警察学院“两课”教学课题组①

高校马克思主义理论课和思想政治教育课（简称“两课”），以马列主义原理、毛泽东思想和中国特色社会主义理论为指导，对学生开展爱国主义、集体主义和社会主义的教育，进行中华民族文化传统和革命传统教育以及理想、道德、民主、法制和文明习惯的养成教育，引导和帮助学生掌握马克思主义立场、观点和方法，增强抵制错误思潮和腐朽思想侵蚀的能力，从而具有坚定的政治立场和良好的思想道德素质。公安院校“两课”教学除具备上述基本特征外，更有其职业特点所决定的鲜明特色。

一、公安院校“两课”教学的特点

（一）公安工作的职业性质与“两课”内容的紧密关联

公安工作是巩固国家政权的工作，公安机关是人民民主专政的重要工具，是武装性质的国家治安行政力量和刑事司法力量，肩负着打击敌人、保护人民、惩治犯罪、服务群众、维护国家安全和社会稳定的重要使命。公安工作的政治化特点，决定了政治建警的首要地位。而政治性则是“两课”最为突出的教育功能，“两课”中，马克思主

---

① 北京警察学院“两课”教学课题组：何敏、于英丽、王晓非、王书慧、肖鑫。

义哲学原理课重在培养学生的世界观、人生观；思想道德修养与法律基础课重在培养学生的价值观、是非观、公平正义感；毛泽东思想和中国特色社会主义理论体系概论课重在培养学生全面认识并把握党的路线、方针、政策；中国近现代史纲要课则培养学生正确地看待国史、国情，了解中国人民何以在近代史上进行了四次选择、懂得没有共产党就没有新中国。由此可见，“两课”教学与政治建警之间，在形式与内容的诸多方面，有着密切的关联与契合，对于公安民警而言，“两课”所涉及的教学内容，也不仅仅停留在青年时代，实际上它贯穿了民警从警生涯的始终。

（二）党和人民对公安队伍的高标准严要求，凸显“两课”教学所发挥的重要作用

2014 年 1 月 7 日，习近平同志在中央政法工作会议上指出，平安是老百姓解决温饱后的第一需求，是极重要的民生，也是最基本的发展环境；人民安居乐业，国家才能安定有序；保障人民安居乐业是政法工作的根本目标。在此，习总书记代表党和人民向公安民警提出了十分明确的要求：要以保障人民安居乐业作为一切工作的根本出发点和落脚点，全面提升社会治安工作水平，努力让百姓心安、社会平安。当前，社会治安总体是好的，但是敌我斗争形势依然复杂严峻，敌对势力利用一切可能千方百计对我国安定团结局面进行捣乱破坏，发生在 2013 年 10 月的冲撞金水桥案、2014 年 3 月 1 日的昆明火车站血案、2014 年 5 月的新疆分裂势力的恐怖袭击案等，都表明敌我双方斗争之激烈，敌之凶残险恶。与此同时，还要看到当前多元化的社会思潮对公安队伍理想信念的冲击、某些社会腐败现象对民警宗旨意识的干扰迷惑、日益繁重的工作任务所形成的巨大压力，如此复杂的现实问题给公安工作带来了空前的挑战。面对考验，公安院校“两课”教学凭借其独特的政治教育内涵，以信仰为支撑、以历史为依托、以品德修养为规范以及以党的方针、政策为指南，弘扬中国特色社会主义主旋律，提倡爱民、务实、清正、廉洁职业道德新风貌，帮助教育青年预备警察逐步做到坚定信念、牢记使命、秉承公安优良传统、打牢为人民服务思想基础，在思想政治教育平台上，发挥着极其

重要的教育引领作用。

（三）公安院校“两课”教学是直接支撑与不断固化警务化管理模式的思想基础

警务化管理是公安院校的主要管理方式，它主要是指“公安院校的各个部门根据学生将来所从事的警察工作的性质、任务和特点，参照有关的警察法律、法规的规范要求，对学生所进行的德、智、体等方面的知识传授、习惯养成和技能培养的过程。”① 警务化管理是从严治警、从严治校方针的具体体现，它通过严格教育、严格管理、严格训练、严格纪律的方式，重在培养公安院校学生政治性、纪律性和警察意识，以达到适应未来公安工作的需要。多年来的警务化管理模式，使公安院校校园上下形成了严肃、紧张、有序、令行禁止的校园文化氛围。

但并非所有的学生都能顺利融入这种育人环境，在相当一部分学生身上还存在不小的抵触情绪。这固然由于年龄、经历、经验有限而引起，但时不我待，当前公安工作面临的严峻形势与承担的繁重任务，使得学生是否具有坚强的意志品质与过硬的纪律作风成为今后胜任公安工作的关键条件。因此要从思想上理顺学生的不良习惯与看法，通过挖掘“两课”所蕴含的思想政治教育功能，加强学生道德意识与意志品质培养，拓宽认识问题、思考问题的角度，不断提升自身思想觉悟与境界水平，使忠诚意识、道德意识、纪律意识内化于心，使正风正气洋溢校园，从而固化整体育人环境的良好健康氛围。

二、公安院校“两课”教学的优势

（一）严格的纪律作风带动良好的校风与学风

按照教育部的规定，“两课”教学的开展为新生入学后的第一、二学年，对公安院校而言，这段时间也是学校对新生强化纪律作风教

---

① 祝昌鸿、俞莲英：《公安院校警务化管理功效研究》，载《经济研究导刊》2013 年第 6 期。

育最为严格的时期。公安院校普遍实行半军事化管理方式即警务化管理模式，通过统一作息、统一操课、统一着装、统一内务，严格教育、严格管理，很快去掉大部分入校的新生身上自由、散漫的生活习惯，转而融入严肃、紧张、求实、严明的良好校风氛围之中。

同时，为了使学生进一步养成过硬的纪律作风，公安院校往往制定颁布一系列条例、办法深化学生头脑中的纪律观念。以北京警察学院为例，学院发布了《学生纪律作风整顿方案》、《学生警务化管理规定（试行）》等条文，通过组织学生学习相关条例、条令和规章制度，引导他们认清公安院校的性质、作用，认清严格正规对警察成长的重要意义，启发他们自发、自觉、主动地按照学校的有关要求去做，时时处处都用严格正规的标准要求自己，在实践正规标准的过程中不断提高自己的素质，最终形成良好的职业习惯。

严明的纪律作风带动起严肃的学风，公安院校的课堂纪律、学生风貌普遍良好，上课出勤率更是几乎达到100%，为各门课程教学活动的顺利开展创造了良好的条件。这其中，“两课”教学内容所体现出的时代感、政治性反过来促进纪律作风的整顿与深化，教学与管理相辅相成，为学生进入大三、大四时，各方面趋于成熟打下了坚实的发展基础。

（二）在政治建警方针指导下学生学习“两课”的积极性普遍较高

政治建警是鲜明的公安职业特色的具体体现，它要求一名合格的公安民警应具备的人格素质是坚定的政治性、强烈的警察意识、严明的纪律观念和忠于党、忠于国家、忠于人民、忠于法律的坚定信念。政治建警方针所蕴含的忠诚观、责任感、使命感和职业神圣感时时渗透于公安院校学生4年的学习、生活等一切活动之中。由于政治建警的内涵和目标与“两课”教学的内容和目的有许多共性的地方，受自身职业特性的影响，公安院校学生对“两课”的认可度、关注度明显高于一般普通高校。

以北京警察学院为例。2014年4月负责“两课”教学的理论部党建教研室对2013级侦查专业共3个班120名学生做了一次关于思想政治理论课（即“两课”）问卷调查。以下是问卷调查的部分情况（括号内的数字为赞成率）。

1. 你认为通过思想政治理论课进行思想道德教育

A. 非常可行（24%）　B. 可行（64%）

C. 不太可行（12%）　D. 不可行（0%）

2. 你认为思想政治理论课对你今后的发展

A. 非常有帮助（19%）　B 有帮助（71%）

C. 帮助不大（10%）　D. 没有帮助（0%）

3. 你对思想政治理论课教学效果总体印象是

A. 非常满意（22%）　B. 满意（38%）

C. 比较满意（36%）　D. 不太满意（4%）

4. 你认为思想政治理论课对你的未来有什么影响

A. 使自己有较高的理论水平、政策水平（52%）

B. 使自己能较好地适应社会（25%）

C. 对自己的工作可能有帮助（13%）

D. 不会有较大的帮助（10%）

综合上述问卷调查，可以得出这样的结论：80% 左右的学生对“两课”学习积极参与，对“两课”内容高度认可，对“两课”的重要性认识充分，对“两课”的目的作用十分明确，对“两课”的效果评价令人满意。由此可见，公安院校“两课”的教学起点高，基础条件好，可塑性强。

（三）学校形成的育人合力进一步加大了“两课”的教育效果

在政治建警方针指导下，多年来公安院校对思想政治教育的重视与常抓不懈已经蔚然成风。以北京警察学院为例，长期以来学院主要领导专门负责主抓全校思想政治教育并重点关注“两课”教学实施情况。在进行本课题研究的这一年之中，学院开展了群众路线教育实践活动、党课学习、请公安一线英模事迹宣讲团为全校学生作报告以及组织全院科级以上现职领导干部和理论部、法律部全体老师参加坚定理想信念政治轮训班的学习讨论等一系列活动，同时学院领导多次听取“两课”教改汇报和仔细研究教学方案、严格检查“两课”课堂实际情况并制定出台相应的管理措施。这种举学院政治部门、学管部门、教学部门之力，将教书、管理、服务、环境等育人因素融为一体的做法，十分有助于全方位培育学生正确的人生观、道德观、职业观，充分显示出公安院校整体育人的特殊功效，将职业素养与“两课”教学紧密相连，从而真正达到提高“两课”实效性的目的。

三、提高“两课”教学实效性的若干办法

（一）以鲜明的职业特点为导向，充分发挥“两课”德育教育主渠道的作用，为学生未来从警打牢坚实的政治基础

许多公安院校都将坚定、勤奋、求实、严明作为校训，这八个庄严的大字所体现出的鲜明的职业特点及其蕴含的深意，不止局限于校训，更是公安事业对一名从警人员终身的职业要求。早在新中国成立初期，毛泽东、周恩来等老一辈革命家就明确指出天下安危公安系于一半。进入新世纪新时期，随着世情、国情、党情的深刻变化，特别是当前面临的四大危险、四大考验的复杂形势，公安工作已成为维护社会治安、防止敌特分子捣乱破坏的极为重要的前沿防线。为此对公安人员理想信念、职业操守、纪律作风等方面的要求显得格外严格、迫切。在这种情况下，公安院校“两课”教学一方面要做到始终把“培养什么人，怎样培养人”作为教育工作的主题，始终把培养中国特色社会主义事业的合格建设者和可靠接班人作为教育的根本目标；另一方面更要注意始终保证把学生的思想教育放到首位，以马克思主义哲学、中共党史、政治理论、思想品德等为重心，教育学生树立马克思主义的世界观、人生观和价值观，以几十年深厚的公安工作优良传统与无数公安英烈和优秀模范的精神意志为榜样引领塑造学生的思想与人格，从认识上提高公安院校“两课”教学的实际效果。

（二）以鲜明的政治态度与高度的敬业精神提升公安院校“两课”教师的职业素养

1. 鲜明的政治态度

“两课”是高校进行思想政治教育的主渠道、主阵地，其目的在

于引导大学生深刻认识："在当代中国，坚持中国特色社会主义道路就是真正坚持社会主义。坚持中国特色社会主义理论体系就是坚持马克思主义。认识社会发展规律、国家前途命运、自己的社会责任，确立在中国共产党领导下走中国特色社会主义道路，树立实现中华民族伟大复兴的共同理想和坚定信念。"①

公安工作担负着维护社会治安、保障国家政治稳定和人民生命财产安全的重要责任，公安工作的特殊性决定了公安民警必须具有高度的政治觉悟，服从党的绝对领导，服务社会，听党指挥，坚持全心全意为人民服务的宗旨。"两课"的性质和公安工作的职业要求都决定了对公安院校"两课"教师的政治素质的要求必须严之又严。应当认识到，在思想政治教育过程中，教师的作用十分关键，如果教师的政治素质有问题，就有可能引发连锁反应，造成严重后果。因为学生在校时期，是其一生中政治立场形成的关键时期，如果未能形成良好的政治品质，则以后很难弥补。所以不能轻视教师在教学中的主导作用，特别要对教师的政治素质如政治敏锐性和政治鉴别力等方面提出严格要求，明确身兼警察与教师的双重身份，必须维护国家的安全、荣誉和利益，不得散布有损国家声誉的言论，不得组织或参加旨在反对政府的一切活动。同时，要认真学习、深刻领会习近平总书记关于做好党的宣传工作和在全国政法工作会议上的系列重要讲话精神，切实增强对党的方针政策、国际国内形势以及当前我国发展的阶段性特征的准确把握，自觉将思想统一到党中央决策部署和公安工作整体要求上来，以清醒的头脑坚守好政治理论阵地。

2. 高度的敬业精神

作为一名优秀的"两课"教师，不管经验多么丰富，课程讲了多少遍，他都应将其每一次上课视为新课，认真备课，毫不懈怠。在备课过程中，首先应注意对马列主义经典原著的学习。因为这些经典原著，是革命导师、党的领袖对无产阶级革命规律和特点的深刻认识

---

① 于怀彬：《浅谈以科学发展观指导思想政治理论课教学》，载《吉林工程技术师范学院学报》2013 年第 1 期。

与完整总结，是指导革命和建设的理论渊源与方法原则。深入学习马列主义经典著作，打下坚实的理论基础，才能在纷繁复杂的形势中不迷惑、不动摇，有信心、有立场，这是讲好“两课”的根本前提和有力保障。同时还要在“两课”讲述中紧密联系公安工作的优良传统和作风，使公安工作的特性与“两课”的内容相互补充、相互印证，使教学效果更为显著。

其次，在备课过程中还应注意对学生当前的思想状况有明确的了解，了解学生所关注的热点难点问题，所感到困惑的问题，所希望采取的学习方式等，让“两课”教学有的放矢，努力做到以正确的思想引导人、以健康的内容教育人、以活泼的形式吸引人，使育人功能真正体现在整个教学过程之中。

（三）探索种种有益于学生学好“两课”的教学方法

1. 加强实践性教学环节

加强实践性教学是增强公安院校“两课”实效性和感染力的必由之路。公安工作具有实践性、社会性极强的工作特点，这就要求学生不仅在课堂上接受知识，还应在实践中体会公安工作的繁忙、细致、复杂甚至风险。许多公安院校都十分重视并定期组织学生到派出所参加实习锻炼，如北京警察学院每个学年的寒暑假都组织不同年级的学生去公安一线参加实习。在此，我们也可以把它纳入“两课”实践性教学的范畴。对学生而言，它不仅是业务上的锻炼，也是思想作风、品质意志的磨炼。公安日常工作千头万绪，全面检验着学生在校学习的本领，也是学生学习、了解、适应社会锻炼自己的难得机会。

但仅此还不够。要想深化“两课”教学，还应有“两课”自己的进行实践性教学的专门基地。例如，爱国主义教育基地、深刻体现革命传统教育意义的纪念场所等。同时，还需要学校予以时间和经费上的充分保证。这确实要靠学校领导的高度重视与学校及社会相关部门的通力协作方可实现。

2. 进一步丰富“两课”课堂授课方式

首先，可以尝试在马克思主义哲学原理课和思想品德课中加大案例教学法的力度。马克思主义哲学原理课和思想品德课都具有思想性、理论性极强且内容比较抽象但与公安工作联系十分紧密的特点。对公安院校的学生而言，学好马克思主义哲学，树立正确的世界观、方法论，掌握科学的认识分析解决问题的立场、观点、方法，是胜任未来复杂严峻的公安工作局面的必要前提；而学好思想品德课，树立正确的人生观、价值观，是能够经受未来公安工作所面临的种种考验的思想基础。根据上述课程的特点采用案例教学法组织教学内容，可以使抽象的哲学原理以具体、形象、通俗易懂的形式出现，使学生易于理解；也可以让抽象单一的思想品德概念变得生动有趣并与现实热点问题紧密相连，使学生尤为关注。

其次，可以尝试在中国特色社会主义理论体系课和中国近现代史纲要课中加大视频教学法的力度。中国特色社会主义理论体系课具有课时多、理论性强、时代感鲜明的特点；中国近现代史纲要课则具有时间跨度大、内容极为丰富的特点。对上述课程采用最受学生欢迎的视频教学法，既是对党史、党建诸多教学资料的充分利用，也是使相关课程更加生动、直观、深入人心的极佳教学手段。

最后，进一步完善讨论式教学法。在“两课”中使用讨论式教学法一般是以问题为主干、以学生小组或宿舍为讨论单位、以课堂发言为主要教学形式，组织学生对热点、难点问题（可以由学生自由选定）进行充分发言、深度思考，从而增强师生交流互动。此法简洁实用，活跃课堂，使师生双方兴趣盎然。

公安院校思政课在“三进”工作中发挥重要作用的几点思考

内蒙古警察职业学院　魏丽红

党的十八大报告提出了“坚持不懈用中国特色社会主义理论体系武装全党、教育人民，深入实施马克思主义理论研究和建设工程，建设哲学社会科学创新体系，推动中国特色社会主义理论体系进教材、进课堂、进头脑”的明确要求。公安院校思想政治理论课按照十八大报告推动中国特色社会主义理论体系进教材、进课堂、进头脑的“三进”要求，全面宣讲党的十八大、十八届三中全会精神和习近平总书记系列讲话精神，将十八大的新论断、新思想、新亮点融入教学中，对于当代公安大学生树立中国特色社会主义远大理想和社会主义核心价值观，提高公安大学生的思想政治素质，培养合格的公安事业接班人有着重要的意义。

一、充分认识公安院校思想政治理论课在党的十八大精神“三进”工作中的重要作用

1. 公安院校思想政治理论课是党的十八大精神“三进”工作的重要阵地。我们党历来高度重视思想政治理论工作。中共中央发出的《关于进一步繁荣发展哲学社会科学的意见》集中反映了我们党改革开放特别是党的十三届四中全会以来对哲学社会科学的最新认识。马克思主义既是我国哲学社会科学根本的理论基础，又是我国哲学社会科学最核心的组成部分。高校作为培养人才的场所，其“两课”教

育教学承担着用马克思主义占领学校思想理论阵地的光荣任务。当今世界，综合国力的竞争日趋激烈。在日趋激烈的竞争中提高综合国力，就是既要重视自然科学，也要重视哲学社会科学。在认识世界和改造世界的过程中，提高全民族的哲学社会科学素质，与提高全民族的自然科学素质同样重要。哲学社会科学的繁荣发展，直接关系马克思主义理论的前进，关系人们对马克思主义的信仰，关系全党全国人民团结奋斗的共同思想基础。高校“两课”教育教学只有责无旁贷地承担起“提高全民族的哲学社会科学素质”这一重要历史使命，才能为祖国培养出合格的社会主义事业建设者和接班人。习近平总书记指出：“高校是思想、文化、科技资源的聚集地，是培养中国特色社会主义合格建设者和可靠接班人的重要阵地。”[①] 党的十八大报告是马克思主义中国化的最新理论成果，也是高校大学生思想政治理论课浓缩版的最新教科书[②]。

2. 公安院校思想政治理论课使党的十八大精神“三进”工作同推进科学发展观内化为高校办学观相辅相成。党的十八大报告对科学发展观作了新的历史定位，确定为我们党的指导思想。习近平总书记指出：“各级党委和高校党组织要以高度的政治责任感、良好的精神状态和扎实的工作作风抓好高校学习实践活动，坚持把科学发展观内化为高校办学观，把科学发展观的要求转化为高校科学发展的正确思路和自觉行动，切实做到学以致用、用有所成。”公安院校要贯彻落实好党的十八大、十八届三中全会精神和习近平总书记系列讲话精神，紧紧围绕“努力办好人民满意的教育”这一战略主题，坚持以科学发展观为指导，切实把科学发展观贯彻到公安院校教育发展的全过程。要充分发挥公安院校思想政治理论课的主渠道作用，深入推进科学发展观进教材、进课堂、进头脑，帮助公安院校大学生深刻领会

① 习近平：《深入推进科学发展观进教材、进课堂、进头脑》，载《人民日报》2009 年 5 月 8 日。

② 中国共产党十八届三中全会公报（全文），新华社（2013 年 11 月 12 日）。

科学发展观的科学内涵、精神实质和根本要求，从而推进科学发展观真正内化为公安院校办学观。

3. 公安院校思想政治理论课使党的十八大精神“三进”工作与培养合格公安事业接班人历史使命紧密相连。推进党的十八大、十八届三中全会精神和习近平总书记系列讲话精神进教材、进课堂、进头脑是中国特色社会主义伟大事业长远发展的战略要求，是在大学生中推动中国特色社会主义理论体系大学习、大普及的有效途径，是新形势下加强和改进大学生思想政治教育工作、促进当代大学生健康成长的现实需要。[①] 当今时代，谁把握住了青年，谁就把握住了未来。青年，尤其是大学生已经成为先进与落后、社会主义与资本主义、马克思主义与非马克思主义等各种势力争夺的焦点。公安院校思想政治理论课只有责无旁贷地承担起“向公安院校大学生正确灌输马克思主义中国化的最新理论成果”这一重要历史使命，全面宣讲党的十八大、十八届三中全会精神和习近平总书记系列讲话精神，将党的十八大以来的新论断、新思想、新亮点融入教学中，推动中国特色社会主义理论体系进教材、进课堂、进头脑，才能在当代公安院校大学生中牢固树立起中国特色社会主义远大理想和社会主义核心价值观，提高公安院校大学生的思想政治素质，为祖国和人民培养合格的公安事业接班人。

二、推进公安院校思想政治理论课教学改革，满足党的十八大精神“三进”工作的教学需要

党的十八届三中全会指出，要深化教育领域综合改革。[②] 马克思主义是高校思想政治教育教学的灵魂，它的理论性、实践性、时代

① 周文东：《对科学发展观“三进”工作的理性思考》，载《学校党建与思想教育》2009 年第 9 期。

② 中国共产党十八届三中全会公报（全文），新华社（2013 年 11 月 12 日）。

性、科学性原则都与马克思主义具有的“与时俱进的理论品质”不可分割。党的十八大报告提出了“坚持不懈用中国特色社会主义理论体系武装全党、教育人民，深入实施马克思主义理论研究和建设工程，建设哲学社会科学创新体系，推动中国特色社会主义理论体系进教材、进课堂、进头脑。”公安院校要进一步推动思想政治理论课教学改革，在内容、形式和方法上都要因时、因地、因人而异，不断改革，不断创新，满足党的十八大精神“三进”工作的教学需要。否则，公安院校思想政治理论课的生命力就没有了。

1. 教学理念要紧贴“三进”工作。公安院校思想政治理论课要进一步更新教育理念。一是要拓展思想政治理论课教师的教学理念空间。公安院校的思想政治理论课教师既要充分发挥主导作用，在教学实践中提高我们党的思想政治理论的说服力和感染力；也要积极参与和配合公安院校党史教育和校园文化建设，拓展党的十八大精神进教材、进课堂、进大学生头脑工作的渠道。通过建设具有公安院校特色的先进校园文化，围绕党的十八大精神开展丰富多彩的第二课堂活动，使广大公安院校大学生进一步加深对十八大精神的理解。二是要拓展公安院校大学生的学习理念空间。要充分发挥公安院校大学生学习的主体作用，激发学生学习的积极性和主动性。通过对学生党员、入党积极分子进行党的十八大精神专题教育，使公安院校大学生中的先进分子更加坚定对中国特色社会主义理论体系的信仰，对中国特色社会主义共同理想的信念，对中国特色社会主义事业的信心，对党和政府的信任。并且通过他们向其他的学生宣传党的十八大精神，充分发挥他们的先锋模范作用，影响和带动广大公安院校大学生。

2. 教学内容要紧贴“三进”工作。公安院校思想政治理论教学内容要把握时代与国情的脉搏，突出拓展，深化主题。要贴近社会实际、贴近公众生活、贴近公安院校，做到让公安院校大学生对理论真学、真信、真用。要敢于正视公安院校大学生的现实思想问题，特别是要研究和回答公安院校大学生思想中的热点、疑点、难点问题。当今中国，科学发展观是最鲜活的马克思主义。公安院校思想政治理论课一定要坚持与时俱进，认真贯彻落实科学发展观进教材、进课堂、进头脑的“三进”工作，把科学发展观与整体教学有机地结合起来，同时还要紧密结合国际形势的新变化，紧密结合社会主义初级阶段发展的新情况，紧密结合我国改革开放和现代化建设的新实践。只有这样，才能不断创新发展，才能使马克思主义理论之树永葆常青，才能为培养合格公安院校大学生多作贡献。

3. 教学方式要紧贴“三进”工作。公安院校的思想政治理论课要改变那种回避矛盾、绕开问题，以大话套话壮胆，以空话废话敷衍的教学。改变那种不看对象、不分层次，当深不能深、当浅不能浅，使人如雾里看花，不知根底的教学。改变那种以盲目照搬为“有依据”，以堆砌语录为“人保险”的教学。要引导公安院校大学生主动发现问题、进入问题、分析问题、思考问题、理解问题。要从公安院校大学生的关注点和兴奋点切入，用课堂讨论、辩论、对话教学、案例教学、社会考察或调查等可操作性强的灵活方法引导公安大学生自主学习，变“要我学”为“我要学”。从而，使公安院校大学生在轻松愉快中得到理论的熏陶、智慧的启迪、知识的积累。只有这样，才能提高公安院校思想政治理论课的吸引力，进而增强中国特色社会主义理论体系的魅力。

三、不断提升公安院校思想政治理论课教师自身素质，为党的十八大精神“三进”工作奠定师资基础

中共中央宣传部、教育部《关于进一步加强高等学校思想政治理论课教师队伍建设的意见》提出，思想政治理论课教师是高等学校教师队伍的一支重要力量，是党的理论、路线、方针、政策的宣讲者，是大学生健康成长的指导者和引路人。[①] 公安院校要进一步加强思想政治理论课教师队伍建设，提高教学水平，用中国特色社会主义理论体系武装公安院校大学生，用社会主义核心价值体系引领各种社

① 《中共中央宣传部教育部关于进一步加强高等学校思想政治理论课教师队伍建设的意见》，教社科〔2008〕5号。

会思潮，把他们培养成德智体美全面发展的社会主义公安事业的接班人。

1. 增强工作责任感。中共中央印发的《关于认真学习宣传贯彻党的十八大精神的通知》指出：党的十八大报告“描绘了全面建成小康社会、加快推进社会主义现代化的宏伟蓝图，为党和国家事业进一步发展指明了方向，是全党全国各族人民智慧的结晶，是我们党团结带领全国各族人民夺取中国特色社会主义新胜利的政治宣言和行动纲领，是马克思主义的纲领性文献”。深入推进“三进”工作是公安院校贯彻落实党的十八大精神和实现人才培养目标的迫切需要。公安院校思想政治理论课承担着对公安院校大学生进行系统的马克思主义理论教育的任务，是对公安院校大学生进行思想政治教育的主渠道。因此，公安院校思想政治理论课教师一定要明确深入推进党的十八大精神“三进”工作的重大意义，增强工作责任感和历史使命感。

2. 加强自身理论修养。公安院校思想政治理论课教师要培植深厚的马克思主义理论功底，而具备深厚的理论功底的最根本条件就是不断加强马克思主义理论的学习，特别是对党的十八大精神、十八届三中全会精神和习近平总书记系列讲话精神的准确理解和深刻把握。要不断探索社会发展中提出的新问题，同时自觉地关注和参与意识形态领域中的深刻变革，在抵制“西化”和“分化”的斗争中，经风雨、见世面，增长才干。如果没有深厚的理论底蕴和较高的理论修养，没有较强的理论武装，没有与时俱进的强烈意识，自己对许多问题都稀里糊涂，如坠云雾，必然是以讹传讹。这样，不仅失去了思想政治理论课的教育意义，而且还会有损于马克思主义的理论形象。

3. 积极参加社会实践。坚持实践第一的观点，是理论研究和理论创新的根本要求，也是理论人才成长的重要途径。思想政治理论课具有鲜明的实践性，它要求教师在教学过程中坚持知与行的统一，在搞好课堂理论教学的同时，加强实践教学环节，引导学生努力把理论认知转化为实践行动。[①] 公安院校思想政治理论课教师要坚持唯物辩证法，一切从实际出发，积极参与社会实践，对各种文化思潮及引发的现实问题进行深入的研究，并不断从实践中获得动力、汲取营养，全面地、发展地、普遍联系地观察和分析问题。这样才能言之有物、言之有据，由此及彼、由表及里，透过现象看本质，系统、深刻地揭示理论的真谛，展示理论的魅力，发挥理论的威力。只有这样，公安院校思想政治理论课教学才能具有强大的生命力，才能征服人心、塑造灵魂、统一思想、凝聚力量，从而使党的理论之树在公安院校和公安院校大学生思想深处更加茁壮。

贯彻落实党的十八大、十八届三中全会精神和习近平总书记系列讲话精神，做好公安院校党的十八大精神的“三进”工作是公安院校思想政治理论课的重要担当。我们相信在发展着的马克思主义指导下，公安院校思想政治理论课教育教学一定会紧扣时代脉搏，焕发新的生机与活力，为提高公安院校思想政治理论课教学质量，提高公安大学生的思想政治素质，培养合格的公安事业接班人作出更大贡献。

---

① 刘颖：《公安院校思想政治理论课实践教学改革初探》，载《科教导刊》2012 年第 9 期。

十八大精神指导下，论“概论”课教学的困境与出路[①]

——以福建警察学院为例

福建警察学院 汪铭芳

“毛泽东思想和中国特色社会主义理论体系概论”（以下简称“概论”）是大学生必修的思想政治理论课，其理论性和政治性都很强，是大学生学习党的基本理论最重要的课程。“概论”课的主要目的就是通过教学与实践使学生系统掌握中国化马克思主义的形成发展、主要内容和精神实质，不断增强道路自信、理论自信、制度自信，坚定中国特色社会主义理想信念。因此，“概论”课要及时体现党的理论创新的最新成果，着力于增强大学生分析、解决实际问题的能力以及理论思维能力和创新能力。

公安院校是培养合格人民警察的摇篮，加强和改进公安院校大学生思想政治工作是公安教育面临的重大理论问题。公安院校的“概论”课教学是直接对学生进行思想政治教育的主阵地和主渠道，要把党的十八大精神等最新重要思想观点、重大战略部署向学生进行宣传，使它们不仅“进教材”、“进课堂”，更要切实地“进头脑”——深入人心并化为学生自觉的行动。“概论”课教学效果直接关系到学生政治素质乃至整体素质的提高，也直接关系到公安院校能否为各级公安机关培养输送合格的民警，更直接关系到公安队伍建设能否适应新形势下改革开放所面临的新挑战而担负起时代赋予的重任。

---

① 基金项目：2012 年福建省教育厅社会科学研究项目“思想政治理论课实践教学实效性研究”（编号：JB12694S）之阶段性成果。

一、当前警院学生“概论”课学习的基本现状

2014 年 3 月至 5 月，笔者调研了福建警察学院（下面简称警院）学生关于“概论”课的学习情况。本次调研主要通过发放问卷（200 份）、直接访谈、课堂考察三种方式。调研结果大致如下：

总体概况表

比率（100%）	总体学生	学生类别		
		狱警本科	公安本科	普通本科
“概论”课学习的综合评价（满意度）	43.5%	28.0%	41.0%	64.0%
“概论”课出勤率	97.0%	96.0%	99.0%	94.0%
“概论”课听课率	41.5%	32.0%	39.0%	56.0%
课堂互动参与率	11.0%	4.0%	6.0%	28.0%
课外延伸学习率（阅读文献著作、听取专题讲座等）	23.5%	12.0%	21.0%	40.0%

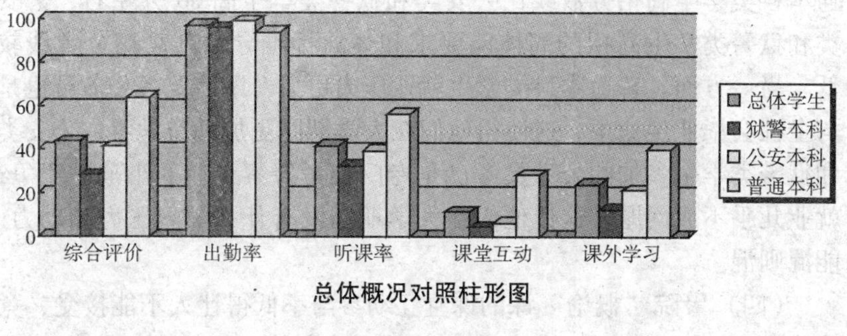

总体概况对照柱形图

（一）从总体上看，当前警院学生“概论”课学习的效果很不乐观，令人忧心。普通本科类（法学专业和行政管理专业）学生相对比较认同学校“概论”课的开设必要性，总体学习状况尚可，综合

满意度达64.0%。而公安类与狱警类学生学习态度和学习状况很差，综合满意度仅仅为41.0%和28.0%。具体体现在：普通本科类学生大多能认识到“概论”课学习的重要性，学习兴趣和学习态度较好，能在课堂上努力配合老师，并能比较自觉地延伸课堂学习，从而获得综合理论素养的提升，以及客观、理性地分析问题和解决问题能力的相应提高。而公安类与狱警类学生中，有相当部分同学不认同“概论”课的学习必要性，不能理解“概论”课对自己政治素养和思想涵养的重要影响，课堂上打瞌睡、玩手机等现象时有发生，即使部分看似听课的学生，事实上也只是随便听听，无明确目的，无自主意识，课堂互动基本没什么反应，他们就只是为了顺利毕业而已。

（二）警院“概论”课的出勤率倒是很理想，达到97.0%，这与政法院校的军事化管理有很大的关系。警院专职学生管理的工作人员对学生的管理非常严格，早晚有集合、点名等，离校需要请假；同时，“概论”课教师有偶尔点名的习惯，把出勤情况作为平时成绩的重要一部分。因此，上述管理方式保证了“概论”课很高的出勤率。

（三）警院“概论”课的听课率相当低，仅达41.5%。普通本科类学生听课率为56.0%，比公安类与狱警类学生的39%和32%高出较多。这应该与他们的生源素质和学习心理有关。一方面，警院普通本科类学生高招分数线比公安类和狱警类学生高60分左右，公安类和狱警类学生高招的高体能要求和体检标准导致其高招分数线较低。另一方面，普通本科类学生就业压力更大，即使要考公务员也是与全社会毕业生竞争，这使得他们在大学期间更加勤奋学习；公安类和狱警类学生参加的公务员考试是专门招考警察专业的小范围竞争，就业几乎不成问题，这让他们在大学期间没有什么学习压力和动力，能混则混。

（四）警院“概论”课的课堂互动参与率低得让人不能接受，竟然才11.0%，就连学习情况较好的普通本科类学生也才28.0%，公安类和狱警类学生的课堂互动参与率更是低到6.0%和4.0%，确实是没有最低只有更低。这些数据告诉我们公安类和狱警类学生的课堂几乎是一潭死水，互动问答环节非常困难，一则这些学生本就没怎么听课，自然反应不上；二则他们平时也不注意相关知识的积累，关于国际国内的形势与党的理论政策知识极其缺乏。普通本科类学生28.0%的课堂互动参与率，除了归因于当代大学生急功近利的价值观（对就业有没有直接的作用为标准来选择学习与否），也提示我们必须深入分析研究“概论”课的教学改革与创新问题。

（五）警院学生的“概论”课课外延伸学习率很低，为23.5%。“概论”课课外延伸学习主要是指关注教材后面的阅读书目、党的最新重要文件精神、网上网下的相关专家讲座和国际国内时政要闻等。普通本科类学生“概论”课课外延伸学习率为40.0%，高出公安类和狱警类学生的21.0%和12.0%较多，造成该情形的原因与前面分析基本一致。

二、警院“概论”课教学面临的困难与挑战

（一）当代大学生政治信仰淡化

所谓政治信仰，通常被理解为人们对某种政治体系、理论学说及相应政治理想的认同、信服和敬仰。[①] 它是特定政治形态的心理基础，是一个国家政治稳定和发展的基本要求。大学生是推动未来社会进步的重要新生力量，其政治信仰状况在某种程度上预示了未来民族精神的状况，决定着国家和民族的前途命运。经调研，81%的警院学生认同中国特色社会主义道路，仅36.5%的警院学生坚定信仰马克思主义。改革开放的浪潮中，由于受到西方不良文化和各种错误思潮以及美国式民主过分推销的冲击，当前大部分学生的政治信仰较模糊或趋向功利性，如入党的动机倾向于为了有利于今后的发展前途。公安机关特有的人民民主专政工具的政治属性，决定了公安院校必须把培养政治合格人才作为首要任务，这使得作为警院思想政治教育主要阵地的“概论”课教学面临巨大挑战。

---

① 荆学民、施惠玲：《马克思政治信仰的逻辑演进》，载《哲学研究》2010年第9期。

（二）当代大学生价值观趋向多元化

改革开放30多年来，中国传统的伦理道德秩序受到市场经济负面文化以及资本主义社会中的拜金主义、功利主义、享乐主义、极端个人主义等价值观的强烈冲击，使得整个社会的道德失范、思想沉沦问题突出，出现各种触目惊心的价值观扭曲、精神世界异化现象。例如，2009年长江大学学生被挟尸要价事件、一些典型的汽车撞人后故意再次碾压致伤者死亡事件、“小三”炫富事件、对摔倒老人的“扶与不扶”问题等。当代大学生深受这样社会大环境的影响，他们不可避免地在树立正确“三观”方面存在许多困难。经调研，警院政法类学生仅有33%是因为真正热爱警察职业报考警院，而62%的学生是因为政法专业就业容易，5%的学生被父母强迫报考警院。当前警院学生普遍呈现出功利主义和实用主义倾向，学习态度浮躁，公德意识较为薄弱，社会责任感不强。

（三）当代大学生对“概论”课学习存在认识误区

调研发现，93%的警院学生认真学习公务员考试内容，77%的警院学生对专业课学习比较重视，69%的警院学生不认可思想政治课的开设。一些学生同社会上的一部分人一样，认为“概论”课教学是中国共产党强行灌输政治信念的工具，因而有抵触情绪；另一部分学生觉得自己对政治不感兴趣，所以不想学习“概论”；而很多学生觉得“概论”课对未来就业没有帮助，仅仅为了能顺利毕业而应付“概论”课的学习。许多大学生由于未能正确认识自身的重大历史使命，未能深刻认识到“概论”课学习对于他们正确理解和认识党的理论、路线、方针、政策，对于他们开阔视野、提高理论素养和思维创新能力以及分析、解决实际问题能力的重大帮助，从而以非常急功近利、缺乏远见的态度对待“概论”课学习。

（四）“概论”课教材的理论性较强，其辅学资源不足

“概论”课教材主要介绍中国化马克思主义的形成发展、主要内容和精神实质，阐述党的基本理论、基本路线、基本纲领、基本经验、基本要求，理论性较强，内容严谨抽象，缺少趣味性，这使得大学生学习“概论”课的难度较大、兴趣不高。又由于“概论”课教

材的时效性很强，需及时吸纳党最新提出的一系列重大思想观点、重大战略部署等，因此更新速度较快。例如，今年1月底“概论”课新教材刚出版，警院2月中旬就开学并要求使用新教材。这导致一方面教师未能充分研究新教材就匆忙开课，另一方面，相关部门也未能及时出版与新教材配套的辅助学习资料和案例介绍，这些因素大大影响了“概论”课教学的效果。

（五）部分“概论”课教师的综合素质有待提高

教育是民族振兴和社会进步的基石，而教师素质则是教育和教师职业的灵魂。① 由于“概论”课在国民教育系统中的特殊性地位和“概论”课教材内容的高度综合性（其内容涵盖经济、政治、文化、社会、生态、党建、外交等），因此对其任课教师综合素质的要求较高——“政治坚定、思想过硬、知识渊博、品德高尚、勤于教书、精于育人”。但当前“概论”课教师队伍的综合素质还存在不足之处：1. 有些教师也受到一些非主流意识形态的冲击，职业道德修养不高，身为政治老师但自身不太讲政治，他们的“概论”课教学效果不理想；2. 有的教师知识结构不尽合理，专业造诣不深，难以把理论性、时代性很强的“概论”课内容讲透；3. 有的“概论”课教师资历较浅，缺乏教学经验，有的“概论”课教师年纪较大，产生职业倦怠，缺乏教学热情和改革创新精神，这些也都对“概论”课教学效果产生不利影响。

三、贯彻落实十八大精神，突破“概论”课教学困境的建议

党的十八大报告明确提出“把立德树人作为教育的根本任务”、“培养学生社会责任感、创新精神、实践能力”、“加强教师队伍建设，提高师德水平和业务能力，增强教师教书育人的荣誉感和责任

---

① 卓然木·巴吾东：《影响高校思想政治理论课教学效果的原因及对策》，载《思想教育研究》2013年第1期。

感”等新战略部署，这就为“概论”课教学全面贯彻落实党的教育方针、推动高校思想政治教育改革创新指明了方向，提出了具体的任务。

（一）推进十八大精神“三进”工作，坚定大学生的“三个自信”

《教育部学习宣传和贯彻落实党的十八大精神重点工作方案》第12条明确指出：“加强和改进高校思想政治理论课”、“深入推进党的十八大精神进教材、进课堂、进大学生头脑”。大学生是国家和民族的希望，是中国特色社会主义事业的建设者和接班人。高校“概论”课教学的核心是要以学生为本，大力推进十八大精神“三进”工作，引导大学生学习和了解党最新的重大思想观点和重大战略部署，帮助他们理解和认同党的路线方针政策，明确国家的前途和命运，了解自己的历史使命，为实现中华民族的伟大复兴而奋斗不息。

“概论”课教学要针对当代大学生政治信仰的淡化问题，以推进十八大精神“三进”工作为契机，理论联系当今世界和中国发展变化的实际，坚定当代大学生对中国特色社会主义的道路自信、理论自信和制度自信。“概论”课教学一要放眼全球，聚焦当今世界的热点问题：如2014年的乌克兰危机、中美网络战升级、泰国政治危机、台湾反“服贸”、国内频发的“东突”恐袭等；二要以2008年美国金融危机为节点，综观世界资本主义国家发展所面临的重重危机；三要直面当今中国面貌的历史性变化，一个综合国力位居世界前列、正成为亚洲和世界经济的火车头、不断蓬勃发展的社会主义大国屹立在世界东方。“概论”课教学在引领大学生对历史和现实准确把握以及对实践与真理的科学探索过程中，树立和巩固大学生对中国特色社会主义的道路自信、理论自信和制度自信，坚定大学生的马克思主义政治信仰。

“概论”课教学在推进十八大精神“三进”工作，坚定大学生马克思主义政治信仰的过程中完成了关键的教学任务，同时，大学生对中国特色社会主义的坚定自信和对马克思主义的坚定信仰也提升了大学生学习“概论”课的主观能动性，提高了“概论”课的教学效果，实现了良性互动。

（二）抓住以社会主义核心价值体系引领中华民族主流文化、建设社会主义文化强国的机遇

文化是民族的血脉，是人民的精神家园，也是一个政党的精神旗帜。建设和发展中国特色社会主义，需要有一个能够被全社会共同接受和认同的社会主义核心价值体系来引领①；实现中华民族的伟大复兴，离不开中华民族主流文化的重新构建，离不开社会主义文化强国的积极建设。

“概论”课教学要针对当代大学生价值观趋向多元化和出现不同程度扭曲的问题，以社会主义核心价值体系为指导，坚决抵制西方腐朽文化和不良思潮的侵袭，积极引导学生树立高尚的理想情操和养成良好的道德品质，树立体现中华民族优秀传统和时代精神的价值标准及行为规范。

文化决定观念，观念决定行为。“构建中华民族的主流文化，必须包含三个内容：一是弘扬我们中华民族几千年所创造的，经过历史考验的精华。这些东西绝不能丢，几千年来历史证明是正确的东西，是中华文明的根。二是我们从世界其他文明中学的好东西，特别是从西方文明中学的很多好东西。三是中华民族在过去一百多年所创造的好东西，我们必须把他们吸纳到中华主流文化中来。”“概论”课教学在以社会主义核心价值体系引领中华民族的主流文化、建设社会主义文化强国的背景下，要充分把握机遇，扭转大学生对“概论”课学习的误区，增强大学生的文化自觉和文化自信，加快中华文明向世界传播的脚步。

（三）全国性“概论”课优质教学资源共享平台的系统性建设

针对“概论”课教材的理论性、时效性较强，其相应配套辅学资源严重不足的问题，以及现有的高等教育出版社立体化教学网（http：//4a. hep. com. cn/dmtimages/index_ 01. gif）实用性较低等问

① “概论”课编写组编：《毛泽东思想和中国特色社会主义理论体系概论》，高等教育出版社 2014 年版。

题，亟须系统性建设全国性“概论”课优质教学资源共享平台。该共享平台可由教育部牵头，鼓励全国各地“概论”课研究机构积极参与，进行长期、系统地规划和建设。该共享平台应包括课程资源、实践条件资源、教学素材资源（如图书、文献、案例、视频、题库资源等）、学习交流模块等组成。该共享平台是展示“概论”课教学改革与建设成果，实现教学资源共享的重要途径，也是促进主动式、协作式、研究型、自主型学习，形成开放、高效的新型教学模式的重要途径。该平台应实现全国高校和各研究机构“概论”资源的有效整合，达到服务教师（网上备课、开发课程、网络教学、教学交流、资源管理）、服务学生（认识专业、认识课程、网上学习、网上测试、互动交流）、服务同行（资源共享、交流提高）的目的。这对提高“概论”课教学的内涵建设，深化教学改革，大大提升“概论”课教学实效性有着重要的意义。

（四）更加注重“概论”课师资队伍的科学发展

教师是课程与学生之间的桥梁，是教育教学目标达成的关键环节。要保证“概论”课教学的实际效果，那么师资力量是关键。因此，必须更加注重“概论”课师资队伍的科学发展，高效发挥其教学主导作用。第一，要提高“概论”课教师的中国特色社会主义理论自信和自觉，要加强对“概论”课教师政治立场、政治信念、职业素养方面的教育，使教师树立坚定的马克思主义信仰，进而熏陶、感染学生；要变革“概论”课教师的考核机制，通过各种新激励机制引导教师不断提高专业技术水平；要畅通提高教师理论水平和业务能力的进修培训、攻读学位、实地考察、学术研讨等渠道。第二，要增强“概论”课师资队伍的稳定性。相关部门应给予“概论”课教师足够的关心和重视，依据精选、重用、严育、厚待的方针，积极营造“事业留人，感情留人，待遇留人”的良好氛围，从而更好地调动教师们从事教学的积极性，确保“概论”课师资队伍的凝聚力和稳定性。第三，要激发“概论”课教师的改革创新精神。社会大环境日新月异，“概论”课教育教学方式和手段的单一和滞后，是制约“概论”课教育教学实效性的主要因素。各高校应认真贯彻落实教育部关于加强高校思政课建设的一系列精神，通过在人、财、物乃至职称评定、科研项目申报等诸多方面都给予重视并提供实际支持来激发“概论”课教师的改革创新精神，实现“概论”课教学改革有效模式的不断推陈出新。

参考文献：

[1] 翟小红：《新时期大学生思想政治教育实效性途径探讨》，载《湖北经济学院学报（人文社会科学版）》2013 年第 7 期。

[2] 任福全、吴佳洁：《十八大精神在高校思想政治理论课教学中的“三进”研究》，载《四川职业技术学院学报》2013 年第 3 期。

[3] 禤福英：《切实做好党的“十八大”精神“三进”工作——〈以毛泽东思想和中国特色社会主义理论体系概论〉课程为例》，载《高教论坛》2013 年第 7 期。

[4] 张冰鹤：《在思想政治理论课教学中使用教学视频的几点体会》，载《石河子大学学报（哲学社会科学版）》2011 年第 1 期。

提高公安院校思想政治理论课教学实效性初探

辽宁警官高等专科学校　原　野

党的十八大报告中指出："推进马克思主义中国化时代化大众化，坚持不懈用中国特色社会主义理论体系武装全党、教育人民，深入实施马克思主义理论研究和建设工程，建设哲学社会科学创新体系，推动中国特色社会主义理论体系教材进课堂进头脑。"① 公安院校的思想政治理论课（以下简称"思政课"）教学是培养预备役警察的思想政治素质的主阵地，它不仅有助于预备役警察树立正确的世界观、人生观和价值观，更是公安事业未来发展的根本保证。近些年来，公安院校的思政课在教师队伍、教材体系、教学环境等方面加大建设力度，获得了显著效果，然而思政课"入脑入心"的实效性仍是发展的瓶颈。对于公安院校本身，如何实现思想政治理论真正"进头脑"，即如何实现公安院校思政课的实效性问题具有重大的意义。

一、新时期公安院校大学生思想的主要特点

中共中央宣传部、教育部连续几年对当代大学生思想状况进行调查的结果显示，当代大学生思想政治状况的主流是积极、健康、向上的。他们胸怀远大理想，勇于自立自强，乐于接受新生事物；他们热爱党，热爱祖国，拥有坚定的理想信念，政治认同感较为强烈，对中

① 胡锦涛在中国共产党第十八次全国代表大会上的报告（http://www.gov.cn/ldhd/2012-11/17/content_2268826.htm）。

国特色社会主义事业发展充满信心；他们认同集体主义，有奉献精神，人生追求，有务实趋向。但部分学生也不同程度地存在政治信仰迷茫、理想信念模糊、价值取向扭曲、诚信意识淡薄、社会责任感缺乏、艰苦奋斗精神淡化、团结协作观念较差、心理素质欠佳等问题。公安院校的学生作为当代大学生的一部分，除了具有上述当代大学生的心理上的共同特点，还具有其自身的特殊性。主要表现在：一是没有就业竞争的压力，安于现状，缺乏学习的动力；二是尽管政治立场坚定，但是面对复杂社会问题的认识力、判断力不强，容易急躁、偏激；三是由于严格的公安院校的管理制度，使得公安院校的学生自主时间较少，而现在“90 后”年轻学生又是在宠溺下成长的，相对自私心理较强，因此会出现许多不同程度的心理问题；四是公安院校的特殊性，使公安院校大学生容易产生自豪感和优越感，实践能力与普通院校的大学生相比较弱。①

二、公安院校思政课教学的现状分析

新时期公安院校的思想政治教育工作现状折射出公安院校思政课教学中存在的一些问题，主要表现在以下几个方面：

（一）教学内容滞后，缺乏时代感、针对性

国际国内的形势在不断发展，公安工作也在迅速发展。公安院校思政课教学内容尽管紧跟它的脚步不断充实、丰富、完善，但仍显相对滞后。教学内容与现实生活在一定程度上仍存在差异，在教学实践中，对现实存在的问题解释力所不及，仍然是在说空话、大话、套话，在讲大道理。尤其在有些教学案例的选取时，表现为离学生太远，缺乏针对公安院校及公安院校大学生的特点进行谨慎选择。

（二）教学方式方法相对单一

尽管一些公安院校思政课在教学手段、方式、方法中有许多创

---

① 程胜军：《以科学发展观为指导　创新大学生思想政治教育模式》，载《中国人民公安大学学报（社会科学版）》2008 年第 6 期。

新，譬如，在教学实践中运用了投影、幻灯、影视等现代化的技术手段和多媒体进入课堂，用直观、形象的立体组合形式等丰富的表现力和信息量增加了课堂的吸引力，便于学生理解教学内容。但是大部分院校依然存在采用“灌输”教学的单一教学方法、缺少创新。

（三）实践教学薄弱

公安院校是培养高政治素质的公安后备人才的摇篮，但是现在普遍来说公安院校的大学生实践能力较差，对未来公安事业的发展不利。一些公安院校在实践教学方面进行了很多比较好的探索，但总体上还很薄弱。例如，对实践教学的界定不清楚；不能明确设定实践教学的大纲、环节、学时、学分和考核机制；实践教学形式化严重；教学保障措施缺乏，譬如，经费保障、后勤保障等，使实践教学开展困难重重。

（四）教师队伍建设亟待加强

公安院校的思政课教师肩负着培养党和人民忠诚卫士的重大使命，因此，公安院校的思政课教师队伍的建设尤为重要。尽管公安院校对思政课师资队伍建设取得了一定成果，但目前从公安院校思政课教师整体情况来看，仍然与现实要求存在较大的差距。譬如，教师数量少，课时多，教学与科研无法兼顾；教师学历结构不合理，无法适应新时期的公安院校政治理论课的发展的挑战；教师缺少学习交流机会，知识信息老化；有的教师科研能力、学术水平较弱；等等。

（五）学科建设基础比较薄弱

公安院校立足于培养公安专门人才，因此尽管经过多年的建设，但是只有少数公安院校在思政课教育教学的学科建设中取得了一定成绩，大多数公安院校思政课程在学科建设与课程建设方面还处于不断探索的阶段。

三、进一步增强公安院校思政课教学实效性

加强和改进公安院校思政课教学必须坚持与时俱进，理论联系实际，紧密结合国内外形势的变化和公安工作的变化，立足于培养具有

坚定的马克思主义信仰、忠于祖国、忠于党、忠于人民、忠于法律的预备役警官为宗旨。因此思政课的教学内容要紧随时代的脚步、贴近公安院校的大学生，增强课程吸引力和针对性，努力为学生解答国家建设实践中提出的重大理论问题和学生在实际生活和学习中出现的思想困惑。因此，公安院校思政课教学应注重以下几个方面：

（一）创新教学方式和手段

思政课教学是对学生进行的政治立场、思想观念的教育。公安院校的思政课教学除了应遵循普通高校进行思想政治教育实践的一般原则，还要根据公安院校大学生的特点和公安院校自身的特点，有针对性地进行教学方式方法的创新，这样才能够最大程度地活跃思政课的课堂气氛，调动广大学生的积极性，使其自觉、主动地参与到课堂教学实践活动中来，进而提高思政课课堂教学的实效性。

首先，“重视发挥多媒体和网络等信息技术的重要作用，倡导在教学中使用新技术新手段，逐步实现教学手段现代化，开发网络教育资源，形成网上网下教学互动、校内校外资源共享”。[①] 现代化的技术手段和多媒体作为教学活动的辅助设施参与教学实践，更容易让学生接受、理解，也能让教学过程与教学效果达到最佳状态。多媒体教学系统能够最大限度地发挥学生学习的主动性，实现由传统“灌输式”教学模式向“讨论式”协同学习模式的转换。

其次，公安院校思政课的教学方法要依据公安院校的教学目标、公安院校学生的知识结构以及学生的心理特点等方面的因素进行灵活地选择。例如，要精心设计和组织特定的教学活动，认真探索具有明确指向性的专题，并对这些专题进行有针对性地讲授、讨论，通过情景教学法、案例教学法等多种教学方法，全方位激发学生的创新精神。

最后，采用从教师主导教学法到学生主体、教书与育人相结合的新式教学法。无论采用什么样的教学方式，最主要的目的都是调动学

---

① 《中共中央宣传部教育部关于进一步加强高等学校思想政治理论课教师队伍建设的意见》（教社科［2008］5号）。

生学习的主动性，激发学生的兴趣和好奇心，鼓励学生积极参与到教学过程之中，实现教学的有效性。

（二）努力推动实践教学的发展、创新

公安院校的大学生肩负着公安事业未来的发展，但由于公安院校学生的专业定位和生活管理的特殊性，学生实践能力普遍欠缺。公安院校的思政课的实践教学的发展要针对目前公安院校大学生的这一特点，切实推动实践教学创新。

从目前公安院校实践教学情况来看，大部分院校都流于实践教学形式。我们认为，公安院校实践教学要取得成效，一是要做到以公安院校的大学生为主体，以尊重学生的自主性和创造性为前提，给予学生思考、研究、创造的时间和空间，实现考试的公平、公正、公开。二是要将学生平时日常行为表现列入考核的内容，只有这样才能对学生做出客观、准确的评价，才能够在日常生活和学习中通过学生之间及学生自身促进他律和自律，切实有效地约束学生的不良习惯。三是要建立综合全面的评价体系，将总结性评价和过程性评价相结合；将核心知识评价与伴随知识评价相结合；将理论考核与创新实践能力相结合。

以我校为例，我校思政课实践教学分为两个环节：校内实践和校外实践。校内实践部分又分为课堂实践和课外实践。课堂实践是根据各门思政课的课程内容设定的，除了出勤、作业、课堂发言等形式，还包括学生易于接受的辩论会、演讲朗诵会、读书会、角色体验、参观活动等形式，以此锻炼学生的思辨、语言表达、分析问题等多种能力。另外是课外实践。课外实践是学生在校园内参加的实践活动，如参加班级与学校组织的各种活动中表现是否行动积极、是否有团结协作的精神、是否有集体荣誉感等。校内实践成绩要占各科思政课总成绩的40%。校内实践不仅鼓励学生在课堂参与到课堂教学中，更能全面考察学生在日常生活中的表现。

校外实践活动是学生在假期的社会实践。结合公安院校的性质和特点，公安院校大学生假期到公安一线实践或社会服务。思政课教师根据思想政治课教学大纲，结合人民警察职业道德规范的教学内容，制定公安院校大学生的实践教学大纲和课题，校学生处通过实践考核大纲的具体内容，组织各系部的队长指导学生进行公安基础实践活动。实践结束后，学生上交3000字左右的实践报告，各系部的队长根据本系部的学生实践报告与效果，以百分制给予成绩评定。

公安院校思政课教师还应为学生建立在学校期间道德档案。将学生从入校到离校4年中所有思想道德的发展情况（即思想政治理论考核和实践考核）单独成册记录在案，在学生毕业时装入毕业档案中，这不仅是对学生在校期间思想道德情况的一个总结、评定，也方便各公安单位了解学生的特点，安排学生到适合的工作岗位，更快地适应公安工作。

（三）打造一支高水平的公安院校思政课教师队伍

公安院校的思政课教师肩负着培养党和人民忠诚卫士的重大使命，因此公安院校加强思政课教师队伍的建设尤为重要。

首先，提高思政课教师的政治理论素养和思想品德修养。将政治学习活动与日常工作相结合，旨在平时加强教师理论学习。此外，还通过派遣教师参加理论学习班、培训班、党校学习、参观爱国主义教学基地等方式提升教师理论水平和政治素质。加强师风道德建设，建立职业道德准则，整顿在招生、分配、考试中存在的不正之风。坚持贯彻教师的警察意识的培养，教师的一切行为、作风必须严格符合人民警察的标准。

其次，着力培养年轻、骨干教师和学科带头人。将培养年轻、骨干教师和学科带头人作为公安院校思政课教师队伍建设的重要内容；发挥老教师的"传、帮、带"的作用，帮助新入职教师成长；加大对中青年教师的培养力度，为其提供进修和深造机会；为教师提供良好的工作、学习环境，让中青年教师安心工作、努力工作。

再次，鼓励中青年教师在职学习、培训学习、业务学习，提升教师的专业理论素质，扩宽学科视野，调整知识结构；通过公安基层锻炼和调研，了解公安第一线的实际情况，结合专题调研，促进教师对公安机关工作的认识和提高教师的实践水平，以及教学科研的互动和交流。

最后，要引进先进人才，提升部门的竞争力与活力。新鲜血液的注入，不仅能有效地解决人员短缺的问题，更重要的是能够激发教师的危机意识，调动教师的积极性与创造力。

（四）加强学科建设

学科建设是高校整体建设的核心。不断加强公安院校思想政治理论学科建设是新时期公安院校坚持“政治建校”铸就忠诚警魂的必然要求。公安院校的思政课学科建设主要需要注重以下几个方面：

首先，学科建设应遵循以需求为导向，以科学研究为载体，以特色求发展，开放式建设的原则。

其次，要确定学科的发展目标。学科发展应当有优先而具体的目标。一旦确定明确的优先目标，在积极的组织和引导下，可在一定程度上避免有限的力量由于相互限制而导致低水平的重复。思政课的学科建设应该在认真掌握学科全局的基础上，依据学校的学科发展规划，根据主客观条件和公安思想政治工作发展趋势，制定出具体的公安院校思想政治理论学科发展目标，并制定出发展阶段和步骤。

最后，加强学科建设的重要举措。其一，遴选与培养学科带头人。在学科建设过程中，学科带头人的作用非常关键。学科带头人应具有良好的思想道德素质，应当有较深的专业理论基础和开阔的学科视野。其二，以合理的学科梯队建设，切实推进教学与科研工作的发展。有层次的梯队结构是实现合理分工的保证，合理的分工是有效解决教学与科研冲突的关键。其三，鼓励教师多参加学术交流活动，在学术思想碰撞和交流过程中，不断拓展新的学术思路，开阔学术视野，进而推动公安院校思想政治教育的进一步发展。

论思政课在公安院校的重要性和效果性的统一

——以“中国近现代史纲要”为例

云南警官学院 黄 静

随着社会的变迁，时代的进步，思想政治理论课在高校的设置也在与时俱进，紧跟时代需求进行调整。目前高校思政课的开设是遵循教育部的“05”方案执行的。追溯思想政治理论课在高校开设的历史，我们发现了国家对于思想政治理论课教学的重视，思政课在高校中承担着什么样的职能，如何更好地发挥它们的教育的实效性呢？要解决这个问题，我们先要清楚地了解中国高校思政课开设的渊源。

古代中国经历了长达两千多年的漫长封建社会，比西欧的封建社会足足长了两倍之多，让世人叹为观止。让中国人骄傲的发达、完备的封建体制，延续至清代，这种曾经很先进的制度反而成为了中国社会进步发展的桎梏，生产力在乾隆末年就停滞不前了，思想界也日趋沉寂，中国宛若苍茫大海上的孤船，在昏暗天幕的笼罩下无所适从，却浑然不觉。然而，这种发展的完备性给我们打破它的腐朽性和落后性带来了强大的阻碍力，也由此拉开了中国和西方国家发展上的差距，引发了近代中国的艰难和屈辱。

19 世纪初，世界走向已经发生了根本性的变化。西方国家先后走上了资本主义道路，机器化大生产取代了手工作坊，生产力快速发展，把西方国家推向了近代化之路。而此时的东方世界，大家还沉浸在美梦中不可自拔，尤其是古老庞大的中国，还在做着天朝上国的迷梦。最终，梦毕竟是梦，终究要醒的。鸦片战争的炮响打破了这个沉寂，摧毁了中国人的美好安逸。这一切来的貌似突然，实则必然；貌似理由正当，实则密谋已久。作为后来人，我们当然明白东西文明的大冲撞是不可避免的，而且对于这碰撞下的中国是异常痛苦的过程。

中国的近代历史开始是以中国人付出血腥的代价为前提的。从此之后，中国的领土不完整了，中国的主权不独立了，总之，清朝政府成为帝国主义操纵中国的工具。中国一代又一代的志士仁人不断抗争，经历了无数次的失败之后，在中国共产党的领导下取得了新民主主义革命的胜利，带领中国走上了独立、复兴之路，建立了人民民主专政的新中国。我们今天幸福、安定的丰富生活都得益于此。

这一探索国家出路的过程充满了斗争与牺牲，充满了屈辱与奋斗，这近百年的抗争，对中国人来说是多么的不容易。历史，我们不应忘记，也不会忘记，尤其是中国近代史。忘记历史，就意味着背叛。多么深刻的道理，只有经历过痛苦挣扎的中国人，才会深深体会个中滋味，才能明白历史教育的重要性。

新中国成立后，就把政治和思想教育摆到了重要位置，“这种教育首先要反对买办的、封建的、法西斯主义思想，建立为人民服务的思想。但为了建立和巩固为人民服务的思想，应当提倡和鼓励马克思列宁主义世界观和毛泽东思想的学习。”①

自20世纪50年代以后，思想政治理论课程开始在中国高校开设，随着时代变迁和社会的发展，思政课也在不断调整以适应社会的需求，由此看来，高校思政课的开设历史有六十个年头左右了。由此，我们了解了思政课程开设的渊源，在此基础上加深了对思政课的认识。“高校思想政治理论课在引导大学生坚定对马克思主义的信仰、对社会主义的信念，增强对改革开放和现代化建设的信心，对党和政府的信任等方面，发挥了重要作用。”② 在公安院校，这一点就尤其重要了，我们肩负着为国家培养正直的、有责任感的执法人员的

---

① 全国普通高校“两课”教育教学调研工作领导小组编：《普通高校思想政治教育课程文献选编（1949—2003）》，中国人民大学出版社2003年版。

② 《中共中央宣传部教育部关于进一步加强和改进高等学校思想政治理论课的意见》。

使命，在这一过程中，思政课教学担负着更加重要的教育职责。

公安院校担负着为社会和国家培养公安专业人才的重要职责，对政治素质和专业素质的要求都很高。培养专业技术人才的前提是政治素质要过硬，树立过硬的政治素质的重要途径就是学校思政课对他们的思想教育功能。根据国家在2005年出台的《中共中央宣传部教育部关于进一步加强和改进高等学校思想政治理论课的意见》方案，中国近现代史纲要、毛泽东思想和中国特色社会主义理论体系概论、思想道德修养和法律基础、马克思主义基本原理概论等课程作为思想政治理论课必修的四门课在全国高校开设，公安院校当然也不例外。

作为中国近现代史纲要（以下简称“纲要”）课的专任教师，在多年的教学工作中，针对公安院校的学生在思政课学习方面的问题，配合公安工作的实际需要，一直思考着如何把“教”和“学”完美地结合起来，最大限度地发挥思政课对学生进行思想教育主阵地的作用，真正体现教学效果。

思政课作为公共课，学生们普遍对思政课不是很重视，精力主要放在了专业课的学习上，大多数的人认为思政课在以后的工作中并不需要，还是学点有用的好。这是对思政课的误解和不了解。在这种观念之下，学生学习的积极性就极大地受挫了，课堂上的表现也就五花八门了，教和学严重脱节，学生课堂的淡漠反应也影响了教师课堂教学的发挥，相互起到的是消极、懈怠作用。

由此看来，思政课承载的思想政治理论教育功能没有完全实现，对公安院校的学生来说，它的重要性、特别性更无从谈起。我们每学期都按部就班地完成了每门课程内容的讲授，但却没有达到它应有的教学效果和教育目标。授课内容的完成只是基本要求，不代表它的价值得到了实现，而我们所追求的价值就是它的实效性，而这是我们常常忽略的，我们把上完课就理所当然地认为是完成了教学任务，这是误区。

针对公安院校学生在思政课学习中的这一突出问题，我们需要找到根源，对症下药，让他们正确认识思政课开设的目的及历史渊源，只有从根源上认清了，才能真正唤起同学们对思政课的渴望，然后配以教学教法上的创新，找到适合学生口味的现代方式，就能达到教学相长的完美互助。解决这个问题通常我们要考虑到教师和学生自身两方面的因素，这里将从转变学生学习观念的角度出发，扫除学生对思政课学习的障碍，打造一条积极主动学习的互动通道。

一、正确认识“纲要”课的课程性质

认识是行动的先导和前提。思政课是宣传党的方针、政策的重要途径，是帮助学生树立正确的价值观、人生观的主要战场，是素质教育的重要环节。教师通过内容的传授，不仅仅是知识的更新和积累，更重要的是教会大家科学的方法论，帮助他们走向社会之后增强明辨是非的本领。

首先，帮助同学们认识开设思想政治理论课的历史渊源，解决他们对于高校开设“纲要”这门课程的不解。“纲要”不仅仅是在讲史，而是通过对史实的叙述，论证科学理论的正确性和必然性。从同学们对本门课的称呼“历史课”及对任课教师的称呼“历史老师”中，我们已经发现了问题所在，不清楚本门课程的性质，不清楚思想政治理论课开设的历史渊源。这就是问题的源头，也是问题的根本。

找到源头，追根溯源，这是解决问题的基本方向。“纲要”课同其他三门课同属于本科生必修的思想政治理论课，每门课都有教育的侧重方向。同其他三门课相比较，“纲要”课的侧重点是对大学生进行爱国主义的教育，这是其他课程所不能替代的。“纲要”课从所属的科学体系看，的确属于历史学的范畴；从它的社会职能看，它是从历史教育的角度承担着思想政治理论教育的功能。所以，我们不仅是在学史，更是在激发、培养我们的爱国主义情感。它的思想教育的效果不是短期内可以显现的，而是植根于每个接受过它的教育的人的一生中，潜移默化地影响着他的每一种思考和决定。他们的人生观关系着未来中国社会的价值取向。

二、深刻领会“纲要”课的重要性

目前，高校开设的四门思政课担负着共同的教育职能——思想政治理论教育，因各门课程独具特色，所以在教育内容、教育方式上各有所长。“纲要”课是通过讲史来阐述一个道理——选择的必要性和正确性。奋斗、探索的过程证明了选择马克思主义、选择中国共产党的领导、选择社会主义道路、选择改革开放是历史的必然，是历尽千辛万苦在迷雾中甄别出来的改造落后中国的有效武器。同时，这一历程也激励后人，让我们保持中国共产党的纯洁性和先进性，坚定中国共产党的领导，再次掀起“为中华之崛起而读书”的远大抱负。

这种激励从哪里来？这种催人奋进的动力来自于哪里？它来自于对“纲要”的学习，“纲要”课的优势就是激发学生的爱国主义情怀，是进行爱国主义教育的主战场。只有领会到这一点，我们才能真正从内心深处接受这门课，自觉接受它的熏陶和洗礼，学习效果自然也就明显了。

三、建立“历史”和“现实”的联系

在大家的潜意识中，觉得历史距离我们太遥远了，没有兴趣去了解陌生的过去，这也降低了同学们对它的学习兴趣。这需要靠教师通过灵活的教学手段来转变同学们的不正确观念。以人为鉴，可以明得失；以史为鉴，可以知兴替。对于公安院校的学生来说，这点更重要，在未来的工作岗位上是不允许出错的，一旦出错，伤人伤己，后果将很严重，这和普通职业有着本质的区别。

历史发生在过去，这是历史的特点，更是它的价值所在，它的社会作用就是通过它的这一特点来展现的。过去对未来有着借鉴价值，过去对未来还有着指导意义，通过对事物过去的了解，才能更准确地把握事物的现在以及指引未来。在讲课的过程中，通过历史事实的讲解，让同学们了解了事件原貌，这是第一步，重要的是分析它给社会带来的变化甚至是与现在社会的联系，通过这种方式让同学感知历史和现实的联系。今天是过去发展的结果，由过去到今天的过程就是历史，把历史和现实完全割裂开来是严重错误的，历史是维系过去和现实的无形桥梁，形成这样的认识之后，也就自然建立起了历史和现实的联系，也就觉得历史不再遥远了。通过这样的教学模式，激起同学们对历史学习的重要性的认识。

四、激发学生对人生的追求，提高政治鉴别能力

考进公安院校读书的大多数学生都怀揣着一个梦——警察梦。在四年的学习生涯中，把主要精力都放在了这个梦想上，无形中缩小了学习的范围，陷入了固定模式中。有梦想固然好，但如果孤注一掷地把所有心思和精力都放在这一方面，是有悖于我们的大学教育目的。大学教育的目的，是为社会培养素质人才，而不仅仅是专业知识人才。

针对同学们的这一狭隘观念，我们在进行思政课的教学时要有意识地激发他们对人生的追求，拓宽思路，树立奋发向上的精神，使个体得到全面的发展，专业素质、心理素质、政治素质都过硬，才能适应公安工作的需求。

在现代化、高科技手段日趋复杂，物欲横流、各种诱惑充斥社会的两方面压力下，犯罪形式更加隐蔽，各种陷阱极具欺骗性，给公安执法人员带来了更严峻的考验。如果缺乏政治鉴别能力，不仅把自己搭了进去，还会造成更严重的社会不良影响，有损于公安公正廉洁的国家形象，失信于人民群众。如何具备科学的政治鉴别能力呢？在大学阶段，开设思想政治理论课的教学是基本途径，也是行之有效的方式。

诚然，思政课主要解决的就是学生的思想问题，通过思政课教学，不仅教书，更重要的是育人，帮助在校大学生形成正确的人生观、世界观、价值观，树立积极乐观、奋发向上的生活态度，使他们同时具备过硬的专业素质和政治素质，这才符合公安院校的办学宗

旨，面向实战、服务实战、推动实战，推动公安的实战教育，这是公安院校思政教育有别于普通高等学校思政教育的特别之处。只有认识到思政课在公安院校的特别之处，我们才能充分地挖掘思政课的教育潜能，真正发挥出教育的实效性。因此，思政课的教育职能在公安院校显得尤为重要。

公安实战教育需求的不只是专业技能，而掌握良好的专业技术的前提是具备很强的政治素养，专业素养的培养离不开思政课的政治教育。认识思政课开设的重要性是充分发挥思政课教学效果性的前提。只有明白某一事物的重要性后，才能从思想上真正重视它，它的作用也才能最大限度地展现出来。要追求更大的效果性，首先从思想上重视它，这就是重要性和效果性完美统一的过程。对于公安院校来说，在思政教育的迷茫中，要充分发挥思政课的教育职能，必须实现思政课重要性和效果性的完美统一。

参考文献：

［1］游洁、佘双好：《大学生对思想政治理论课教学的认识与评价分析》，载《当代教育论坛》2005 年第 10 期。

［2］陈菲、朴龙浩：《关于公安院校思想政治教育现代化途径的探析》，载《辽宁警专学报》2005 年第 5 期。

［3］牟德刚：《论高校思想政治理论课程设置的沿革》，载《学校党建与思想教育》2006 年第 10 期。

［4］徐伟红：《加强公安院校学风建设　培养高素质公安实用人才》，载《党建、德育和和谐校园建设研究》，北京市高等教育学会 2007 年学术年会论文集。

［5］孙园龙：《公安院校思想政治教育的新途径》，载《天津职业院校联合学报》2008 年第 5 期。

［6］程琳：《立足公安工作和公安队伍建设需求，切实加强和改进公安院校教育培训工作》，载《人民公安报》2009 年。

内涵与价值：人民警察思想政治教育刍议①

铁道警察学院 王传礼

人民警察是国家安定团结、社会稳定繁荣、人民安居乐业的重要保障，是实现经济、政治等各方面稳步发展的坚实后盾。对人民警察进行思想政治教育是党的思想政治工作在警察战线的实践，是实现党对公安工作领导的重要方式，是人民警察队伍建设的中心环节，也是胜利完成各项警务工作的根本保证。随着经济的发展和改革的深入，新形势新任务对我国人民警察队伍建设带来了新的挑战。面对新形势、新问题，要求我们必须在适应市场经济发展的大背景下，服务于中国特色社会主义建设这一中心任务，深入探讨人民警察思想政治教育内涵与价值，努力探索人民警察思想政治教育新路子。

一、人民警察思想政治教育的科学内涵

人民警察思想政治教育，就是对人民警察进行的思想政治教育活动，界定人民警察思想政治教育的科学内涵、揭示人民警察思想政治教育的本质及内在要求，科学构建人民警察思想政治教育理论体系，不断推进公安思想政治工作，必须首先深刻认识我国人民警察的特定内涵。

（一）我国人民警察的内涵

亚里士多德曾对警察下了一个定义：即良好的秩序，对人民的支

① 本文系 2014 年中央高校基本科研业务经费项目“新形势下的铁路公安队伍建设研究”（项目编号：2014TJJBKY013）阶段性成果。

持，是给予人民的所有礼物中最伟大的最首要的。有学者认为，警察英文 police 来源于拉丁文，意为“管理、政治”。[①] 由此可见，“警察”一词具有强烈的政治色彩。在中国史书中，“警察”一词不断出现。如《汉书》中“密使警察不予宣露”，《金史·百官制》中也有“诸京警巡院，使一员，正六品，掌平理狱讼，警察别部”等。近代以来，晚清政府也曾设立过类似机构，如 1898 年的湖南保卫局，1900 年的协巡总局，1905 年的巡警部等。但综观整个清末，始终未有使用“警察”二字。直到 1912 年中华民国成立后才将“巡警”改为“警察”，并在京师和各省设立警察厅。

警察在人类历史上的出现不是偶然的、凭空出现的，而是社会发展到一定阶段的必然产物。在人类进入阶级社会以后，社会问题日益复杂、阶级斗争日益频繁，统治者为了维持社会秩序，巩固自己的统治地位，就需要国家、法律、监狱、警察、思想道德等物质的、精神的，有形的、无形的等机构对整个社会加以管理和统治。警察及警察机关在这个时候应然而生。所以说警察是社会发展、阶级分化的必然产物，正如恩格斯所说“警察和国家一样古老”。[②]

在我国当今社会，人民警察包括公安机关、国家安全机关、监狱的人民警察和人民法院、人民检察院的司法警察。作为社会主义国家，我国一切权力属于人民，人民警察也具有特定的内涵。早在 1957 年颁布的《人民警察条例》中，就对人民警察的内涵做了具体规定：“中华人民共和国人民警察属于人民，是人民民主专政的重要工具之一，是武装性质的国家治安行政力量。”具体而言，这一规定具有四层含义：其一，我国人民警察的权力来源于人民，这是我国人民警察的最大特点。其二，我国人民警察是人民民主专政的重要工具，是维护人民群众利益的重要手段。其三，人民警察是具有武装性质的队伍，人民警察实力是实施警察权的重要保障。其四，我国人民警察是国家的治安行政力量。在 1995 年颁布的《中华人民共和国人

① 傅俊华：《公安基础理论》，河南人民出版社 2010 年版。

② 《马克思恩格斯全集》第 4 卷，人民出版社 1972 年版。

民警察法》中规定，人民警察的任务是维护国家安全，维护社会治安秩序，保护公民的人身安全、人身自由和合法财产，保护公共财产，预防、制止和惩治违法犯罪活动。

（二）人民警察思想政治教育的内涵

思想政治教育是“一定的阶级、政党、社会群体遵循人们思想品德形成发展规律，用一定的思想观念、政治观点、道德规范，对其成员施加有目的、有计划、有组织的影响，使他们形成符合一定社会、一定阶级所需要的思想品德的社会实践活动。”① 人民警察思想政治教育，简单地说，就是对人民警察进行思想政治教育实践活动。它既是思想政治教育的重要方面和组成部分，也是人民警察队伍建设及公安工作的重要组成部分。在这里思想政治教育的对象是人民警察，目的是提高人民警察的思想政治道德素质，进而促进公安工作。

充分理解人民警察思想政治教育的科学内涵，必须把握以下两个方面：

其一，人民警察思想政治教育是思想政治教育的重要方面，必须具备思想政治教育的一般特征和要求。思想政治教育是我们党宣传政治工作的重要组成部分，不仅在实践中积累了丰富的历史经验，而且已然形成了一套完备的理论体系。在思想政治教育目标、内容、过程、规律、载体、途径、原则以及思想政治教育管理等各个方面都形成了深刻系统的理论研究和极其丰富的实践经验，对人的思想政治素质的形成和发展规律、思想政治教育规律以及人们自觉内化一定思想观念、价值准则形成自己的思想政治素质并进一步外化为具体行为等内化外化规律都产生了丰富的研究成果。人民警察思想政治教育作为思想政治教育的重要领域，也应遵循思想政治教育的一般规律，符合思想政治教育的一般规定。

其二，人民警察思想政治教育的客体是人民警察。这是区别人民警察思想政治教育同其他思想政治教育（诸如大学生思想政治教育、领导干部思想政治教育、企业思想政治教育等）的重要标志。任何

---

① 张耀灿、郑永廷等：《现代思想政治教育学》，人民出版社 2006 年版。

思想政治教育的最终目的都是提高受教育者的思想政治素质，是作用于教育对象身上的。教育对象的特征、思想政治素质现状以及所面临的一切客观实际便理所当然地成为了思想政治教育的起点，成为了思想政治教育不可回避的前提性问题。从某种程度上说，不同的客体，即不同的教育对象，从根本上确定了思想政治教育的特殊性。因而教育对象的特殊性决定了人民警察思想政治教育在价值形态、内容建构、路径选择等方面的特殊性。

二、人民警察思想政治教育的基本价值

"'价值'这个普遍的概念是从人们对待满足他们需要的外界物的关系中产生的"。[①] 思想政治教育的价值就是"思想政治教育对社会进步和人的发展的效用和意义问题"。[②] 人民警察思想政治教育的价值，就是人民警察思想政治教育对社会进步、警察队伍建设及警察素质提升，特别是思想政治素质的提升所具有的作用和功能。一方面，人民警察思想政治教育通过警察队伍建设，即通过提高人民警察队伍整体素质，进而对国家安定、社会和谐发生作用；另一方面，人民警察思想政治教育本身就可以发挥巨大的精神力量，进而对警察队伍和整个社会的发展起到保驾护航、精神激励的作用。具体而言，人民警察思想政治教育的价值直接或间接地体现在保障党对公安工作的绝对领导、提升警察队伍素质、增强公安战斗力等诸多方面。作为维护国家安定、民族团结、社会稳定的重要保障，作为促进国家经济发展、政治稳定、文化提升、社会和谐的坚实后盾，人民警察思想政治教育对于公安工作及公安队伍建设具有重要的政治保障价值、素质培育价值和战斗力提升价值。

（一）政治保障价值

"宣传思想政治工作历来是党的工作的一个极其重要的组成部

① 《马克思恩格斯全集》第 19 卷，人民出版社 1963 年版。

② 张耀灿、郑永廷等：《现代思想政治教育学》，人民出版社 2006 年版。

分，是一条重要的战线。”① 它的价值首先体现在政治保障价值，正如毛泽东同志所说，“思想工作和政治工作，是完成经济工作和技术工作的保证，它们是为经济基础服务的。思想和政治又是统帅，是灵魂。只要我们的思想工作和政治工作稍微一放松，经济工作和技术工作就一定会走到邪路上去。”②

人民警察思想政治教育的政治保障价值首先体现为其“生命线”意义。思想政治工作是一切工作的生命线，当然也是公安队伍建设和公安工作的生命线。胡锦涛同志指出：“在大力加强公安队伍正规化、现代化建设的同时，必须牢牢抓住思想政治工作这条主线，把思想政治工作作为‘第一生命线’，使之更好地推进和服务于公安工作大局。”③ 当今社会，随着改革开放和市场经济的深入发展，我国社会经济成分、组织形式、利益关系、分配方式更加多样化，给人们包括某些人民警察的思想观念、行为方式带来了深刻的影响。许多前所未有的新问题新矛盾不断涌现，理想信念动摇、思想迷茫困惑，以致出现了私欲膨胀、贪污腐化、以权谋私、权钱交易等问题。人民警察作为社会公平正义的化身，肩负着维护社会安定和谐的重任。同时由于人民警察同人民群众联系密切，更关乎政府形象、关乎人民群众利益。因而必须充分发挥思想政治教育在加强公安队伍建设、推进公安工作中的“生命线”意义，确保人民警察忠诚、为民、公正、廉洁。

人民警察思想政治教育的政治保障价值还体现在它对维护和保障党对公安工作领导的重要意义。坚持党对公安工作的绝对领导，是公安工作的根本原则。毛泽东指出：“保卫工作必须特别强调党的领导作用，并在实际上受党委直接领导，否则是危险的。”“我们的原则是党指挥枪，而绝不允许枪指挥党。”对公安工作也是这样，绝不容

① 江泽民：《宣传思想战线是我们党的一条极其重要的战线》，载《求是》1993 年第 5 期。

② 《毛泽东文集》（第 7 卷），人民出版社 1999 年版。

③ 胡锦涛总书记在第 20 次全国公安会议座谈会上的讲话，2003 年 11 月 20 日。

许公安机关有任何削弱、摆脱、抵制或忽视党的领导的现象。江泽民同志在1992年指出："加强党对政法公安工作的领导是始终不渝地坚持的一个原则。人民民主专政是一个整体功能，要在党的统一领导下进行协调。"而党对公安工作的领导主要通过思想政治教育工作得以实现。通过思想政治教育，可以积极传达党的路线方针政策，保证公安工作在思想上、政治上、组织上、行为上与党中央保持高度一致；通过思想政治教育可以进一步坚定人民警察政治信仰，帮助人民警察摆脱各种错误思潮的困扰，树立马克思主义世界观、人生观和价值观，帮助人民警察树立正确的政治方向、政治立场、政治信念、政治观点、政治态度，坚定马克思主义信念和共产主义理想，坚定为人民服务的根本宗旨，坚定忠诚、为民、公正、廉洁的基本要求，确保人民警察对党忠诚、为民服务、公正执法、无私奉献。

（二）素质培育价值

思想政治教育是社会或社会群体用一定的思想观念、政治观点、道德规范，对其成员施加的有目的、有计划、有组织的影响，使他们形成符合一定社会所要求的思想政治品德的社会实践活动。它是一项专门做人的工作，对塑造人的综合素质、促进人的全面发展具有极其重要的作用。人民警察思想政治教育是以人民警察和整个警察队伍为主要教育对象的思想政治教育活动，对于提升警察队伍素质显然意义非凡。人民警察思想政治教育对于提升警察队伍素质的重要作用和价值主要通过两个方面加以实现：一是对人民警察个体的思想政治素质及综合素质的培养意义，二是对警察队伍整体素质的提升价值。

人民警察思想政治教育价值最直接地体现在人民警察思想政治素质及其综合素质的提升。人民警察思想政治教育首先可以极大地提高人民警察的思想政治素质。正确的思想意识、认识准则、价值观念、道德水平、政治观点、政治态度、政治信仰等都属于思想政治素质的范畴。思想政治素质的提升与培养是思想政治教育最直接而重要的目标，人民警察思想政治教育首先要培养的就是人民警察的思想政治素质，并通过思想政治素质的提升，进一步提升人民警察的综合素质。人民警察思想政治教育通过思想政治素质的培养与提升，可以进一步帮助人民警察树立正确的世界观、人生观、价值观；坚定人民警察理想信念，树立正确的政治观点、政治态度、政治信仰；丰富人民警察的精神世界，提升人民警察道德认知、道德判断、道德践行能力；掌握马克思主义唯物论、辩证法，掌握科学的思维方法等。

人民警察思想政治教育的对象不仅是人民警察一个个个体，而且更重要的是由一个个人民警察构成的警察队伍整体。人民警察思想政治素质及综合素质的提升理所当然是人民警察思想政治教育的直接而重要的目标，但整个警察队伍素质的优化显然更是人民警察思想政治教育的主要价值旨归。人民警察思想政治教育的警察队伍整体素质的提升价值主要通过两个方面得以实现。一方面，人民警察队伍整体素质通过人民警察个体的思想政治素质及综合素质的提升得以实现。当一个群体中每一个个体的思想政治素质和综合素质实现了提升与发展，那么这个群体的整体素质便相应地得到了提升与发展。另一方面，人民警察队伍整体素质的提升，不仅受制于每个警察个体的思想政治素质现状，而且很大程度上取决于整个群体的优化与科学建构。而通过人民警察思想政治教育可以协调警察队伍关系、凝聚警察队伍力量、优化警察队伍整体素质，实现整个警察队伍素质的提升。

（三）战斗力提升价值

思想政治教育工作是为中心工作服务的，必须始终结合业务工作开展。人民警察思想政治教育同样是为公安工作服务的，是为促进公安队伍正规划建设、推进公安工作有效开展服务的。思想政治教育从本质上是一种意识形态工作，它的作用的发挥和价值的实现主要是通过把“精神力量转化为物质力量”。思想政治教育通过主观世界改造客观世界，通过思想观念影响行为方式。人民警察思想政治教育通过培养高素质公安队伍、激发人民警察的精神力量、提高公安软实力进而提升公安战斗力。

人民警察思想政治教育通过培养高素质公安队伍提升公安战斗力。任何工作都是靠人去做的，正如毛泽东所说：“正确的路线确定之后，干部就是决定因素。”打造一支政治强、业务精、纪律严、作风正的公安队伍是有效完成公安工作、促进公安发展的战略保证。人民警察思想政治教育有效提高警察队伍综合素质特别是思想政治素质，帮助人民警察树立正确的政治观点、价值观念、道德品格，进而促进警察队伍及公安工作的方向正确、富有成效，特别是在经济体制深刻变革、社会结构深刻变动、利益格局深刻调整、思想观念深刻变化的当前社会条件下，打造一支战斗力强的公安队伍，不仅需要过硬的业务本领，而且需要坚定的政治信仰、政治觉悟、政治敏感度和较高的文化素质、法律素质、心理素质等。故而人民警察思想政治教育工作对公安战斗力提升具有了无可替代的价值和意义。

人民警察思想政治教育通过激发人民警察精神力量、提高公安软实力提升公安战斗力。公安战斗力包含硬实力与软实力两个方面，二者相互促进，相得益彰。人民警察思想政治教育及其承载的公安工作的价值与理念、人民警察的思想政治素养以及各种与公安工作相关的精神文化成果和精神文化活动对公安工作起着不可或缺的价值引导作用、精神激励作用、队伍凝聚作用、形象塑造作用，是重要的公安软实力。人民警察思想政治教育通过导向作用、凝聚作用、激励作用、调节作用确保公安工作在维护社会安定和谐、维护人民群众生命财产安全中的重要作用的有效实现。公安工作不仅需要尖端的科学技术、一流的业务水平，更离不开坚定的政治立场、昂扬的精神斗志、正确的工作方向，而这些显然都需要依靠人民警察思想政治教育的导向作用、凝聚作用、激励作用和调节作用加以实现。

公安院校大学生警察核心价值观的认知及培育研究①

中国人民公安大学　李玉荣

一、研究背景

核心价值观，是指一个社会、一个行业、一个部门、一个团体中居于统治地位的、起支配作用的核心理念，对其成员的思想道德和行为方式起着主导作用。警察是一种特殊的社会职业，担负着维护国家安全、维护社会治安秩序稳定的重任。警察的价值观状况直接影响公安队伍建设的质量。

十六届六中全会第一次提出了“社会主义核心价值体系”。党的十七大提出“建设社会主义核心价值体系，增强社会主义意识形态的吸引力和凝聚力”的战略要求，强调“切实把社会主义核心价值体系融入国民教育和精神文明建设全过程，转化为人民的自觉追求。”2014 年 1 月 7 日习近平总书记在中央政法工作会议上强调坚持严格执法、公正司法、深化改革、促进社会公平正义，保障人民安居乐业时提出三项任务：要把维护社会大局稳定作为基本任务，把促进社会公平正义作为核心价值追求，把保障人民安居乐业作为根本目标。

---

① 本文系中央高校基本科研业务费专项资金资助 2014 年基本科研业务费支持青年教师项目“公安院校大学生警察核心价值观的认知及培育研究”（项目编号 2014JKF01024）的阶段性成果之一。

关于人民警察核心价值观的研究，从2009年开始有学者进行专门的论述，在此之前，有关社会主义核心价值体系教育为人民警察核心价值观的研究提供了理论支撑与研究背景。目前，国内外学者对人民警察核心价值观的研究主要集中在：

1. 人民警察核心价值观的内涵的分析。关于什么是人民警察核心价值观，许多人对其进行了界定。有人从核心价值观的内容来认识，提出“人民警察核心价值观是指人民警察对自身存在意义、价值追求的根本看法和态度，决定着人民警察行为的目标和方向。”① 有人以核心价值观的存在状态及作用来进行分析。如“警察核心价值观，是一种深藏于民警心中，影响民警价值判断，决定民警行为操守的准则。它是经过长期积淀形成的价值取向，是警察组织发展的内在动力，是维系警察个体和警察组织的精神纽带。”② 有人从组织行为学的角度，特别是从警察形象战略的角度来分析，指出：“警察的核心价值观是警察组织想成为什么、为什么价值而存在的定位，是警察组织生存的基点和灵魂。它告之每一个警察应该具有什么样的做人、做事的最高标准。它是一种深藏在警员心中的东西，决定和影响着警员的行为方式。”③ 有人从人民警察核心价值观的形成与特色角度加以总结，认为，“人民警察核心价值观是指公安机关及其民警在长期的警务活动和社会交往过程中形成和发展起来的，具有公安职业特色的处于核心地位的共同意识。”④ “警察核心价值观是人民警察在长期的警务实践中所形成的、具有警察职业特色的价值关系的基本观点和理念，它是一种深藏在警员心中的警察共同意识，决定和影响着

---

① 李昆学：《对人民警察核心价值观的思考》，载《公安教育》2009年第9期。

② 陆东、刘华瑜：《关于培育“人民警察核心价值观”的若干思考》，载《上海公安高等专科学校学报》2009年第8期。

③ 陈娴：《警察形象战略的基石：警察核心价值观》，载《政法学刊》2007年第8期。

④ 曹礼海：《人民警察核心价值观的提炼与培育》，载《公安教育》2009年第6期。

警队和警员的价值取向和行为方式，是警察组织生存的基点和灵魂，也是公安警察文化的核心。"① 有人认为，"人民警察核心价值观是指为实现党和人民赋予公安机关的职责和使命而提炼出来的，被全体民警共同认可、普遍遵循、自觉践行的主导价值观念和价值追求，是公安队伍的精神力量和团结纽带，是推动公安工作科学发展的力量源泉。"② 如何理性认识人民警察核心价值观的科学内涵，还需要我们总结以上认识，从核心价值观的实质内涵方面加以准确界定。

2. 人民警察核心价值观的作用。关于人民核心价值观的作用，许多学者的论述中都有提及。例如，把警察核心价值观当作公安机关与人民警察履行使命的精神支柱。③ "人民警察核心价值观，从根本上决定和反映着人民警察的政治立场、理想信念和价值追求，对人民警察思想道德和行为方式起着主导作用。"④ 人民警察核心价值观是警察组织中居于统治地位、发挥支配作用的核心理念，对人民警察核心价值观的认识涉及警察核心价值观的功能与作用，还需要我们充分认识，以发挥核心价值观的突出影响力。

3. 人民警察核心价值观的构建与培育。例如，李昆学的《培育人民警察核心价值观的实践与思考》，陈立川的《论当代人民警察核心价值观的构建》，龙波的《新时期人民警察核心价值观构建方略》，陆东、刘华瑜的《关于培育"人民警察核心价值观"的若干思考》。这些文章大多针对人民警察核心价值观的实用性和可操作性构建方略给予论述，有现实意义。

总的来说，目前国内对警察核心价值的研究与总结已经起步，这

---

① 龚正容：《构建当代中国警察核心价值观论析》，载《中国人民公安大学学报（社会科学版）》2009 第 1 期。

② 龙波：《新时期人民警察核心价值观构建方略》，载《公安学刊》2009 年第 3 期。

③ 本刊评论员：《警察核心价值观——履行使命的精神支柱》，载《公安学刊》2010 年第 4 期。

④ 李昆学：《培育人民警察核心价值观的实践与思考》，载《公安研究》2009 年第 9 期。

些研究成果都可供我们借鉴和参考。但是很多问题还缺乏系统的研究，例如，对警察价值观现状的整体分析不够，还缺乏对整个队伍的价值取向的整体把握；对人民警察核心价值观内涵、内容、本质的理论论证尽管已有诸多见解，但还需深入；预备警官对人民警察核心价值观的认知状况如何，目前还没有人进行调查分析。基于以上几点，本文在进行理论分析、现状把握、对策研究的基础上，结合公安院校学生的思想现状调查，提出“如何培养公安院校大学生人民警察核心价值观？”这一问题，并探讨预备警官如何树立警察核心价值观及其培育方法。

二、研究方法

本研究主要采取了问卷调查法。通过设计问卷，了解公安院校大学生警察核心价值观的认知状况和影响因素，进而思考公安院校大学生警察核心价值观的培养路径。

1. 问卷设计。问卷共有 20 个问题，均为选择题，分为单选题和多选题。内容从三个方面展开，包括：对警察职业和人民警察价值观的理解，对于“共和国预备警官”的理解，以及在校期间影响学生思想培育的因素。

2. 设计对象。参加本次问卷调查的是中国人民公安大学一年级和二年级本科生，涉及 8 个专业 16 个班级，共发出问卷 720 份，收回有效问卷 687 份。

三、结果统计

问卷结果统计显示如下：

1. 人民警察核心价值观方面：有 43% 的同学对于人民警察核心价值观只是略知一二，有 29% 的同学表示并不清楚，只有 28% 的同学清楚了解人民警察核心价值观；对于警察这个职业，70% 的同学打了 80 分，19% 的同学打了满分，10% 的同学选择了 60 分，仅有 7 人选择60分以下，占总数的1%。

2. 共和国预备警官方面：58%的同学认为在大学最重要的事是对专业和周边知识的学习和参加警务实践，有32%的同学认为参加社团活动锻炼能力也很重要；职业素质方面，由于是多选题，选择比较分散，但作为一名共和国的预备警官，41%的同学还是选择了坚定的政治立场，执法为民的意识，正义感和清正廉明，也有12%的同学选择了英勇善战，要有一颗善良的心。

3. 在校期间思想培育的因素方面：46%的学生认为警务化管理对于预备警官的影响主要反映在培养学生的纪律意识和大局意识，也有26%的学生认为是培养学生的秩序素质和规范素质，7%的学生认为是过于死板，不利于学生创新能力的发挥；对于加强学校的思想政治教育的态度，40%的学生认为赞成，并觉得很有必要，43.9%的学生认为通过适当的形式和方式可以接受；对于人文社科类课程的态度，积极评价的同学占73%，其中34%的学生认为老师很用心，对自己有帮助，37%的同学认为有兴趣，有收获，12%的学生认为老师需要改变一下授课方式，6%的学生对这一课程不感兴趣，认为是浪费时间；对于校园文化生活的作用，73%的同学认为学校的校园文化建设对学生的思想培育很有用，12%的同学认为有部分作用，7%的同学认为没太大用处，5%的同学表示不知道；关于开展校园文化活动的形式，39%的同学希望听到有工作经验的一线民警的讲座，32%的同学选择名师，12%的同学选择社会名流，11%的同学希望和毕业的师兄师姐多交流，6%的同学表示不喜欢听。关于在校期间参加社会实践，62%的同学希望参加一些素质拓展和志愿者的活动，认为在校期间实习锻炼很有意义，锻炼了同学们的能力，19%的同学选择联谊和社团活动。

4. 对于未来的期待方面：22%的同学认为前途光明，无需为工作担忧，57%的同学认为机会与挑战并存，19%的同学认为有希望，但存在困惑，2%的同学选择了解少，没看法。

四、讨论

从统计结果分析如下：

第一，作为共和国的预备警官，公安院校的学生还是较其他院校的学生更有使命感和责任感，他们认为学习和实践都很重要，肯定公安院校对学生进行的思想培育，肯定教师在课堂上的作用，并认为校园文化建设和社会实践对他们起到了一定的积极的作用。

第二，从统计结果中我们也看到，尽管学生有一定的从警意识，但对于人民警察核心价值观并不十分清楚，对于警察这个行业还缺乏认识，对于今后从警的信念还不强，对于人生价值的判断标准并不具有统一的意识，对今后的职业选择还很迷茫，缺乏坚定的信心和决心。

公安院校培养的是国家的预备警官，在校期间对学生进行人民警察核心价值观的培育非常重要，因此有必要建立积极有效的公安院校大学生警察核心价值观的培育路径。

第一，加强公安院校思政课等人文社科类课程的改革，使课堂成为系统培育学生价值观的阵地，最大限度地发挥课堂的教育作用；

第二，加强公安院校的校园文化建设，将人民警察核心价值观融入到学生的文化生活中去，从而形成学生内心的价值认同；

第三，加强学生的社会实践和实战，使得学生可以把课上和课下联系起来，把理论和实践联系起来，从而使学生的警察职业意识得到强化，促进学生人民警察核心价值观的形成。

参考文献：

[1] 曹礼海：《人民警察核心价值观的提炼与培育》，载《公安教育》2009 年第 6 期。

[2] 陈立川：《论当代人民警察核心价值观的构建》，载《公安研究》2009 年第 4 期。

[3] 陈娴:《警察形象战略的基石:警察核心价值观》,载《政法学刊》2007 第 4 期。

[4] 龚正容:《构建当代中国警察核心价值观论析》,载《中国人民公安大学学报（社会科学版）》,2009 第 1 期。

[5] 李昆学:《对人民警察核心价值观的思考》,载《公安教育》2009 年第 9 期。

[6] 龙波:《新时期人民警察核心价值观构建方略》,载《公安学刊》2009 年第 3 期。

[7] 陆东、刘华瑜:《关于培育“人民警察核心价值观”的若干思考》,载《上海公安高等专科学校学报》2009 年第 4 期。

[8] 本刊评论员:《警察核心价值观——履行使命的精神支柱》,载《公安学刊》2010 年第 2 期。

立足警察职业深化思想道德修养课教学内容改革

内蒙古警察职业学院　武　静

思想道德修养课作为在公安院校开设的“两课”课程之一，是政治理论课的重要课程，是对预备警官进行系统思想道德教育和警察职业道德教育的主渠道。公安院校的教学对象是维护国家安全、维持社会稳定的预备警官，对其进行思想道德教育具有极其重要的作用，其教学效果直接影响人民警察良好作风的养成。目前在专科院校使用的是教育部统编教材《思想道德修养与法律基础》，公安院校由于开设法律课较多，为避免重复，理论课教师一般只讲授思想道德修养部分，课时少，所涉内容多，教材只强调高校共性，不能突出公安院校培养警察的个性特点。所以理论课教师必须立足于教材针对公安院校教育对象特殊性进行有的放矢，在教学内容选择与安排上要取长补短，不断推进教学内容的改革。鉴于此，笔者就自己十几年的实践教学经验，认为在教学内容改革上要突出以下几个方面：

一、立足于统编教材，突出高校大学生共性的道德修养

1. 彩绘人生、担当使命——适应大学生活教育（讲授绪论部分）。大学是人生的重要阶段，是人生路程的又一个起点，立足于社会的本领在这里铸就。大学生对崭新的校园、学习、生活充满好奇与迷茫，所以尽快适应大学生活，才能为以后的健康成长奠定良好的基础。因此教师要帮助大学生认识大学生活的特点、提高独立生活的能力、树立新的学习理念、培养优良的学风；明确自己的成才目标、塑

造当代大学生的崭新形象，使大学生积极主动努力成为心理健康、本领过硬的社会主义接班人。

2. 设计坐标、报效祖国——理想信念、爱国主义教育（讲授第一、二章内容）。人生之路不能一帆风顺，不能尽善尽美，但是至少方向必须正确，要把握好人生坐标。所以本部分要使大学生树立远大理想，坚定崇高信念，继承爱国传统，弘扬民族精神，掌握安身立命的技能本领，以振兴中华为己任，把握新时期爱国主义，做忠诚的爱国者以报效祖国。

3. 乐观心态、创造价值——人生观、价值观教育（讲授第三章内容）。大学期间是大学生世界观、人生观、价值观形成的重要时期，所以大学生只有树立科学的人生观、追求高尚的人生目的、确立积极进取的人生态度，才能在实践中创造有价值的人生。实现人生价值还要把握人生价值实现的条件，科学对待人生环境，正确处理人际关系，使人与人、人与社会、人与自然和谐发展，从而在构建和谐社会中创造有价值的人生。

4. 积善成德、锤炼品质——道德观教育（讲授第四章、第七章内容）。大学阶段是人生道德意识形成、发展、成熟的重要阶段，良好的道德品质对人一生影响巨大。所以大学生要了解道德的起源、作用，继承和弘扬中华民族优良道德传统，弘扬社会主义道德，恪守公民基本道德，锤炼个人品德，遵守社会公德和公共生活中的基本法律规范，从而进一步提高自身的思想道德境界。

二、立足于弘扬时代精神，突出道德修养的与时俱进

新课程改革增强了政治理论课的时代性，目前使用的是2013年修订版《思想道德修养与法律基础》教材，但是教材一经形成就具有滞后性，如若不能很好地把握实际，会使课堂缺乏现实感，使学生缺乏对现实生活、现实社会的正确认识和准确把握，使思想道德修养课的针对性和指导性失去其初始之价值。所以思想道德修养课要立足时代、注重教学内容的“三性”教育创新。

1. 注重教学内容的新颖性教育：主要是从教学对象和实际出发，把大学生关注的热点难点体现到教学内容中来，使道德修养教学更加关注时事、注重实际、反映时代要求，从而突出教学内容的新颖性。教师在教学中要依据现实社会变化和大学生自身特点发挥积极因素培养大学生健康道德品质养成，从而切实增强教学的有效性，加强道德教学吸引力、感染力。"新"就要紧跟现实生活，如在给2013级学生讲授爱国主义教育时，及时讲解我国东海防空识别区的设立；讲授家庭美德时，分析富二代杀妻；讲授新版《二十四孝图》、不回家看老人违法时，进一步阐明良好家教家风是一代又一代人健康成长的重要保证，是促进社会文明发展的正能量。

2. 注重教学内容的趣味性教育：两课教学难，人尽皆知，所以思想道德修养课必须把空洞、抽象的教学内容采用必要的方法充实、形象地表现出来，使人共鸣才能认知、认同，这就要求教师在教学中注重教学内容的趣味性，使教学更加贴近社会、贴近生活、贴近实际，才能有效指导、引导大学生的学习、生活。因此增加趣味性就要运用丰富多彩的人生实例，可以用人物或者事件等引起学生的学习兴趣，使"思想道德修养"课接地气、人性化，易于被大学生接受。例如，在讲授树立正确爱情观时，由武昌职业学院成立"校园巡逻队"（被大学生称为"扫黄队"）引发大学生关于恋爱问题的讨论。在讲授人生观时，假定由26个字母对应26个数字，假定人生为100，单词Knowledge（知识）K+N+O+W+L+E+D+G+E=11+14+15+23+12+5+4+7+5=96，Luck（好运）=47，Money（金钱）=72，Attitude（心态）=100，得出结论：知识、好运、金钱对我们很重要，但真正100%影响我们人生的是我们的心态，这既告诉大学生积极态度的重要性又增加了教学的趣味性。

3. 注重教学内容的启发性教育：思想道德修养授课必须遵循教育的规律，把握大学生的特点，正确回答大学生普遍关心的实际问题，注重教学主体的参与性，引导教育学生自己发现、思考、辨析、解决问题，让学生在自由愉快选择空间里实现教育和自我教育的有机结合，激励学生努力追求实现高尚思想道德境界的形成，从而达到教学效果。所以教师在教学中要针对某一事件或热点，引导当代大学生应当怎样做、为什么要这样做，增强教学的针对性，生动活泼地进行教学，促成学生自主、生动和创造性地提高自己的思想道德素质。例如，给2013级学生授课时由“保洁员吃剩饭”引发思考，在大学生中展开讨论，达到良好的效果。

三、立足于公安院校，突出警察职业个性道德修养

要打造高素质的公安队伍为社会和谐稳定保驾护航，就必须有强有力的生力军，所以公安院校在培养预备警官时必须突出这一职业特色。目前严峻的公安工作形势对人民警察整体素质要求不断提升，社会大众对警察道德期望值普遍较高，认为警察应该是作风精良、业务精通、执法公正的优秀分子，因此警察素质好坏直接影响了党和国家的形象、公信力、执法权威和警民关系的和谐。因此教师在教学中要使思想道德与警察职业相互交融渗透有机结合，突出警察职业道德教学，对于警察德行的养成与培育更应该强调道德灌输、价值认同和精神自律，使为人民服务成为其唯一的价值导向。所以立足于公安院校要突出以下教育：

1. 警察职业道德教育。讲清楚社会和公安机关对警察的职业要求，掌握好新修订《公安机关人民警察职业道德规范》的十个方面：忠诚可靠、秉公执法、英勇善战、热诚服务、文明理性、严守纪律、甘于奉献、爱岗敬业、清正廉洁、团结协作。使预备警官真正懂得忠诚可靠、爱岗敬业是人民警察职业道德的最高标准，热诚服务、文明理性是人民警察必须履行的最高职责，秉公执法、清正廉洁是人民警察总体价值的最高体现，严守纪律、甘于奉献是人民警察的最高天职，英勇善战、团结协作是人民警察应有的最高本色等一些最基本的道理。教学目的是使每一名预备警官的行为举止都符合人民警察的职业道德标准。

2. 纪律作风教育。明确警察必须遵守的指令性和禁令性的规章制度等，硬性约束警察的职业行为才能合理而有效地调控教学对象，

才能保持公安队伍的战斗力和整体素质水平。要讲清楚五条禁令、内务条令、纪律条令、三项纪律等。

3. 先锋模范和优秀典型教育。要使公安院校的德育内容从预备警官的实际出发，把公安一线的新经验、新成果以及新问题、新情况及时反映到教学中来，及时宣传公安一线的先锋模范和优秀典型。以身边涌现的、大家认可的先进典型人物为标杆进行宣传，弘扬正气，激励学生奋发向上的精气神，使预备警官自觉地向他们学习，立志将来成为像他们那样的人。例如，四川“警界女保尔”黄曼、呼和浩特市“最美警察”刘攀等。

四、立足于内蒙古公安，突出内蒙古警察核心价值观

社会矛盾凸显、价值观多元化的今天，用“核心价值观”占领警察精神制高点是社会发展的客观需要，使广大预备警官必须清楚作为警察“忠于谁”、“为了谁”、“维护谁”、“我是谁”的问题，才能在将来真正做到“立警为公、执法为民”。思想道德修养课要坚持用这一主导思想培养教育学生，使学生具备成为合格人民警察的优良的政治素质和优秀的精神品质，所以思想道德修养教学内容上要讲清楚以下三个方面：

1. 社会主义核心价值观教育。《关于培育和践行社会主义核心价值观的意见》中将核心价值观分为国家、社会、个人 3 个层面。国家层面的价值目标：富强、民主、文明、和谐；社会层面的价值取向：自由、平等、公正、法治；公民个人层面的价值准则：爱国、敬业、诚信、友善。

2. 人民警察核心价值观教育。明确“忠诚、为民、公正、奉献、廉洁”的人民警察核心价值观主流导向，是新的历史条件和时代发展的客观需要，是新时期贯彻党的十八大精神的必然要求，是促使人民警察更好地履职，圆满完成党交办的各种任务，加强队伍建设的坚实思想基础。

3. 内蒙古警察核心价值观教育。内蒙古人民警察核心价值观是

忠诚和胜利。“忠诚”是价值取向，就是要忠于党、忠于祖国、忠于人民、忠于法律。“胜利”是价值目标，就是要使忠诚的价值取向通过敬业、勤政得以实现。立足于警察职业，忠诚和胜利要靠平时日常点滴的养成，必须坚定信仰，牢记使命、宗旨，强化责任意识，用强烈的责任感、执着的追求、顽强的奋斗赢得最后的胜利。

总之，提高思想政治课教学整体质量和实际效果是最终目标，也是思想理论教学的必然要求，思想道德修养课教学内容改革的关键在于定位，既要关注学生实际又要面向社会，既要直面现实又要着眼未来。当然教学内容要通过适当的教学方法、教学手段来展示，根据大学生特点和实际需要施加教育和影响，努力提高教育的针对性、有效性。所以思想道德修养课教学内容改革重在创新、重在实用，只有坚持这一原则，我们培养的学生才会成为社会主义合格的建设者和可靠的接班人，公安院校才能为培养更多高素质的公安专门人才作出最大努力，内蒙古公安才能为守好祖国北疆这道亮丽的风景线作出应有的贡献。

参考文献：

［1］张琨、杨淑艳：《高校思想道德修养课教学内容的改革》，载《机械工业高教研究》2000 年第 2 期。

［2］朱耀善：《〈思想道德修养〉课的教学改革》，载《甘肃高师学报》2006 年第 1 期 。

［3］张东宁、张永平、李庆民：《谈加强思想道德修养课教学的实效性》，载《黑龙江教育学院学报》2006 年第 5 期。

［4］许新源：《公安学基础理论》，中国人民公安大学出版社 2000 年版。

［5］杨淑鸿、冯国亮：《关于加强人民警察思想道德建设的思考》，载《山西煤炭管理干部学院学报》2009 年第 2 期。

［6］《思想道德修养与法律基础》，高等教育出版社 2013 年版。

刍议公安题材的流行歌曲在公安院校大学生核心价值观培育中的特殊地位和作用（调研报告）[①]

中国人民公安大学　王　芳　郭建华

忠诚、为民、公正、廉洁，是公安机关人民警察所倡导的核心价值观，是从事公安工作的职业群体判断和处理社会事务时依据的基本是非标准，是公安机关人民警察必须遵循的行为准则，是公安机关人民警察的政治品格、价值追求、职业操守。公安院校的人才培养，是公安队伍建设的基础工程，是培育人民警察核心价值观的重要阵地。学生核心价值观的确立，需要有适合学生群体易于接受和内化的平台、载体、形式。本项研究，即是笔者依据对公安大学部分本科生、研究生关于对流行文化中公安题材的流行歌曲的认知情况之调研，来探讨如何利用流行文化中的积极因素服务于公安院校大学生核心价值观培育的有效途径和方式方法问题。

一、问题的缘起

新中国成立以后，公安机关人民警察所确立和倡导践行的核心价

---

① 本文为中国人民公安大学基本科研业务经费项目“核心价值观与公安院校大学生流行文化研究”的阶段性研究成果，项目编号：2014JKF01017。

值观一直就是：忠诚、为民、公正、廉洁[①]。忠于党、忠于国家、忠于人民、忠于法律，这是公安机关人民警察的政治本色；公正执法、维护社会公平正义，这是公安机关人民警察的神圣职责；清正廉明、无私奉献，是公安机关人民警察的基本职业操守。

根据这一宗旨，在2009年，中国人民公安大学明确提出了要把自身建设成“科教强警的生力军、公安教育训练的主阵地、提高民警素质的大熔炉、对外警务交流的新窗口”的办学目标[②]。在2010年，中国人民公安大学又依据公安部党组做出的构建“大教育、大培训”的战略部署，进一步提出了“高教与培训相结合、教书与育人相结合、教学与科研相结合、理论与实战相结合、调研与智库相结合”的学校发展战略定位[③]。这就决定了中国人民公安大学在人才培养的战略目标和基本要求方面，必须将公安队伍核心价值观的培育，置于高出社会一般成员的重要地位。也就是说，要把社会主义核心价值观在个人层面“爱国、敬业、诚信、友善”的要求落地到公安队伍中，做到实化、细化、具体化。

当然，核心价值观并不会自发产生，我们必须进行有意识、有计划、有针对性的培育，包括公安院校在内的高等教育要把党在人民警察中倡导的核心价值观让大学生内化于心、外化于行，这就要求我们必须借助能够承载核心价值观的载体和适合大学生易于接受的方法、途径。

流行文化虽然不容易被定义，涵盖的内容也很宽泛，但是通过分析研究，我们从横向与纵向两个维度对流行文化作了如下定义：从纵向引申上看，流行文化是时装、时髦、消费文化、休闲文化、奢侈文化、物质文化、流行生活方式、流行品味、都市文化、次文化、大众

---

① 卢杰：《开展忠诚为民公正廉洁的政法核心价值观教育，做社会主义文化大发展大繁荣的建设者保障者》，载《法制日报》2011年10月20日。

② 程琳：《关于公安大学办学思路和培养特色的几点思考》，载《公安教育》2010年第1期。

③ 同上。

文化以及群众文化等概念所组成的一个内容丰富、成分复杂的总概念。这个总概念所表示的是按一定节奏，以一定周期，在一定地区或全球范围内，在不同层次、阶层和阶级的人口中广泛传播的文化；它是以物质或非物质的形态表现出这个时代人们的心理状况与价值取向的社会文化；它借助于这个时代的先进媒介工具传播与消亡，能够激发起社会大多数成员的参与热情，并对社会产生一定的影响。从横向对比上看，相对于主流文化而言，流行文化是以商品经济为基础，以大众传媒为载体，以娱乐为主要目的，以流行趣味为引导的次文化、大众文化以及群众文化。哈佛大学肯尼迪政府学院的约瑟夫·奈在其名著《软实力》中曾经指出："流行文化帮助美国实现了重大外交政策目标。""1989 年柏林墙倒塌之前，电视、电影早就穿墙而过，影响了一大批人。如果没有西方流行文化经年累月传递的那些影响，光凭锤子和压路机是难以推倒柏林墙的。""某些流行歌曲的歌词也能产生政治效应。"[①] 由此，我们得到的启示：从流行文化切入课题研究，不仅是源于流行文化作为软实力其自身蕴含的内在力量，而且还包括一种能够被他者认同、被别人接受的文化力量。文化软实力并不是一个自我确认、自我命名的文化属性，而是一种通过广泛传播之后才能够兑现的文化价值观。甚至在一定意义上说，流行文化是提升国家文化软实力的一种战略力量。

而流行文化中的流行歌曲，给了特定时代的人们去享受单纯化、唯美化的人性的抚慰，反映了社会进入转型期人们的一种对自我迷茫与对传统的挣脱，甚至喊出了特定历史时期人的激情、豪放、粗犷，也是人们乐于接受的方式。人们在潜移默化中把社会新的传统、信仰、价值观念内化到个体结构中。因此，公安教育应该抓好流行文化中公安题材之流行歌曲这一"新"载体，通过日常的教育教学潜移默化地实施对大学生核心价值观的培育，这也客观上要求我们要善于运用流行文化、经典歌曲等载体和其正能量影响力铸造警魂，引导学生不仅要学会做事、做人，更要做好公民，增强流行文化与学生价值

---

① 约瑟夫·奈：《软实力》，马娟娟译，中信出版社 2013 年版。

观培育的正向作用。流行文化涵盖着丰富的流行内容，本研究依据对公安大学部分研究生、本科生和继续教育学院学生对流行文化中公安题材之流行歌曲的认知与其在核心价值观培育中的特殊作用的调研，提出了发挥流行文化对培育学生核心价值观的依据、设想和思路。

二、调研对象、方法及过程的说明

1. 调研问卷的设计

本调研参考了中国青少年研究中心自 2003 年以来关于青少年流行文化现象，特别是流行歌曲与青年核心价值观确立涉及的相关问题，结合公安院校办学目标、办学策略和人才培养目标，并结合中宣部精神文明办第十二届“五个一工程获奖歌曲”宣传普及活动的相关要求，经课题组反复筛选、梳理后，编制了“大学生对流行文化中流行歌曲认知的调查问卷”。问卷中封闭性问题经修订后，包含了 5 个维度，即对流行歌曲的认知状况、喜欢的曲风和题材、获取途径、是否拥有音乐设备以及公安警察流行歌曲应体现的特点，共计 25 个子项目；开放性问题，是结合第十二届精神文明建设“五个一工程”的 30 首歌曲获奖作品，作为政府方面新近推荐并弘扬主旋律的最强音，来了解学生对其人身及对公安大学学生的启示。信度、效度检验，均到达了测量学要求。

2. 调研对象和方法

在中国人民公安大学的硕士研究生，本科生的大一、大二学生和继续教育学院学生三个层次的学生中进行随机抽样，共发放问卷 360 份，“大学生流行歌曲调查问卷”回收问卷 326 份，剔除无效问卷 20 余份，为便于统计，取有效问卷 300 份，回收率 92%；问卷结果采用 SPSS120 进行数据处理。同时，利用假期实施田野调查法，对留校学生进行了访谈。

三、调研结果描述

1. 公安大学学生对流行歌曲的认知统计

（1）学生对流行歌曲的认知状况

问题	选项	基本样本	百分比	问题	选项	基本样本	百分比
对流行歌曲的了解程度	非常了解	78	26	听歌时关注曲调还是歌词	曲调	90	30
	一般了解	204	68		歌词	45	15
	不了解	18	6		都关注	165	55
欣赏听流行音乐的时空（多选）	在路上	171	57	对流行音乐的喜爱程度	非常喜欢	45	15
	娱乐活动	213	71		比较喜欢	138	46
	在学习中	51	17		一般	105	35
	专门时间	0	0		不太喜欢	12	4

（2）学生喜欢的流行歌曲的曲风和题材

问题	选项	基本样本	百分比	问题	选项	基本样本	百分比
学生喜欢的曲风	HIP－POP	57	19	学生喜欢的区域性流行音乐歌手	港台	66	22
	摇滚	66	22		内地	90	30
	R&B	63	21		日韩	27	9
	蓝调	60	20		欧美	91	31
	动感舞曲	45	15		其他	24	8
	爵士风格	9	3				
学生喜欢的流行音乐的题材	怀旧	99	33	您选择流行音乐的影响因素（多选）	周围影响	60	20
	爱情	90	30		自己偶像	60	20
	诙谐	18	6		产生共鸣	210	70
	另类	60	20		环境熏陶	96	32
	其他	33	11		家长影响	15	5

续表

问题	选项	基本样本	百分比	问题	选项	基本样本	百分比
流行歌曲在大学生中受欢迎的原因	调情解压	222	74	流行歌曲对您成长的影响（多选）	潜移默化	102	34
	追随潮流	45	15		积极	171	57
	催生校歌	15	5		消极	0	0
	其他原因	18	6		无所谓	72	24

（3）学生喜欢的流行歌曲获取途径

问题	选项	基本样本	百分比	问题	选项	基本样本	百分比
了解接触流行歌曲的途径	朋友介绍	66	22	获取流行歌曲途径	网上下载	270	90
	电视电影	84	28		同学相传	21	7
	报纸杂志	12	4		买音像品	3	1
	网上推荐	78	26		其他	6	2

（4）学生购买或拥有播放流行歌曲设备情况

问题	选项	基本样本	百分比	问题	选项	基本样本	百分比
大学生是否有音乐设备	MP4	90	30	每月购买流行歌曲产品费用	50 元下	42	14
	随身听	45	15		100 元上	15	5
	手机播放	165	55		不投资	243	81
学生购买流行歌曲相关产品情况	歌曲光盘	72	24	一周听歌时间安排	2 小时内	45	15
	海报	42	14		4 小时内	60	20
	演唱会票	57	19		6 小时内	87	29
	其他	129	43		不安排	810	36

（5）学生对公安警察流行歌曲的认知和诉求

问题	选项	基本样本	百分比	问题	选项	基本样本	百分比
您对警察歌曲的喜爱情况	非常喜欢	78	26	您所熟悉的警察歌曲	5 至 10 首	123	41
	一般喜欢	171	57		大都了解	18	6
	无所谓	51	17		说不清楚	159	53
您选校时是否联想到警察歌曲	是	87	29	您认为警察歌曲应有特点	突出主流	33	11
	潜意识有	114	38		警察特色	252	84
	没有	99	33		接近大众	15	5
您对现行的警察歌曲满意度	满意	63	21	您是否有创作校园歌曲的愿望	有	30	10
	不满意	60	20		没有	153	53
	数量少	138	46		如组织我将参与	111	37
	曲种类少	93	13				

2. 对开放性问题及访谈内容的梳理和聚焦

（1）谈到流行歌曲对警察人格的影响作用时，学生比较集中的回答是：有利于树立警察忠诚求实、报效祖国的信念；愉悦大学生的心情；能够强调警察职业的责任，起到号召作用；潜移默化地影响个体心情与处世观；缓解压力。

（2）谈到让学生推荐能代表公安大学特色的校园歌曲，覆盖率较高的前十首歌是：《人民警察之歌》、《中国人民公安大学校歌》、《五星红旗》、《一条大河》、《送你一枚小弹壳》、《打靶归来》、《英雄本色》、《义勇军进行曲》、《少年壮志不言愁》、《我们是走在一起的好兄弟》。此外，还有《钢铁的队伍》、《一二三四歌》、《军号嘹亮》、《启航》。

（3）在创作公安大学校园歌曲方面，学生对歌词主题思想和主要内容凸显出特殊的关注。在主题思想方面：红色，积极向上；体现警察应有的素质、具备的技能；蕴藏对生活、社会、祖国以及自己关于爱的憧憬；凸显人民警察光荣、甘于奉献、集体、忠诚、爱国、责任、担当、勤奋创新、勇敢、敬业、为民、拼搏、勇敢、乐观的精神追求与信念；号召奉献与学习、厚德载物、青春、梦想、正义等。在对公安大学校园歌曲内容方面渴求：学生希望展示警察的具体工作，报效祖国的决心；强调警务化管理塑造和学生良好习惯养成，提高自身能力；强化为人民服务、突出公安大学历史和特色等学习生活；渗透管理理念与公安大学标志物；彰显警察职责与使命、警察本色、职业操守、共和国预备警官的荣耀与责任；将忠于党，忠于人民等校训融入其中；介绍各个专业特色，体现公安大学情怀等。

四、几点启示与建议

从以上的分析调研结果可以看出：尽管公安大学不同层次的学生对流行文化中的流行歌曲的认知，困惑与喜爱同在，但流行文化作为伴随大学生成长和生活的重要内容，已经是不争的事实，一定数量的大学生不失时机地或欣赏、或借鉴、或吸收有益成分。为此，我们的教育管理就要在践行主流价值，做实公安文化的前提下，从学生愿意接受的内容和方法上切入引导。

1. 流行文化中的流行歌曲对培育核心价值观有密切的关联度

公安大学学生对流行文化中的流行歌曲的娱乐性有较高的认可度（占71%）。正如20世纪50年代的人听不懂90年代人的音乐一样，流行文化是一个时代的标签，所谓歌如世风，就是说流行歌曲一旦被大众所喜爱、广泛传唱，往往在人的记忆中留下深刻烙印，影响到人的价值判断和价值选择，进而影响到社会风气。流行文化中的流行歌曲一直在大学校园里旺盛地生长着，一方面与大学生和大学校园独特的文化氛围和生活环境有极大的关系；另一方面也与青年大学生自身所处的年龄阶段、心理需求、生活观念、接受的教育等方面有直接的关系，是青年思想、价值观念、行为方式和生存状态的写照，显示了新时代青年的文化趣味。流行文化在整个社会的空间上无孔不入、无所不在；流行歌曲在学生生活的时间上不断重复地发生、无时无刻不在起着作用；不论是专业文化活动，还是政治经济领域以及日常生活，都渗透着它的精神，都可以感受到它的活动气息。曾几何时，一首《义勇军进行曲》激发了中华儿女的抗战激情，成为激荡人心的国歌；一首《三大纪律八项注意》赢得了老百姓的信任和支持，帮助夺取了革命的胜利；“金色盾牌，热血铸就，危难时候显身手”让人们认识了和平时期公安民警在平凡中的伟大。流行文化的存在方式和大学生热衷接纳的方式，在客观上要求学校要重视流行文化中的流行歌曲对大学生的感染和鼓舞作用，要在教育教学中运用积极进取、思想内涵饱满的流行文化熏陶大学生，增强流行文化与学生价值观培育的互动共进、正向协同作用，促进积极的时尚文化成为塑造青年价值观的新视界。

2. 鉴赏流行歌曲有利于缓解职业压力

培养爱岗敬业的职业兴趣，是人民警察核心价值观对人民警察，包括在校大学生个人微观层面的要求。公安流行歌曲作为流行歌曲的有机组成部分，不仅可以在歌词中描述出民警工作的劳累繁忙，更能通过优美的曲调歌唱出广大民警内心最质朴最温暖的情感，这就必然能引起民警的心理与情感认同，缓解职业压力。现实中，公安民警确实担负着繁重的工作任务，面对着各种复杂的情况，经常处于超负荷运转状态，这在《警察情怀》的倾诉中得到印证：“都说我们警服很风光，我们却有说不出的感慨，前进路上遇到多少刀与枪的较量，虽有风险更有理想。披星戴月肩负人民期望，血肉之躯何惧蹈火赴汤，危难之处总有警徽闪烁，这个角色不好当偏要当，我们有平凡我们有激越，酸甜苦辣在万家灯火中消融，用爱心保护百花盛开，把青春献给美好未来”。公安院校学生对流行文化“调节情绪缓解压力”的作用有较高的认同度（占74%）。在历次公安院校大学生抑郁情绪的相关因素分析中，许多专家、学者都呼吁：公安院校大学生是一个特殊的群体，肩负着维护社会稳定的重任。由于警察职业的高应激、高风险、高负荷等职业特点，该类人群的心理健康状况成为人们关注的焦点之一。公安民警强壮的身体和健康的心理应该是教育与引导并举，培育与陶冶并重。所以，采取积极措施，培养未来公安人员对流行歌曲的鉴赏能力与情感认同，是缓解职业压力，培养学生职业兴趣，提升警察精气神的一种方式，是确立和践行未来警察核心价值观的内在要求。

3. 普及流行歌曲是提升公安院校学生素质的根本途径

俄国教育家乌申斯基曾说：“在教育中，一切都应以教育者的人格为基础，因为只有人格才能影响性格，只有人格才能形成性格。”[①]完善的人格，说到底是在体力与智力、知识与道德、性格与才能、理性与直觉之间寻求有机的统一和契合。公安院校学生素质教育的终极目标，是塑造高尚人格，形成牢固的警察精神。所谓警察精神是“警察群体在对警察价值的认同和追求过程中共同创造、共同拥有的一种积极向上的理想、信念、责任感、自豪感、荣誉感等群体意识，是公安文化中规范价值取向、统一意志、激励上进的精神力量”[②]。警察精神本身就涵盖了警察核心价值的基本内核。公安院校为铸就警察精神，需要全面提升学生素质，其中包括：培育学生的政治品质，有正确的信仰，崇高的理想；人格品质，成为武装性质的国家治安行政力量，成为身上有枪，手中有权，具有理性精神的人；培育意志品质，教会学生坦然面对困难，以积极心态、巨大勇气和超常耐力去承受人生中挫折和逆境以及情感品质、责任品质、能力品质、发展品质等。而情感品质的培育大都是在美育中完成的。罗丹说：“艺术就是情感”[③]。流行文化中的音乐和歌曲，作为人类的一种精神食粮，人们之所以需要它，是因为它能够给人以愉悦，能使人在精神上产生美感，这种美就是一种特殊的情感表达方式。因此，学校要加强校园文化建设为基础的积极向上的流行歌曲普及活动，让学生保持良好的心境，使其充分感受音乐的愉悦，并逐步铸造公安英魂。校园文化环境

---

① 木子冰：《用人格魅力来影响学生》，载《中国教育报》2001 年 7 月 15 日。

② 公安部加强和改革公安工作调研小组：《第 20 次全国公安会议专题研究报告》，中国人民公安大学出版社 2003 年版。

③ 何畅：《艺术陶冶情操就是一种心理治疗》，载《深圳晚报》2014 年 8 月 11 日。

对育人往往起着春风化雨，润物无声的作用，它对学生的人格、气质、思维、处世方法等方面的影响和形成产生深远的影响。诚如学者刘献君曾说："我们之所以重视环境建设，原因就在于'泡菜理论'①。"同样的蔬菜在不同的泡菜水中浸泡，其味道是不一样的，而校园环境文化又是陶冶学生情操、促进学生价值观形成的重要载体。

4. 鼓励学生创作适合公安院校特点的校园流行歌曲

校园歌曲是校园文化建设的重要内容。中共十七届六中全会提出把"培养高度的文化自觉和文化自信"作为建设社会主义文化强国的重要内容。文化的自觉自信是由文化的自在阶段演变和发展而来的。在访谈调研中，我们了解到，许多大学生有创作校园歌曲的憧憬和冲动，从学生推荐的曲目格调、风格及韵律看，公安院校学生具备一定的鉴赏能力和鉴赏水平。所以，我们要倡导在公安大学校歌的引领下，鼓励学生创作普及性的、反映专业特点、体现正能量的流行歌曲，是使学生在校园流行歌曲的创作上实现由文化的自在、自发向文化的自觉、自信转变，从而有利于校园文化建设。

从历史上看，公安歌曲起源于军旅歌曲，是伴生于新中国成立的新生事物。"军旅歌曲即那些反映军人的军旅生活及其内心情感世界的歌曲。"军旅歌曲起源较早，伴随着人民军队的产生而产生，人民军队自成立的1927年起就有相应的军旅歌曲。解放后，大量讴歌军队的歌曲不断产生，其中就有一些以当时的边防军战士（现在即为边防警察）为题材的歌曲，这些军旅歌曲实际上就是早期的公安歌曲②。20世纪80年代中后期以来，公安系统春节晚会和文艺汇演促成了公安歌曲的创作高潮；2004年，在全国范围内集中举办的警察歌曲创作暨演唱大赛中，近400首新创作的公安歌曲产生；2012年，在公安官方网站上人民警察歌曲精选专栏中，《青春中国》、《永恒的

---

① 刘献君：《中国大学人文启思录（第3卷）——知识经济呼唤人文教育与科学教育相融合》，华中理工大学出版社1999年版。

② 蔡天星、周玲：《论当代公安歌曲的嬗变》，载《政法学刊》2006年第5期。

烛光》、《警察的承诺》、《中国警察》、《平平安安》、《凤凰飞天》、《金盾颂》、《警察的生活是首歌》、《大练兵之歌》、《无悔的忠诚》、《少年壮志不言愁》、《人民警察之歌》等一大批影视公安歌曲在新的历史背景下蓬勃发展，而且其“歌词”创作者多数来自公安队伍。所以，传承历史，公安院校要鼓励不同层次的学生，在流行文化创作方面，要敢于、善于当排头兵，这也是学生自身的期望。在学术探讨中，虽然有的专家学者对“唱一首革命歌曲，无异于上一堂生动的政治课”的说法颇有争议，但不可否认的是，在今天的军营、武警训练场、学生的军训中仍然保留着饭前一支歌，操中一支歌的好传统，而事实证明这种传承是培才育人的好形式。

从现实看，公安大学的任务是为公安机关培养和输送合格优秀警官，要实施和实现2010年公安大学提出的“五个结合”发展战略，就需要各项工作的创新，这其中包含着帮助学生既树立良好的学风，培养良好的作风，又要实现人民警察的素质培养要求，以更好地胜任公安工作，这需要我们研究和探讨给学生自由学习的时间和空间，各系部在根据专业培养目标制定培养方案时力争让学生达到“一专多能”①。而鼓励学生积极参与正向流行歌曲的创作，无疑是让学生适应未来从警的人际交往、改善心智，陶冶性情、友善待人处事、实现“一专多能”的路径之一。同时，学生亲自创作符合警察职业特点的校园流行歌曲，有利于深化学生对社会主义核心价值观的认识，有助于实现对警察核心价值观的认同，有益于对警察核心价值观的笃行。

---

① 程琳：《关于公安大学办学思路和培养特色的几点思考》，载《公安教育》2010年第1期。